감사하면 달라지는 것들

내 인생을 바꾼 365일 동안의 감사일기

THE GRATITUDE DIARIES

감사하면 달라지는 것들

제니스 캐플런 지음
김은경 옮김

감사하면 달라지는 것들

초판 1쇄 발행 2016년 11월 25일
초판 24쇄 발행 2022년 06월 20일

지은이 | 제니스 캐플런
옮긴이 | 김은경
발행인 | 홍경숙
발행처 | 위너스북

경영총괄 | 안경찬
기획편집 | 안미성, 박혜민
마케팅 | 박미애

출판등록 | 2008년 5월 2일 제2008-000221호
주소 | 서울 마포구 토정로 222, 201호(한국출판콘텐츠센터)
주문전화 | 02-325-8901
팩스 | 02-325-8902

디자인 | 전병준
제지사 | 월드페이퍼
인쇄 | 영신문화사

ISBN 978-89-94747-68-2 (03300)

행복은 멀리서 오지 않는다.
이 책을 읽은 후 당신의 삶은 더 풍요로워질 것이다.
— 존 템플턴 재단 —

들어가며

올해 나는 감사하며 살자는 새로운 프로젝트에 착수했다. 이 사실을 고려한다면, 4월의 이른 아침을 화창한 하늘과 지저귀는 새와 거실에 모여 '주여 오소서'라고 노래하는 친구들과 함께 맞이해야 했으리라. 하지만 현실에선 모든 일이 꼬였다. 그래도 나는 긍정적인 측면을 보려 노력했다.

우선, 내 오래된 볼보 자동차가 시동이 안 걸려서 점퍼 케이블(비상 배터리에 방전된 배터리를 연결하기 위한 선 – 역주)을 사용해봤지만, 효과가 없었다. 도와 주려고 온 이웃 사람이 나를 20분 거리에 있는 역까지 데려다준 덕분에 난관에서 벗어났다. 목적지에 도착하여 비바람이 치는 보도에 발을 내디뎠다. 그 순간 버스가 커다란 물웅덩이 위를 질주하면서 내 몸에 걸쭉한 진흙 세례를 퍼부었다.

"으악!" 나는 비명을 질렀다. 아니 실제로 이보다 더 다채로운 언어를 썼을 것이다.

지나가는 사람 중 몇 명은 안됐다는 듯 혀를 끌끌 찼다. 나는 끔 찍한 진창길 경주에서 살아남은 몰골을 하고 중요한 회의에 참가 하고 싶은 마음이 없었다. 다행히 내가 좋아하는 브랜드 제이크루 J.Crew가 근처에 있었다. 득달같이 달려가 굵은 무늬가 들어간 스커 트를 재빨리 사서 탈의실에서 갈아입었다.

회의에는 제시간에 도착했다. 그런데 내가 만난 CEO는 기계로 피 부를 태우는 가짜 선탠을 한 데다 머리엔 무스를 과하게 바르고 나 타났다. 그는 내가 말을 하는 내내 문자 메시지를 보내다가 막바지 에 겨우 고개를 들더니 이렇게 말했다.

"오호, 그 스커트 끝내주네요!"

나는 프로젝트를 홍보한 것이지 애인을 구한 것이 아니었기에 화 를 내야 마땅했지만, 그냥 웃고 말았다. 그리고 속으로 생각했다. 나 보다 헤어 제품을 더 많이 쓰는 남자와 일하지 않게 되어 얼마나 다 행이냐고.

나는 절친 수잔과 커피를 마시러 갔다. 여덟 살 때 여름 캠프를 함 께 간 이후부터 죽 친구로 지냈다. 수잔은 아주 충실한 친구로, 꽹장 히 비판적이고 가차 없이 직설적인 성격을 지녔다.

"비참했겠다." 수잔은 내가 그날 일을 대충 설명하자 이렇게 말했다.

"꼭 그렇진 않았어. 긍정적으로 생각하려 노력 중이야." 내가 말했다.

"차 배터리가 다 되었는데 어떻게 긍정적으로 생각할 수 있니?"

나는 크게 심호흡을 했다. 긍정적으로 생각하지 못할 것도 없었다.

"내 차는 14년이나 되었고 주행거리도 15만 마일이야. 차가 이렇게 오래갈 거라고는 생각지도 못했어. 더 중요한 건 좋은 이웃이 날 도왔다는 거야."

"그래, 그건 인정해. 하지만 보도에서 흠뻑 젖은 건 어떻게 설명할래?"

"재미있는 측면을 생각해봐. 그 멍청한 CEO가 내 스커트를 칭찬했잖아. 그리고 새 옷을 사도 통장이 바닥나지 않으니 얼마나 다행이야."

수잔은 커피에 스플렌다(Splenda, 저칼로리의 설탕 대체 감미료 – 역주) 두 개를 넣더니 휘휘 저었다. 내가 돈이 더 필요하다고 불평하는 소리를 오랫동안 들어온 수잔으로서는 그렇게 감사하는 내 모습이 상당히 의외였을 터이다.

"난 네 절친이잖아. 뭐든지 욕하고 불평해도 돼."

"불평하고 싶지가 않아." 나는 이렇게 말하며 수잔만큼이나 나 자신에게 놀랐다. "이미 일어난 일을 내가 바꿀 수는 없는 노릇이니까 내 생각을 바꾸는 게 마음 편해."

수잔은 커피를 오랫동안 홀짝거렸다. 수잔은 야심이 크고 자신을 혹독하게 내모는 성격이다. 자기 일에서 크게 성공을 거두었지만 스트레스와 압박감을 자주 느끼고 종종 우울감에 빠진다. 대부분 사람들이 그렇듯 수잔은 자신이 원하는 것에 집중하느라 너무 바쁜 나머지, 현재 가지고 있는 것에 행복해하는 법을 잊어버렸다. 나의 긍정적인 태도가 거슬릴지도 모른다는 우려와 달리 수잔은 한쪽 눈썹을

추어올리며 이렇게 말했다.

"네가 연구한다던 '감사'가 이런 거라면 나한테도 그게 필요한 것 같다. 어떻게 동참하면 되니?"

이제 나의 비밀을 공유할 때가 되었다. 그래서 냅킨 맨 위에 '내가 오늘 감사하는 세 가지 이유'라고 적었다. 그 냅킨을 탁자 맞은편으로 스윽 밀고서 펜도 수잔에게 건네주었다.

"거길 채워봐." 내가 말했다.

수잔이 냅킨을 어찌나 오랫동안 쳐다보는지 나는 결국 냅킨을 도로 가져와 '세 가지'에 X 표시를 하고 '한 가지'로 바꾸었다.

"우리 쉽게 가자." 내가 말했다.

나 역시 몇 달 전에 그랬다. 매일 감사 거리를 한 가지씩이라도 적으면 만사에 대한 내 태도가 바뀐다는 사실을 이제 나는 알게 되었다. 새빨간 저녁노을, 좋은 친구의 포옹, 한 해의 첫봄 기운 등. 한 가지면 된다.

설마 한 가지도 찾지 못할 사람이 있을까?

차례

1부

겨울

감사하면 달라지는 결혼, 사랑, 가족

우리를 행복하게 해주는 사람들에게 감사해야 한다.
그들은 우리의 영혼에 꽃이 피도록 가꾸는
신비로운 정원사와 같기 때문이다.

- 마르셀 프루스트Marcel Proust -

The
GRATITUDE
DIARIES

1장 | 감사일기를 쓰기 시작하다

긍정적으로 살기로 한 해의 첫 단추를 끼우게 되어 감사하다.

감사하면 스트레스를 덜 받고 잠도 잘 자고 행복감이 더 커진다는 사실을 깨닫게 되어 행복하다.

좋은 생각으로만 채워갈 예쁜 일기장을 갖게 되어 기쁘다.

새해 첫날까지 몇 분 남지 않은 시간. 감사하며 살고 싶다는 갈망이 내 안에서 피어올랐다. 나는 한 파티 모임에서 가식적인 미소를 만면에 머금고 샴페인이 든 잔을 그러쥐고 서 있었다. 한 해 동안 감사한 일을 세어봐야 한다는 걸 알았지만, 집에 갈 시간만 세고 있었다. 지나치게 높은 하이힐을 신은 탓에 발이 욱신욱신 아팠다. 밤새 울려대는 시끄러운 음악 소리에 머리도 지끈지끈 아팠다. 입고 있는 검은색 드레스는 어찌나 꽉 끼는지 당장에라도 집에 돌아가 보정 속옷을 벗어 던지고 싶었다.

한쪽 구석에 놓인 텔레비전에서 〈신년맞이 쇼New Year's Rockin'Eve〉가 요란하게 흘러나왔다. 캘리포니아에서 술 마시며 흥청거리는 사람들, 워싱턴에서 즐겁게 떠들며 노는 사람들, 보스턴의 활기 넘치는 사람들을 물끄러미 쳐다보고 있노라니 이런 생각이 들었다. 이 나라 사람들은 모두 나보다 즐겁게 지낸 걸까, 아니면 즐거운 척을 잘하는 걸까.

뉴욕 타임스 스퀘어에 몰려든 백만여 명의 흥겨운 사람들은 공이 떨어지자 크게 환호성을 질러댔다(매년 뉴욕에서는 신년 카운트다운과 함께 타임스 스퀘어 빌딩 꼭대기에 있던 크리스털 공이 자정에 낙하하는 행사가 열린다 - 역주). 바깥은 영하 7도인 데다가 근처에 간이 화장실도 없는 상태에서 온종일 금속 바리케이드 안에 갇혀 있었으니 자정을 그토록 환호할 만도 하겠다는 생각이 들었다. 신년을 맞이하는 순간은 모든 면에서 큰 위안이 되었으리라.

크리스털 공 낙하 행사가 끝났다. 경적 소리가 여기저기서 울리고 종이 가루가 휘날리는 가운데 전광판에서 새로운 날짜가 번쩍거렸다.

"해피 뉴 이어!"

남편 론이 내게 짧은 입맞춤을 한 후 우리는 잔을 쨍하고 마주쳤다.

기대감이 사그라든 상황에서 이제 무엇을 해야 하는지 아는 사람은 아무도 없는 듯했다. 텔레비전에서는 공 떨어지는 장면이 무슨 달착륙이나 슈퍼볼(Super Bowl, 미국 프로 미식축구의 챔피언 결정전 - 역주)의 마지막 터치다운이라도 되는 양 반복해서 나왔다. 나는 바 근처에 서 있었는데 새로운 잔에 샴페인을 따르는 한 여자가 눈에 들어왔다. 여자의 마스카라는 번진 상태였고 볼을 따라 기다란 눈물 자국이 나 있었다.

내가 "괜찮아요?"라고 묻자 여자는 눈을 비비며 말했다.

"아뇨. 난 새해 전야제가 싫어요. 왜 공이 떨어진다고 뭔가가 달라질 것처럼 구는 거죠? 자정이 된다 해도 유리 구두가 나를 공주로 만들어주는 건 아니잖아요."

나는 신데렐라의 자정 이야기를 좀 더 정확하게 짚고 넘어갈 생각은 없었기에 (저기요, 자정에 신데렐라가 유리 구두를 떨어뜨리면서 공주 마법은 풀리잖아요) 서둘러 자리를 떴다. 하지만 그 여자의 질문이 귓가에 맴돌았다. 과연 뭐가 달라질까? 사람들은 크나큰 희망과 열렬한 기대감을 품고 신년을 축하한다. 하지만 많은 사람이 바로 그런 부분에 거북함을 느끼는지도 모른다. (내 보정 속옷이 거북한 것은 말할 것도 없고.) 어쨌든 달력이 바뀐다고 삶이 더 나아지는 것은 아니라는 그여자의 말은 맞았다.

객관적으로 보면 내 삶이 그럴듯하다는 점을 나도 알고 있었다. 멋진 두 아들에 잘생긴 남편도 있고 흥미로운 직업과 친한 친구들이 있으니 말이다. 하지만 대부분 사람들이 그렇듯 나는 흔히 기쁜 일보다 삶의 부정적인 측면을 더 많이 생각했다. 지난 12개월은 괜찮은한 해였지만, 그렇다고 웃긴 모자를 쓰고 길거리에서 춤을 추고 싶을 만큼 황홀한 시간은 아니었다.

내년에도 내가 다시 이 자리에 있다면 어떨지 상상해보았다. 어떻게 하면 다음에 타임스 스퀘어의 공이 떨어질 때 지금의 나보다 더 행복감을 느낄 수 있을까? 몇 달 후 복권에 당첨되거나 하와이의 지상 낙원으로 이사를 하거나 베스트셀러를 출간해야 할까. 하지만 그런 일들이 과연 효과가 있을까? 당첨금에 세금이 어마어마하게 붙는다는 둥, 마우이 섬의 햇볕이 너무 따갑다는 둥, 〈뉴욕 타임스〉 베스트셀러 목록에 6주 머문 것으로는 성에 안 찬다는 둥, 내 불평 소리가 벌써 귓가에 쟁쟁하게 들려오는 듯했다.

앞으로의 한 해가 여느 해와 같다면 좋은 일도 일어나고 안 좋은 일도 일어날 터였다. 나는 최근에 감사를 주제로 한 전국적인 규모의 설문 조사를 감독했고, 〈NBC 투데이〉 쇼에도 나가 그와 관련한 이야기를 나눴다. 그 조사를 계기로 긍정적인 태도에 대한 생각이 움튼 나는 많은 관련 자료를 찾아보았다. 그 덕분에 앞으로 12개월 동안 내가 어떻게 느낄지는 실제로 일어난 일보다는 매일 내 기분, 감정, 태도와 더 관련이 있다는 사실을 알게 되었다. 중요한 것은 환경이 아니라 그 환경에 내가 어떻게 반응하는가 하는 점이다. 멋진 일이 일어나기만을 소극적으로 기다리면서 항상 뭔가 잘못됐다고 느끼며 살 수도 있는 거고, 내게 어떤 일이 일어나든 받아들이고 더 많은 감사 거리를 찾으며 살 수도 있는 것이다.

나는 코트를 가지러 갔다가 신데렐라가 되지 못한 그 여자도 코트를 챙기는 것을 보았다.

"멋진 한 해가 되길 빌어요." 내가 말했다.

"설마 그렇게 되겠어요." 그 여자가 대답했다.

"아마 작년보다 더 나은 한 해로 만들 수 있을 거예요. 그건 그렇고 정말 예쁜 코트네요." 나는 그녀가 갈색 양털 코트를 입을 때 이렇게 말했다.

"오래된 거예요. 새 걸로 사고 싶은데. 그쪽 코트가 더 멋진데요."

내 코트 역시 오래되었고 소매에 얼룩도 있다고 말할 수 있었지만 그러지 않았다. 긍정적인 기분, 감정, 태도를 지니기로 하지 않았던 가? 갑자기 코트가 내 인생을 상징하는 물건처럼 생각되었다. 내가 코트를 가지고 있다면 그것에 감사해야 했다. 나는 불평하는 여자가 되고 싶지 않았다.

"따뜻하고 편안하긴 해요." 나는 두 손을 주머니에 넣으며 밝게 말했다. 이런, 손가락 하나가 한쪽 구멍 안쪽으로 쑥 들어가 버렸다. 하지만 구멍도 얼룩도 지저분한 옷단도 이제 문제 될 건 없었다. 다가올 한 해를 좀 더 행복하게 살기로 계획했다면 바로 지금의 내 태도부터 달라져야 했으니까.

‡ ‡ ‡

다음 날 아침, 나는 계획한 시간보다 더 일찍 일어났다. 온화한 겨울 햇살이 맨해튼 중부에 있는 우리 아파트의 주름진 커튼 사이로 흘러 들어왔다. 오랫동안 교외에 살던 우리는 2년 전에 도시로 이사했다. 나는 지금 집의 큰 창문과 강물이 보이는 탁 트인 경치가 좋았다. (장성한 아들들은 우리가 맨해튼에서 교외처럼 느껴지는 지역을 찾았다며 우스갯소리를 했다.) 기상 예보에서는 눈보라가 몰아칠 거라고 했다. 사실 겨우내 눈이 많이 내렸고 몹시 추웠다. 하지만 나는 그런 생각에서 벗어나 잿빛 하늘 사이로 살짝 비치는 햇빛을 음미했다.

부엌에서 달그락거리는 소리가 들렸다. 나는 얼른 청바지와 티셔츠를 걸쳤다. 그리고 아침을 만들고 있는 남편에게 냅다 뛰어갔다. 그날 아침엔 우리 두 사람뿐이었는데도 남편은 동네 사람들 모두에게 대접할 수 있을 만큼 많아 보이는 재료를 조리대에 펼쳐놓았다. 나는 남편에게 살짝 입맞춤하고 아침 인사를 건넸다.

"당신은 내가 감사할 줄 모르는 것 같아?" 내가 물었다.

"프렌치토스트에 감사할 필요는 없어." 남편은 레인지 위에서 지글지글 익는 빵 조각을 홱 뒤집더니 뒤이어 말했다. "다 내가 좋아서 하는 일이야."

"그게 말이지, 아침으론 양이 너무 많아. 당신은 내가 감사하는 것 같아? ……인생을?"

"아, 인생 말이군." 남편은 프라이팬이 적절한 말을 떠올리게라도 하는 듯 물끄러미 응시했다.

"당신이 가진 것에 으레 감사해야 하는 만큼 감사하지 못하는 것 같아. 잘 되는 일은 생각지도 않고 잘 안 풀리는 일에 너무 신경을 쓰잖아."

"이제 좀 더 감사하려고 노력할 거야. 그게 올 한 해 내 계획이야. 그렇게 하면 내가 좀 더 행복해질 것 같아. 우리 둘 다 좀 더 행복해질지도 모르고."

"노력해볼 만한 일이네." 남편이 말했다.

이제 주사위는 던져졌다. 새해 결심을 말했으니 앞으로 어떤 변화가 생길지 지켜보면 되었다.

남편이 뒤집개를 내려놓자 뜨거운 기름이 조리대에 살짝 떨어졌다. 나는 말을 꺼내려다가 입을 다물었다. 이제 불평하기보다 감사하기로 했다면 조리대에 묻은 버터 자국쯤이야 무시하고 부엌에 감도는 시나몬과 바닐라의 따스한 향을 음미하는 게 나았다. 눈을 지그시 감고 되뇌었다. 아침 일찍 일어나 달걀옷을 입힌 빵을 노릇노릇 구워주는 남편을 둔 나는 정말 복 받은 사람이라고. 오트밀 빵을 먹고 싶다는 말을 안 하길 참 잘했다.

그날 오후 늦게 슈퍼마켓에 갔다. 카트를 미는데 조니 미첼이 부른 익숙한 노래 '빅 옐로우 택시'가 흘러나왔다. 나는 '항상 잃고 나서야 자신이 가진 것이 무엇이었는지 알게 된다'는 애통한 가사를 흥얼거렸다. 냉동식품 판매 구역에서 흘러나온 음악이 인생을 바꿀 만큼 극적인 경우는 거의 없겠지만, 나는 그 음악을 내가 올바른 길을 가고 있다는 신호로 받아들였다. 어떻게 편곡을 하든지 이 곡의 가사가 심금을 울리기 때문에 밥 딜런에서 카운팅 크로우즈에 이르는 수많은 가수가 이 곡을 다시 부른 것이다. 사랑하는 사람이 떠나거나, 어떤 순간이 지나가 버리거나, 꽃이 시든 후에야 내 곁에 아주 소중한 것이 있었음을 깨닫게 되는 일은 얼마나 흔한지.

나는 하겐다즈 초콜릿 아이스크림 통을 들고 선 채로 이제 무엇인가를 잃고 나서야 애석해 하지 않겠노라고 다짐했다. 내가 가지고 있는 것에 감사하기로 다짐했다. 앞으로 한 해 동안 구름이 아닌 햇빛을 보며 살겠노라고 생각했다.

집으로 돌아와 감사하는 한 해의 계획을 세우기 시작했다. 기자로 살아온 터라 감사를 조사하고 연구해야 할 프로젝트로 접근해보자는 생각이 순간적으로 들었다. 남편, 가족, 친구, 일 등 매달 초점을 맞출 한 가지 주제를 정해서 스스로 사회과학자가 되어보기로 했다. 내가 감사하는 태도를 기를 때 어떤 변화가 일어나는지 관찰하고 싶었다. 그리고 두서없이 하지 않고 가능한 한 많은 정보를 수집하여 내가 발견한 것을 알리고 기록하는 데 전념하기로 했다. 항상 전문가와 심리학자의 조언을 구하고 철학자, 심리학자, 신학자가 쓴 책을 참고하기로 했다.

로마의 철학자 키케로는 '감사하는 마음은 최고의 미덕일 뿐만 아니라 모든 미덕의 어버이다'라는 명언을 남겼다. 그 말이 맞는다면 이 일 년 프로젝트로 인해 나는 더 정직해지고, 용감해지고, 관대해질까?

그 후 며칠 동안 내가 삶에 좀 더 감사하기로 했다는 계획을 말하자 사람들은 고개를 끄덕거렸다. 많은 이가 자신도 좀 더 감사하고 싶고 더 긍정적인 생각을 유지하고 싶다고 말했다. 하지만 대부분 실제로 그렇게 하지 못하는 듯했다.

"물론 잘 살고 계시겠지만, 지난 화요일 밤 사무실을 나오면서 얼마나 감사한 생각이 들었나요?" 나는 몇몇 사람들에게 물어보았다. 모두 어색하게 웃었고 한 명은 "지난 화요일의 감정까지 어떻게 알 수 있나요?"라고 되묻기까지 했다. 내가 월요일이라고 했어도 그녀는 아마 똑같이 대답했을 것이다. 모름지기 사람은 인생을 큰 그림으로 생각할 때 감사하는 마음을 품기 쉽다. 하지만 고객이 성가시게 하고, 사장이 무례하게 대하고, 아이가 학교에서 머릿니를 옮아오기도 하는 매일의 일상에서는 이런저런 짜증 나는 일에 치이기 마련이다.

나는 이러한 모순을 이해했다. 내가 존 템플턴 재단John Templeton Foundation의 지원을 받아 실시한 조사 결과, 대부분의 사람은 감사와 관련하여 커다란 틈이 있는 것으로 드러났기 때문이다. 사람들은 감사해야 한다는 점을 알고는 있지만, 현실에서는 왠지 잘 안 된다. 조사 결과 94퍼센트의 미국인들이 감사하는 사람이 좀 더 만족스럽고 부유한 삶을 꾸려갈 것이라 생각하는 것으로 나타났다. 하지만 조사 대상자 가운데 일상에서 감사를 표현한다고 응답한 사람은 '50퍼센트 미만'이다.

이러한 수치들이 앞뒤가 안 맞는다는 점은 수학 천재가 아니어도 알 수 있다. 우리를 좀 더 만족스럽게 해줄 무언가가 있다는 점을 알지만, 그것을 얻으려 노력하지 않는다? 이는 마치 들판 한가운데 마법의 행복 돌멩이가 떡하니 놓여있는데 우리 중 절반은 애써 그곳으로 가서 돌멩이를 집어 들지 않는다는 말과 같다. 나 역시 그 들판을 뛰어다니면서 한 번도 마법의 돌멩이 근처에 가보지 않았던 한 사람이다. 나는 그곳에 그 돌멩이가 있다는 점을 알았고 늘 그것을 생각했다. 하지만 항상 무엇인가가 내 발목을 잡았다.

2년 전 존 템플턴 재단의 고위 관리자인 바너비 마쉬가 내게 감사와 관련한 조사를 제안하지 않았더라면 내가 감사에 초점을 맞추는 일은 없었으리라. 우리는 한 자선 만찬회에서 우연히 옆자리에 앉게 되었다. 그 후 몇 개월 후에 바너비 마쉬는 한 격식 있는 다과회에 나를 데려가 그 재단이 지원하는 '빅 아이디어' 행사를 함께 논의했다. 그 당시 나는 잡지사의 최고위직을 그만둔 터라 세상에 불만을 좀 느끼고 있었다. 그런데 그가 감사라는 말을 언급한 순간 나는 민트차에 기울고 있던 고개를 들었다. 감사가 마치 기막힌 생각처럼 느껴진 것이다. 감사가 억울함, 분노, 불쾌를 대체할 좋은 감정이라는 생각이 문득 들었다. 나는 자료를 더 찾아보고 조사도 하고 싶다고 제안했다. 다과회가 끝나갈 즈음 나의 마음 상태는 완전히 달라져 있었다(심지어 오이 샌드위치에 대한 감사한 마음이 피어났다).

조사와 연구에 집중하면서 감사는 행복과 같은 것이 아니라는 점을 이내 깨달았다. 감사는 행복보다 더 깊은 울림을 주는 감정이다. 사람들은 친구가 꽃을 보내거나 오후에 공원에서 시간을 보내는 등 뭔가 좋은 일을 겪으면 기분이 상승하는 것을 느낀다. 하지만 그러한 순간은 순식간에 지나가기 마련이다. 그 순간이 끝나버리면 이제 어떻게 되는가? 감사는 특정한 사건에 좌우되는 감정이 아니므로 변화나 역경과 상관없이 오래간다. 감사를 느끼려면 감정적으로 적극적인 관여가 필요하다. 자동으로 감사를 느낄 수 있는 것이 아니라 적극적으로 그 감정을 느끼고 경험해야 한다. 그렇게 해야 좋은 시기에도 어려운 시기에도 지속하는 내면의 충일감이 형성된다.

오랫동안 나는 텔레비전, 잡지, 책이라는 세 분야를 넘나들며 활동했다. 지상파 방송의 프로그램들을 연출했고 인기 있는 특집 방송도 여러 편 제작했으며, 〈퍼레이드Parade〉(당시 미국에서 최고의 판매부수를 자랑하던 잡지다)의 편집장을 지냈다. 또한, 열두 편의 소설을 썼으며 그 가운데 두 편은 베스트셀러에 올랐다. 나열해보면 훌륭한 경력이지만 나는 한 번도 한숨 돌리며 '그래, 이 정도면 됐어!'라고 생각한 적이 없다. 일에서 거두는 성공만이 나를 앞으로 나가게 만드는 원동력이었다. 한 가지 목표를 이루면 또 다른 목표가 기다리고 있었다. 하지만 감사하려면 이와 다른 접근법을 취해야 한다. 그러니까, 지금 이 순간을 즐기고 다음 단계에 조바심을 내면 안 된다.

지금 자신이 가지고 있는 것을 소중히 여기고 누리기란 절대 쉽지 않은 일이다. 사람들은 다른 사람을 보면서 '저 사람은 운이 참 좋구나. 저 사람의 인생과 성공을 내가 거머쥘 수 있다면 얼마나 좋을까'라고 생각하기 쉽다. 하지만 누군가에 대한 사람들의 인식과 그 사람이 실제 느끼는 감정은 대개 일치하지 않는다.

그동안 철학자들은 감사를 화두로 삼아왔지만, 심리학자들은 감사를 연구하는 데 많은 시간을 들이지 않았다. 하지만 지난 십여 년 동안 심리학계는 그 주제에 뛰어들어 진지하게 연구를 해왔다. 연구 결과들은 놀라웠다. 여러 연구 결과 감사가 높은 행복감과 낮은 우울감이나 스트레스와 관련이 있음이 드러났다. 〈사회 임상 심리학 저널Journal of Social and Clinical Psychology〉에 감사와 관련한 문헌들을 분석한 기사가 실렸다. 그 기사에 따르면, 감사는 인간의 특성 가운데 정신 건강 그리고 행복과 가장 큰 관련이 있다. 그 기사의 결론은 이렇다. '행복감과 관련한 개인적 차이의 약 18.5퍼센트는 개인이 얼마나 감사를 느끼는가로 설명된다.'

나는 그 부분에 시선을 고정했다. 18.5퍼센트 더 행복해진다면 훨씬 더 행복해지는 것 아닌가. 그 순간 내 행복감은 약 76점이라는 생각이 불쑥 들었다. 그러니 좀 더 감사하며 산다면 행복감을 90점 이상 높일 수 있을 터였다. 학점으로 치면 온전한 A이다.

그렇다면 어떻게 해야 내 점수를 높일까? 여러 조사에서 일관되게 나타나는 한 가지 결과는 감사일기를 쓰면 효과가 좋다는 점이다. 조사자들은 매일 밤 (심지어 일주일에 며칠만이라도) 그날의 감사한 점을 세 가지씩 쓰는 사람들의 경우, 행복감이 올라가고 우울감이 낮아진다는 점을 발견했다. 지금까지 이와 같은 조사 결과가 계속 발표되었다. 감사일기를 쓰면 심지어 숙면을 훨씬 더 잘 취하게 된다고 한다.

이러한 연구를 이끌어온 심리학자 가운데 한 사람이 바로 캘리포니아 대학교 데이비스 캠퍼스의 로버트 에몬스Robert Emmons 박사다. 그는 감사 분야 연구에 일찍이 뛰어들어 짧은 시간에 이 분야의 세계적인 전문가가 되었다(그 당시만 해도 이러한 전문가가 많지 않았다). 에몬스 박사가 발견한 한 가지 사실은 삶에서 좋은 일이 일어나야만 꼭 감사를 느끼는 것은 아니라는 점이다. 감사하는 사람들은 자신에게 어떤 일이 일어나든지 간에 시각을 재구성할 줄 안다. 그는 내게 이런 말을 했다. "그들은 자신에게 부족한 측면에 초점을 맞추지 않아요. 자신이 가진 것에서 좋은 측면을 반드시 찾아내죠."

시각의 재구성은 다양한 형태로 나타난다. 최근에 골든 글로브상을 받았고 지금까지도 대단한 미인이라는 꼬리표를 달고 다니는 여배우 미셸 파이퍼(반들반들한 검은색 캣우먼 복장을 한 그녀를 기억하는가?)를 만나 인터뷰했다. 나는 한 여성 잡지에 실을 그녀에 대한 표지 기사를 쓰고 있었기에, 그녀에게 나이 드는 것을 어떻게 느끼는지 대담하게 물었다. 50대 중반의 나이에도 여전히 아주 아름다운 그녀는 (당장에라도 나와 그녀의 외모를 바꾸고 싶다) 티 하나 없는 피부와 완벽하게 탄탄한 몸매를 가졌던 시절이 자연스럽게 떠오른다고 인정했다. 우리는 영화 〈스카페이스〉에서 알 파치노와 주연을 맡았던 스물다섯 살 때의 사진을 함께 보았다.

"이땐 제 가슴이 아주 풍만하지 않았나요?" 미셸 파이퍼는 노출이 심한 자신의 사진을 보며 쓴웃음을 지었다.

하지만 그녀는 자신의 젊은 시절을 부러운 마음으로 회상하는 것이 아니었다. 그 시절 촬영 당시 매 순간 두려움과 불안함을 느꼈던 것을 오롯이 기억했고, 이제 상당한 자신감이 생겨 뿌듯하다고 했다. 인생의 다른 순간마다 다른 감사 거리가 생긴다. 지금 내가 가지고 있는 것을 누리는 일은 축복이다.

"전 지금 정말 행복한 결혼 생활을 하고 있어요. 사랑스러운 가족과 몇 명의 절친한 친구가 있거든요. 전 제 일을 사랑하는데 그 덕분에 운도 더 생기고 복을 받는 것 같아요. 그래서 아침에 일어날 때마다 인생의 목표를 생각해요. 그리고 될 수 있으면 거울을 들여다보지 않으려 하고요." 미셸 파이퍼는 미소를 지으며 말했다.

미셸 파이퍼는 아름답게 그리고 본능적으로 시각을 재구성하여 나이 듦의 긍정적인 측면에 초점을 맞췄다. 순간 나는 그녀처럼 즐거운 일에 초점을 맞춤으로써 삶의 주름을 피해갈 수 있겠다는 생각이 들었다.

하지만 작은 일이든 큰일이든 간에 긍정적인 면만 보기가 쉽지만은 않다. 삶에서 부정적인 일이 긍정적인 일을 무색하게 만드는 경우가 얼마나 많은가. 만일 하루에 기분 좋은 일 열 가지와 기분 나쁜 일 한 가지가 발생한다면, 대부분의 사람은 저녁 식사 때 배우자에게 기분 나빴던 일에 대해서만 떠들 것이다. 노벨상을 받은 심리학자 대니얼 카너먼은 잘못된 일을 되새김으로써 진화가 이루어진다고 말한다. 옛날 선조들은 자신이 발견한 독이 있는 산딸기를 떠올려 지인들에게 그 사실을 말했기에 살아남을 수 있었다. 맛있는 열 가지 과일을 설명하는 일은 그다지 쓸모가 없었다. 우리는 그러한 접근법을 지금도 쓰고 있다. 아이의 성적표에 있는 네 개의 A는 무시하면서 단 하나의 C를 보고 혼을 내는 부모를 보면 명확히 드러난다.

많은 연구원이 이른바 '나쁜 것이 좋은 것보다 더 강력하다'는 이론을 다양한 표현으로 뒷받침해왔다. 펜실베니아 대학의 심리학자 폴 로진Paul Rozin은 바퀴벌레 한 마리가 체리가 담긴 그릇을 완전히 망쳐놓지만, 바퀴벌레가 담긴 그릇에 체리 하나를 올려놓는다고 모양새가 좋아지지 않는다는 점을 지적했다. 소셜 미디어는 부정적인 말 한마디의 영향력을 아주 강력하게 만들어놓았다. 사람들은 리뷰 사이트에 올라온 리뷰들, 그러니까 대부분은 새 음식점의 팬케이크가 맛있다고 하지만 한 명의 상한 달걀 때문에 (그 사람의 주장일 수도 있지만) 메스꺼웠다는 글을 훑어본 후 그곳에 브런치를 먹으러 갈지 결정한다. 어떤 호텔에 대해 많은 사람이 편안한 침대와 바다가 보이는 전망이 마음에 들었다는 리뷰를 남겼다. 하지만 한 명이 더러운 화장실과 물이 새는 욕조가 딸린 방에서 지냈다며 불평하는 글을 남겼다. 당신은 그 호텔에서 하룻밤 묵겠는가?

이 질문을 본 심리학자들 가운데 일부는 부정적인 리뷰 하나가 상쇄되는 데 긍정적인 리뷰 네 개가 필요하다고, 일부는 다섯 개가 필요하다고 말한다. 이것의 실제 비율은 개인에 따라, 글의 강도에 따라 달라질 것이다. 하지만 나는 부정적인 말 하나가 상쇄되는 데 필요한 긍정적인 말이 세 개 미만이라고 한 사람을 본 적이 없다(이 사실은 우리가 배우자에게 말을 할 때 기억해야 할 부분이다).

이 모든 사실을 고려할 때 우리가 다시 생각해봐야 할 것은 감사 일기다. 이것이야말로 독이 든 딸기와 벌레에 더 신경을 쓰는 인간의 자연스러운 뇌 습성에 대한 해결책이기 때문이다. 말 그대로 하루의 끝자락에 감사했던 일을 생각해야만 부드러운 침대와 달콤한 과일을, 바퀴벌레가 아닌 체리를 떠올릴 수 있다. 나는 이 개념이 마음에 들었다. 그리고 하루에 일어난 일들을 재구성하는 것이 효과적이겠다는 확신이 들었다. 하지만 저절로 이뤄질 일은 아니었다.

나는 연필을 쥘 수 있게 되었을 때부터 일기를 써왔다. 그리고 대개 짜증이 나거나 화나거나 머리 뚜껑이 열릴 때 일기를 썼다. 초등학교 때 쓴 인조 가죽 일기장을 아직도 가지고 있다. 조그마한 자물쇠가 달렸고 표지엔 '만지지 마시오'라고 써놓은 일기장이다. 나중에는 드러그스토어(약품, 화장품, 생활용품 등을 판매하는 소매점 – 역주)에서 산, 판지로 된 표지에 안에 줄이 쳐진 공책을 내 불만을 끼적일 일기장으로 썼다. 그러다 몇 년 전 옷장 뒤쪽에서 이 공책 열두 권을 발견했다. 아, 기억의 보물 창고여! 나는 곧장 자리에 앉아 휙휙 훑어보았다. 그런데 어린 시절의 행복한 기억이 아닌 자기중심적인 절망에 빠져 연신 불평만 늘어놓은 내용을 마주하다 보니 마음이 먹먹해졌다. 나를 화나게 하거나 약 오르게 하거나 몹시 격분하게 만든 일들이 다른 모든 것을 밀어내었다. 그 시절에 겪은 그 모든 멋진 경험들은 다 어디로 간 것일까? 단언컨대 즐거운 순간이 얼마나 많았던가! 하지만 그런 추억들은 기록해두지 않았다.

일기를 읽노라니 누군가가 내 일기를 읽을지도 모른다는 생각에 걱정이 스멀스멀 피어올랐다. 남편이나 아이들이 내 일기장을 발견하고 이것이 바로 내 인생이라고 단정 짓는 것은 싫었다. 흠, 나 역시 그 일기장이 내 인생을 대변한다고 생각하기 싫었다. 그렇다고 역사를 다시 쓸 생각은 아니었다. 애당초 잘못 쓰인 역사인 것을. 그래서 불평으로 가득 찬 일기장들을 큰 쓰레기봉투에 담아 어딘가에 있는 폐기장에 갖다 버렸다. 절대로 그것을 다시는 볼 수 없도록(어쩌면 나의 바람인지도 모르지만. 차라리 벽난로에 집어넣을 걸 그랬나?).

앞으로 쓸 감사일기는 예전 일기와는 다른 느낌이 날 것이고 역사의 매립지에(혹은 쓰레기 매립지에) 묻힐 일도 없으리라. 에몬스 박사와 그의 동료들이 한 말이 맞는다면 감사일기는 그야말로 내 삶을 더 좋게 만들어줄 터였다. 나는 이 점이 마음에 들었다. 하지만 기자를 지냈던 내가 감사일기를 쓴다는 것이 왠지 너무 감상적이라는 생각이 문득 들었다. 갓 끓여낸 커피와 새빨간 저녁놀에 감사하는 언어로 가득 찬 일기장은 마치 니콜라스 스파크스Nicholas Sparks의 소설처럼 느껴졌다(그의 소설이 이상하다는 말은 아니고……).

친구 샤나에게 전화를 걸었다. 재미 삼아 줌바 댄스도 가르치는 무한 에너지의 소유자인 샤나는, 긍정적이고 낙관적이지만 절대 감상적인 친구는 아니다. 서른다섯에 유능한 사업가이자 연쇄 창업가인 샤나는 수년 동안 감사일기를 썼다.

"언니가 동참한다니 정말 기쁘네. 난 요즘 감사에 푹 빠져있거든!" 샤나는 내가 계획을 말하자 이런 반응을 보였다.

샤나는 남편과 뉴 헤이븐에 새로 산 집에 살지만, 맨해튼에서 회의 몇 건이 예정되어 있었다. 그래서 우리는 그랜드 센트럴 역 근처에 있는 타파스(스페인의 전채 요리 - 역주) 음식점에서 만나기로 했다. 활기차게 음식점 안으로 들어온 샤나는 항상 그렇듯 쾌활해 보였다. 우리는 샤나가 화장실 타일을 새로 샀다는 등의 나름 중요한 이야기들을 한참 나누었다. 그러다가 샤나는 자신의 감사일기에 대해 열렬하게 이야기했다. 그녀는 감사한 일을 한 가지씩 매일 밤 적는다고 했다. 딱 한 가지를! 아무리 바쁘거나 피곤해도 두어 줄 정도는 쓸 수 있다고 했다. 매일 밤 감사 거리를 쓰는 일이 당연한 일과가 되면서 하루를 바라보는 시각이 변했다고 한다.

샤나는 말을 하는 사이 빵 위에 오렌지 꿀, 무화과, 약간의 크림이 얹혀 있는 몬따디또를 집어 들더니 맛있게 한 입 베어 먹었다. 그러더니 입술에 묻은 꿀을 혀로 핥으며 말했다.

"음, 이것도 좋은 예야. 아주 맛있으니까 감사일기에 쓸 거리가 될 수 있거든. 물론 오늘은 언니를 만난 일을 쓸 가능성이 크지만 말이야."

"나 따위가 무화과 몬따디또와 경쟁 상대가 되겠어?" 나는 웃음을 지으며 말했다. 샤나는 감사할 이유에 초점을 맞춰 모든 것을 새로운 렌즈로 보고 있었다. 진화론적으로 인간은 자연스럽게 문제와 위험에 안테나를 세우는 성향을 지녔지만, 샤나는 본능의 초점을 다시 맞췄다. 그러니까 하루를 긍정적으로 만드는 요소에 촉각을 곤두세웠다. 그런 요소를 발견하지 못할 때는 (그런 일 역시 일어나기 때문이다) 하루를 재구성할 방법을 찾는다고 했다.

"힘든 일을 겪어 감사 거리가 전혀 없다고 느낄 수도 있어." 샤나는 이렇게 인정하더니 뒤이어 말했다. "그럴 땐 비가 억수 같이 쏟아지지 않아서, 혹은 내게 두 다리가 있어서 감사하다고 쓰면 되지 않을까. 솔직히 나도 한 번 그런 적이 있거든. 두 다리가 있어서 감사하다고 쓴 적이 말이야."

나는 내다 버렸던 내 옛날 일기장들에 대해 말했다. 그러자 샤나는 고개를 크게 주억거렸다. 샤나도 예전에는 일기장에 속마음을 털어놓고 무거운 짐을 짊어진 현실에 대해 극단적인 언어로 끼적였다고 했다.

"잿빛 하늘이 어두운 내 마음을 나타내는구나'라는 표현이 딱 맞았다니까." 샤나가 말했다. 우리는 다 안다는 듯 웃음을 지었다.

샤나의 감사일기는 예전의 우울한 일기보다 더 현실적인 시각을 반영하는 것일까?

내가 이런 질문을 하자 샤나는 미소를 살포시 짓더니 햄릿의 유명한 말을 언급했다. "세상에는 좋은 것도 나쁜 것도 없고, 다만 생각이 그렇게 만들 뿐이다."

셰익스피어를 연구하는 학자가 아니어도 햄릿의 추론을 이해할 수 있다. 《햄릿》 2막에서 우울한 왕자 햄릿은 옛 친구 로젠크랜츠와 길덴스턴을 만나자 덴마크는 감옥이라고 말한다. 두 사람은 궁전이 그야말로 멋지게 보였기 때문에 이 말을 듣고 놀란다. 햄릿은 어깨를 으쓱이며 (내가 브로드웨이에서 주드 로가 연기한 햄릿을 봤을 때는 그랬다) 좋은 것과 나쁜 것은 인식의 차이에서 비롯된다는 말을 한다. 극에서 왕이 살해당하고, 유령이 나타나고, 어머니가 재혼하지만 그러한 사건들을 고통스럽게 받아들이느냐 마느냐의 여부는 사건을 어떻게 바라보느냐에 따라 달라진다. 만일 누군가가 햄릿에게 감사일기를 써보라고 했다면 햄릿이 자신은 왕자이고 오필리아처럼 아름다운 여자친구를 두어 정말 운이 좋다는 점에 초점을 맞췄을지도 모른다. 실로 그의 삶이 그렇게 나쁜 삶은 아니었던 것이다!

하지만 무엇 때문인지 사람들은 행복보다는 불행을 더 믿는다. 햄릿이 절망에 빠져 무대 위를 왔다 갔다 하며 살 가치가 있는지 고뇌할 때 사람들은 매료된다. "사느냐 죽느냐"라는 말이 "오, 난 정말 운 좋은 놈이구나"라는 말보다 더 심오하게 들리는 것이다. 하지만 위대한 연극을 만드는 시적 요소가 행복한 삶을 위한 요소가 되는 것은 아니다.

"좋아, 나도 감사일기를 써보려 해. 뭐 조언해줄 게 있어?" 내가 말했다.

"예쁜 일기장으로 사." 샤나는 작별 인사로 포옹을 하며 말했다.

며칠 후 나는 코네티컷 북서부 지방 교외에 자리한 시골집에 머물렀다. 눈보라가 몰아치는 겨울 날씨가 바뀌기를 바라며 근처 시내로 차를 몰고 나갔다. 카리브 해 지역에 있으면 좋겠다는 생각이 들었지만, 눈으로 뒤덮인 들판이 반짝거리는 아름다운 광경에 의식적으로 감사했다. 여기저기 보이는 빨간색 농가들은 마치 그림에서 튀어나온 듯했다. 나는 내가 좋아하는 한 미술관에 갔다. 그리고 차와 찻주전자를 비롯한 독특한 선물을 파는 한 상점에 들어갔다. 개인적으로 좋아하는 상점이다. 그곳을 죽 둘러보다가 금전 등록기 근처에 놓인 알록달록한 일기장들을 발견했다.

나는 샤나의 조언을 떠올렸다. 노트라면 집에 많이 있었다. 하지만 감사일기를 중단하지 않고 쓰려면 남아 있는 노트가 아니라 뭔가 색다른 것을 일부러라도 살 필요가 있었다. 기하학무늬에 초록색 표지가 달린 새뜻한 일기장 한 권을 집어 들었다. 긍정적인 생각 외엔 아무것도 담아낼 수 없을 만큼 예쁜 일기장이었다.

그날 밤, 잠자리에 들기 전 그 일기장을 꺼내어 첫 면을 펼쳤다. 약간 어색한 기분을 느끼며 글을 쓰려다가 잠시 멈췄다.

마음속으로 그날 하루를 그려보았다. 큰일과 소소한 일 중 무엇에 초점을 맞추어야 하지? 내가 아는 한 여행 리포터는 라디오 프로그램에서 맨 처음 맡은 지역이 파리라고 했다. 방송생활을 한 지 10년이 되자 파리 7구에 있는 작은 식당에서 사과 타르트를 먹으며 방송 녹음을 하게 되었다고 웃으면서 말했다. 그 사람을 보면 항상 초점을 맞추고 사는 것이 좋다는 점을 알게 된다.

'감사하는 한 해의 시작을 이 일기장과 함께하게 되어 정말 감사하다.'

나는 이렇게 썼다. 그리고 '효과가 있을지 확신할 순 없지만……'이라고 덧붙였다.

하지만 멈추고 말았다. 내용의 균형이라든가 불평이나 부정적인 측면은 필요 없었다. 일상의 한쪽 측면만 봐도 괜찮았다. 내용을 따질 사람은 아무도 없으니까.

책상에서 눈에 잘 띄는 곳에 일기장을 올려놓았다. 예전에 전문가들은 새로운 습관이 생기는 데 21일이 걸린다고 주장했다. 하지만 유니버시티 칼리지 런던 캠퍼스에서 최근에 발표한 연구 결과에 의하면, 대부분의 사람이 진정한 행동의 변화를 일으키려면 두 달 이상에서 때로는 여섯 달까지 걸린다고 한다. 나는 올 한 해의 어느 시점에는 감사하는 태도가 온전히 나의 일부가 되기를 바랐다. 당분간은 그 과정을 받아들이고 매일 밤 내 감사일기와 만나기로 했다.

The
GRATITUDE
DIARIES

2장 | 남편과 (다시) 사랑에 빠지다

결혼 생활에서 긍정적인 측면을 찾을 수 있어서
그리고 우리 부부의 '행복한 두뇌'가 교감할 수 있어서 감사하다.

친절하고 잘생긴 남편에게 고맙다고 말할 줄 알게 되어 감사하다.

많은 세월이 지났지만 결혼 생활이 더 좋아져서 정말 감사하다.

한 해 동안 감사하며 살기로 시작하면서 내게 긍정적인 접근법이 가장 필요한 부분이 바로 결혼 생활이라고 판단했다.

내가 가정에서 감사해야 할 이유가 많다는 것쯤은 이론적으로 알고 있었다. 내 남편은 잘생겼고 똑똑한 데다 설거지도 마다하지 않고 해준다. 우리에겐 멋진 두 아들 잭과 맷이 있고, 코네티컷 교외에 예쁜 시골집도 있다. 가족 모두 건강하고 서로를 사랑한다. 우리는 함께 웃으며 여러 산을 하이킹하고, 해변에서 일몰을 보며 감탄을 쏟아내기도 한다. 이런 점에서 본다면 내 삶은 홀마크 채널(Hallmark Channel, 미국의 케이블 방송으로 가족 시청자를 대상으로 텔레비전 영화, 미니시리즈, 라이프스타일 프로그램을 주로 방영한다 - 역주) 프로그램용으로 촬영해도 무방할 것이다.

하지만 내 삶은 내가 하루하루 이끌어가는 현실이기도 했다. 그렇기에 항상 긍정적인 시각을 유지하기가 쉽지 않았다. 심리학자들은 이를 습관화라고 부른다. 남편이든 집이든 아니면 번쩍거리는 새 차든지 간에 우리는 무엇인가에 익숙해져 버린다. 그래서 맨 처음에 그것이 아주 특별했던 이유를 잊어버리고 만다. 뇌 정밀 촬영 사진을 보면 사람이 어떤 대상을 맨 처음 보았을 때와 열 번째 보았을 때의 뇌 반응이 상당히 다르다는 사실을 알 수 있다.

프랑스 소설가 마르셀 프루스트는 '진정한 발견은 새로운 풍경을 찾는 것이 아니라 새로운 시각으로 보는 것이다'라는 명언을 남겼다. 나는 침대와 농담과 통장을 공유하는 한 남자를 새로운 시각으로 볼 때가 되었다고 생각했다.

처음엔 '앞으로 내 결혼과 관련한 감사일기를 여러 편 써야겠다'는 생각을 했다. 남편에게 감사하는 이유를 한 가지 이상씩 밤마다 쓰기로 한 것이다. 하지만 우리 관계에 조금이라도 변화를 주고 싶다면 일기장에 뿐만 아니라 실제로도 고마움을 표현해야 했다. 내가 직접 실시하기도 했고 〈NBC 투데이〉 쇼에 나가 화제로 삼기도 했던 설문 조사에는 남자들에게 결혼 생활에 관해 묻는 문항이 있다. 그런데 대다수의 남자들이(77퍼센트) 아내가 애정과 관심을 보여준다면 정말 감사할 것 같다고 응답했다. 이는 아내가 저녁을 만들어준다든지, 휴가 계획을 세운다든지, 집안일에 신경 쓴다면 감사할 거라는 등의 다른 모든 응답을 훨씬 앞서는 수치다. 나는 남편에게 고맙다는 말을 하는 것보다 닭구이 요리를 더 잘했는데 그런 아내들이 비단 나뿐만이 아니었나 보다. 조사에 참여한 여성 가운데 남편에게 주기적으로 고맙다고 말하는 여성은 절반이 채 안 되었다.

고마움을 표시하는 것은 기본예절인데도 가장 사랑하는 사람에게는 좀처럼 그런 말을 하지 않게 된다. 조사에서 나타난 흥미로운 결과가 몇 가지 더 있다. 응답자의 약 97퍼센트는 근사한 음식점에서 웨이터에게 고마움을 표시할 것이라고 했고, 놀랍게도 58퍼센트는 공항의 보안 요원에게 기꺼이 고맙다고 말할 수 있다고 했다. 그런데 그 상대가 배우자가 되면 이 수치는 내려간다. 여성 가운데 자신과 가장 가까운 사람에게 감사를 표현하는 사람이 50퍼센트가 채 안 된다는(48퍼센트) 결과를 기억하는가.

언뜻 보면 납득이 잘 안되지만 나는 왜 이런 결과가 나오는지 이해한다. 우리는 웨이터가 빵 담긴 바구니를 갖다 주고 베이컨을 추가한 치즈버거를 누가 주문했는지 기억한다면 만족스러운 기분이 들면서 기꺼이 감사 표시를 한다. 하지만 배우자에 대한 우리의 기대감은 이보다 훨씬 크다. 우리는 배우자가 베이컨을 갖다 주는 일 정도는 기본이라 생각한다. 이에 더해 배우자가 가장 친한 친구, 열정적으로 사랑해주는 사람, 주말의 놀이 친구, 자녀에게 자신과 똑같은 시간을 할애하는 부모, 저녁 데이트를 마련하는 사람, 조깅 파트너, 지속적인 지지자, 전문적인 조언가, 여행 친구가 되어주길 바란다. 참, 내가 소울메이트도 언급했던가? 우리는 당연히 소울메이트도 원한다.

이런 연유로 우리는 배우자에게 어떤 부분에는 고마워하면서도 충족시켜주지 못하는 부분에 대해서는 기분이 상한다. 남편이 여전히 가장 친한 친구지만 열정적인 애인의 모습은 온데간데없이 사라져버렸을 때, 아내는 화가 난다. 혹은, 남편이 좋은 부모이긴 하지만 이웃의 다른 남편들이 돈을 더 잘 버는 것 같다면 아내는 어쩔 수 없이 그 점을 의식하게 된다.

성과 결혼을 다루는 유명한 조언가이자 《왜 다른 사람과의 섹스를 꿈꾸는가》의 저자인 에스더 페렐은 다음과 같은 도발적인 질문을 던졌다. "우리는 우리가 이미 가지고 있는 것을 원할 수 있는가? 이것은 중요하지만 어려운 질문이다." 페렐은 우리가 배우자에게 모순된 기대감을 겹겹이 쌓아가는 것을 우려한다. 그러니까 우리는 한편으론 안정과 편안함을, 다른 한편으론 모험과 흥분을 원한다. 지금 우리는 옛날에 마을 전체가 충족시켜주던 요구 사항들을 한 사람이 모두 충족시켜주기를 바라고 있다. 페렐은 우리가 항상 "내게 편안함과 긴장감을 줘요, 내게 새로움과 익숙함을 줘요, 내게 예측 가능성과 의외의 놀라움을 줘요"라고 말한다고 지적한다.

요는 우리가 항상 상대방이 무엇을 해주길 원한다는 점이다. 결혼은 우리에게 어떤 지위를 부여한다. 일단 결혼을 하면 불행하거나 외롭거나 기본적인 존재의 위기를 겪으면 안 되는 것으로 인식된다. 그러다 (필연적인 결과지만) 세상을 다 가진 기분을 느끼지 못하게 되면 당연히(당연히!) 배우자 탓을 하게 된다.

모든 것을 기대하면 어떤 것에서도 감사함을 느끼지 못한다. 그래서 나는 불가능한 기대감을 싹 버리기로 했다. 그리고 브래드 피트와 빌 게이츠를 섞어놓은 사람을 상상하는 대신 내 곁에 있는 남편의 진가를 알아보기로 했다. 문 앞에서 진흙 묻은 부츠를 벗고 들어올 줄 아는 남편 아닌가.

좋은 의도도 봄눈 녹듯 사라져버릴 수 있기에 내 계획을 적어두었다. 한 달 동안 나와 결혼한 남자에게 감사한 이유를 하루에 적어도 두 번씩 찾아내기로 했다. 일말의 거짓도 없이, 어떤 불만도 품지 않을 뿐만 아니라 개선점을 제안하지도 않고, 있는 그대로의 남편을 존중하기로 했다. 남편의 많은 장점을 삶의 무대에서 배경 벽지로 내버려두지 않고 무대 중앙으로 내세울 때 어떤 일이 발생하는지 지켜보기로 했다.

다음 날 아침 여섯 시에 잠이 깼다. 한쪽 눈을 뜨고 남편이 침대 맞은편에 앉아 출근하려고 옷을 입는 모습을 보았다. 남편은 병원 일로 바쁜 의사다. 다른 날 같으면 왜 그리 일찍 나가느냐고 퉁명스럽게 묻거나 몇 분 더 자려고 눈을 감아버렸을 것이다. 하지만 나는 늘씬한 회색 바지와 빳빳한 흰색 셔츠 차림에 파란색 실크 넥타이를 맨 남편을 오래도록 바라보았다.

"오늘 아침 아주 멋져 보이네." 나는 잠에서 덜 깨어 갈라지는 목소리로 말했다. "잠에서 깨어 이렇게 잘 생긴 사람을 보니 기분 좋은 걸."

남편은 놀란 표정으로 나를 보더니 이내 미소를 지으며 내게 와 입맞춤을 해주었다.

"당신 아직 렌즈를 안 꼈잖아. 그러니 제대로 보일 리가 없지." 남편은 농담을 했다.

"시야가 흐릿해도 당신은 멋져 보여." 나는 두 팔을 남편에게 두르며 말했다.

우리의 대화는 30초도 안 된 데다 남편은 집을 나서면서 그 순간을 까맣게 잊어버렸을지도 모른다. 하지만 나는 온종일 기분이 좋았다. 칭찬을 해주는 것은 칭찬받는 것만큼 기분 좋은 일이다.

부부라면 집에서 각자 맡은 역할이 있기 마련이다. 다음 날부터 나는 남편이 수표책을 결산하고, 물이 새는 수도꼭지를 고치고, 함께 간 파티가 늦은 밤에 끝난 후 집까지 안전하게 운전을 하는 등 평소에 하던 일을 묵묵히 해주는 것에 고마움을 표현하기 시작했다.

"눈 오는데 운전해줘서 고마워." 우리가 탄 차가 차고에 들어갈 때 나는 말했다.

"운전이야 항상 하잖아." 남편은 놀라며 말했다.

"그래도 고마워. 더군다나 지금은 어두컴컴한 데다 우리 둘 다 피곤하기도 하잖아. 나 대신 운전을 해주는 남편을 두었으니 난 얼마나 운 좋은 여자인지 몰라."

우리는 그 이야기를 더는 하지 않았다. 하지만 남편은 우리 관계에서 무엇인가 변화하고 있다는 것을 알아차린 듯했다. 다음 날 저녁, 남편은 내가 항상 맡아 하던 일인데도 저녁 식사를 차려줘서 고맙다고 했다. 나는 별거 아니라는 표정을 지었지만(어찌 냉동 파스타 요리로 칭찬을 고스란히 받아들일 수 있겠는가?) 그 말을 생각하면 아직도 기분이 좋아진다. 무슨 일을 하든지 간에 인정받는 것은 기분 좋은 일이다.

처음 며칠 동안은 남편에게 의식적으로 고마움을 표현했다. 그런데 한 주, 두 주 지나면서 좋은 감정이 내 안에서 자연스럽게 흘러나오기 시작했다. 그리고 남편에게 고마워하다 보니 전반적으로 좀 더 긍정적인 생각을 하게 되었다. 무슨 일이 일어나고 있는 것일까?

나는 브라이언 앳킨슨 박사에게 전화를 걸었다. 그는 노던일리노이 대학교 결혼 생활 및 가족상담 전문과정의 명예교수이자 일리노이주 제네바에 소재한 부부 클리닉 및 연구소의 소장이다. 앳킨슨 박사는 뇌 회로가 더 강한 교감을 만들어낼 준비가 되었음을 보여주는 신경학적 증거가 있다고 믿는다. 그는 사람의 자동적인 반응에 변화를 주어서 실제로 두뇌 구조를 바꾸는 원리에 근거하여 부부 상담에 새롭게 접근했다. 나는 그에게 나의 감사하는 연습이 신경 회로에 영향을 줄 수 있는지 물어보았다. 그러자 그는 "그렇다"고 힘주어 말했다.

"무슨 일이든 두뇌를 자주 쓰게 되면 두뇌는 그 일에 아주 능통해져요. 자주 감사해 하면 긍정적인 기분이 형성되고 그러면서 뇌 경로가 강화되어 다시 더 긍정적인 기분이 생겨나는 거예요. 감사는 마음을 긍정적인 상태로 만들어주는 일종의 정신 훈련으로 생각하면 됩니다."

앳킨슨 박사는 친절하고 사랑하는 감정에 초점을 맞추고 장기간 '자애 명상'을 하면 실제로 감정 반응에 관여하는 두뇌의 양과 회로에 변화가 생긴다는 사실이 여러 조사 결과 나타났다고 강조했다.

그도 이와 비슷한 방식을 활용하여 사무실에 찾아온 고객들에게 하루에 5분씩 앉아 배우자에게 느낀 좋은 감정이나 함께한 행복한 시간을 깊이 생각해보라고 조언한다. "여러 연구 결과 이렇게 단순한 정신 활동만으로도 교감을 만들어내는 신경 회로가 강화된다는 사실이 드러났어요." 그가 말했다.

남편에게 감사하면 나의 두뇌가 바뀐다는 논리에 약간의 의구심이 들었던 것이 사실이다. 적어도 하버드 대학의 신경학자 알바로 파스쿠알 레오네Alvaro Pascual-Leone가 실시한 연구에 대해 듣기 전까지는 그랬다. 알바로 박사는 피아노를 칠 줄 모르는 사람들을 모아서 피아노 치는 법을 가르쳐준 후에 한 곡을 5일 동안 매일 두 시간씩 연습하게 했다. 연습 기간 마지막 날 촬영한 뇌 영상을 보니 손가락 운동에 관여하는 두뇌 피질 부분이 눈에 띄게 확장되었다.

이는 일리 있는 결과였다. 몸의 어떤 부위이든지 간에 주기적으로 사용할수록 그 활동에 관여하는 두뇌 피질 부위가 확장된다는 사실이 다른 여러 연구에서도 드러났기 때문이다. 알바로 박사는 또 다른 연구 그룹에는 피아노에 절대 손을 대지 말고 똑같은 시간 동안 생각으로만 피아노 연습에 집중하게 했다. 그 결과 어떻게 되었을까? 이 그룹은 운동 피질에서 전자와 거의 비슷한 변화를 보였다.

생각으로 뇌 회로가 바뀔 수 있다면 내 계획을 기꺼이 지속할 수 있으리라는 판단이 들었다. 그리고 그렇게 지속하는 일이 내게 꼭 필요하기도 했다. 앳킨슨 박사는 이를 아령으로 하는 운동에 비유했다. 아령 운동을 몇 번 한다고 근육이 변하지 않는다. 하지만 지속해서 이두박근 운동을 하면 누적 효과가 눈에 띄게 나타난다.

같은 맥락에서 앳킨슨 박사는 부부들에게 일주일에 한 번씩 자신의 사무실에서 명상을 하게 하는 것으로는 부족하다는 점을 발견했다. 그들 중에는 깨달음의 순간을 경험하고 ('이제야 알겠다! 세차는 당신이 사랑을 보여주는 한 방식이었던 거야!') 물밀 듯이 밀려오는 좋은 감정을 느끼는 부부도 있었다. 하지만 그러한 감정은 대개 일주일이 지나기도 전에 사라져버렸다. 그래서 앳킨슨 박사는 이렇게 긍정적인 신경 회로를 만드는 작업을 집에서 하라고 제안하기 시작했다. 모두가 그 제안을 기꺼이 받아들인 것은 아니다. 앳킨스 박사는 거절한 사람들이 "제가 배우자를 사랑하긴 하지만 매일 5분씩 그 생각에 집중하라는 건 지나친 것 같아요!"라고 말했다며 웃음을 지었다.

앳킨슨 박사는 기꺼이 그러한 노력을 기울이겠다고 한 부부들에게 매일 배우자에게 두 문장을 완성하여 이메일을 보내라고 제안했다.

첫 문장은 다음과 같다.

'최근에 당신에게 감사했던 일 한 가지는······.'

둘째 문장은 다음과 같다.

'당신에게 굉장히 좋은 감정을 느꼈던 순간은······.'

앳킨슨 박사 본인도 결혼 상담사인 아내 리사에게 매일 아침 이러한 메일을 보낸다고 한다. 내가 무슨 내용을 보내는지 묻자 바로 그날 아침 아내에게 보낸 내용을 기꺼이 알려줬다. 매일의 감사 거리는 꼭 대단한 것일 필요가 없다는 점을 보여주려 한 것 같았다. 그는 전날 아내가 분주하게 뛰어다니며 심부름을 해줘서 감사하다는 말로 첫 문장을 완성했다면서 이런 말을 했다. "평소라면 그렇게까지 애틋한 마음이 들진 않았을 텐데 어제는 비가 내리고 아내가 바쁜 날이었어요. 그런데 저를 위해 기꺼이 희생하더군요."

그리고 둘째 문장은 전날 아내가 의붓딸과 함께 요란하게 웃는 소리를 들었을 때 아주 좋은 감정을 느꼈다고 적었다. 그는 아내가 딸과의 관계를 원활하게 이끌어가는 것을 높이 평가하며, 그런 부분에 마음이 아주 따뜻해지는 기분을 느낀다고 했다. 그렇다면 왜 그 순간에는 말하지 못한 걸까? 그는 한참 저녁을 만들던 때였는데 곧 전화벨이 울렸고 뒤이어 일이 좀 많았다고 했다.

"감사나 고마움을 표시하는 간단한 말도 못하고 지나칠 때가 얼마나 많은지 모릅니다. 그래서 매일 이메일을 보내는 것이 그토록 중요한 거지요." 그가 말했다.

나는 남편에게 늦은 밤에 집까지 운전해줘서 고맙다고 했던 일과 다음 날 남편이 요리를 해주어 고맙다는 말로 화답했던 일을 앳킨슨 박사에게 말했다.

"브라보! 사람들이 긍정적인 감정을 공유할 때 뇌 정밀 촬영을 해보면, 그들의 두뇌가 동시에 움직이면서 비슷한 활동을 하는 것을 알 수 있어요. 제니스 씨는 사랑의 용량을 키우고 있는 거예요."

앳킨슨 박사는 내게 이른바 '끊임없는 긍정성의 추구'를 실천하라고 권했다. 내가 계속해서 긍정적인 말을 하면 남편의 기분이 좋아질 테지만 그로 말미암아 내 기분이 더 좋아질 것이다. 더 큰 혜택을 보는 쪽은 다름 아닌 감사를 표현한 사람이라는 점은 여러 조사 결과 나타났다. 감사란 정말이지 받는 것보다 주는 것이 더 좋다. 앳킨슨 박사는 상담이 끝나고 몇 년 후에 슈퍼마켓에서 고객들을 우연히 만나는 일이 종종 있다고 했다. 그런데 그들은 대부분 자신이 한 말은 전혀 기억하지 못해도 감사 이메일은 아직도 보낸다고 한다. 그 습관을 들인 것만으로도 상담이 충분한 가치가 있었노라고 말했다 한다.

나는 작별 인사를 하면서 좋은 충고를 많이 해주어 고맙다고 했다. 내 경우 그 상담의 가치는 내가 낸 비용보다 훨씬 더 컸다.

나는 우리 부부가 긍정성을 추구하는 데 박차를 가하고 싶었기에 남편에게 주말 휴가를 떠나자고 제안했다. 서로 애틋한 마음을 회복하고 감사하는 계기로 만들 생각이었다. 평소에 일의 영역권에서 벗어나는 것을 싫어하는 남편이라 그가 흔쾌히 수락했을 때 아주 기뻤다. 그것만으로도 이미 커다란 진전이었다. 나는 일 때문에 로스앤젤레스에 가야 해서 남편과 휴가지에서 만나기로 했다.

적당한 거리에 있는 낭만적인 장소를 찾다가 캘리포니아 오하이로 정했다. 그곳은 프랭크 카프라Frank Capra 감독이 자신의 걸작 〈잃어버린 지평선〉에서 지상 낙원을 표현하기 위해 이용한 예술의 도시다. 신비함이 묻어나는 이 지상 낙원은 감사를 연습하기에 좋은 장소 같았다. 더욱이 그곳에는 근사한 음식점도 많았다.

우리가 우아한 호텔에 도착했을 때가 늦은 오후였는데도 객실이 아직 준비되지 않았다. 그래서 우리는 드넓게 펼쳐진 땅 위를 걸으며 간식을 먹었다. 마침내 안내받아 들어간 객실은 작은 데다 도로가 보이는 1층 방이었다.

"전망 좋고 조용한 방을 달라고 했는데요." 내가 말했다.

"지금 객실이 여기밖에 없어서요." 직원이 대답했다.

비수기인 데다 오랫동안 산책을 하며(주차장까지 가보았다) 관찰한 바로는 그 큰 호텔에 온 손님은 많지 않았다. 나는 망설였다. 감사를 위한 주말이었기에 어떤 일에든 감사하고 싶었다. 하지만 감사한다는 것이 바보가 된다는 의미는 아니다.

나는 다시 안내데스크로 걸어가 그 방은 우리가 원한 방이 아니라고 정중하게 말했다. 남편은 입술을 꽉 다물고 의자에 앉아있었다. 남편은 소란스러워지는 것을 싫어해서 만족스럽지 못한 상황도 잘 참아내는 사람이다. 또다시 오랜 기다림 끝에 마침내 전망이 좋은 좀 더 근사한 방을 얻었다. 하지만 그날의 좋은 기운이 새어나갔다는 걱정이 밀려왔다.

그날 밤 침대에 눕자 오래전 내가 첫 아이를 가져 배가 많이 불렀을 때 남편과 떠난 휴가가 떠올랐다. 유모차와 기저귀를 사용하는 미지의 세계에 돌입하고 생활비 예산을 최대한 늘리기 전 우리 두 사람이 떠난 마지막 휴가였다. 나는 그림처럼 아름다운 곳을 바랐기에 프랑스령 카리브 해 섬을 선택했다.

그곳에 도착한 날에 날씨가 우중충했지만 어쨌든 우리는 바닷가로 나갔다. 나는 소형 텐트 크기만 한 임산부 수영복을 입고 애처롭게도 담요를 급히 걸쳤다. 그때 햇볕에 그을린 몸에 상의를 노출한 멋진 여성 몇 명이 바닷가를 거니는 모습이 보였다. 상의를 노출하다니? 하긴 그곳은 프랑스의 섬이 아니던가. 노출이 심한 비키니 하의를 입은 그녀들은 바다에서 수영하는 매끈한 돌고래처럼 보인 반면 나는 고래처럼 느껴졌다. 왜 이곳에 온 걸까? 그날 밤 남편과 침대에 눕자 호텔의 금속제 지붕으로 비가 억수같이 쏟아졌다. 정말 굉장하군. 낙원의 섬에서 폭풍우라니. 상황이 이보다 더 나쁠 수 있을까?

다음 날 아침 나는 그 질문의 답을 알게 되었다. 날이 화창해져서 남편과 나는 차를 타고 섬 여기저기를 돌아다녔다. 정말 아름다운 섬이었다. 그러고는 늦은 점심을 먹으러 가는데 차 한 대가 우리 쪽으로 돌진해오는 것이 보였다. 술에 잔뜩 취한 운전자는 빠른 속도로 위태롭게 운전을 하다가 통제력을 잃고 방향을 확 틀었다. 우리는 오른쪽으로 가파른 절벽을 끼고 달리던 중이었다. 남편은 우리의 작은 차를 길 한쪽으로 최대한 빨리 붙였다. 하지만 갑자기 그 차가 우리 차와 부딪히면서 금속이 충돌하고 유리 파편이 흩어지는 소름 끼치는 소리가 들렸다. 그러자 온 세상이 멈춘 기분이 들었다. 나는 두리번거리다가 고통에 얼굴이 일그러진 남편을 보았다. 다리는 피로 온통 얼룩져있고 살이 잘려 연골과 뼈가 드러났다. 내 이마에 생긴 깊은 상처에서는 피가 쿨럭쿨럭 새어 나와 얼굴로 흘러내리며 내 무릎에 뚝뚝 떨어졌다.

"우리 죽는 거야?" 나는 남편과 텅 빈 도로에서 움직일 수도 없이 앉은 채로 물었다.

다행히 우리는 살았다. 구급차에 실려 지역 병원으로 운송되었고 예쁜 의사가(어쩌면 바닷가에서 상의를 노출하고 다닌 여자일지도 모르지만) 시체용으로 쓰이는 굵은 실로 상처를 봉합해주었다. 여의사는 우리 부부보다 더 잘 보호된 아기는 괜찮을 거라고 안심시켰다. (나중에 나는 장남 잭의 회복 탄력성이 좋은 이유를 그 사건과 연관 지어 생각했다) 우리는 야외 화장실로 연결되는 문이 있고 가톨릭 성인상들이 놓인 선반으로 에워싸인 방에서 하룻밤을 보냈다. 나는 가톨릭을 믿지 않지만, 그 성인들이 내게 다음과 메시지를 보내고 있다는 기분이 들었다.

'너는 이 섬에 온 첫날 감사할 줄 모르지 않았느냐? 그렇다면 차량 충돌 사고로 고통을 겪어 보아라. 이제 알겠느냐?'

우리는 다음 날 비행 편으로 돌아와 그 주 내내 시댁에 머물며 몸을 회복했다. 나는 살아있음에, 우리를 돌봐주는 가족이 있음에 다행이라는 생각이 들었다. 그리고 중요한 점을 깨달았다. 이 순간은 언제 산산이 조각날지 모르는 일이기 때문에 지금 이 순간에 감사해야 한다는 점을.

나는 이제 오하이의 한 호텔 객실에서 램프를 켜고 감사일기장을 꺼냈다. 방을 바꾼 것은 잘한 일이었다. 하지만 부정적인 감정이 주말 휴가에 영향을 끼치면 안 되었다. 내가 정말로 중요한 것에 감사할 줄 안다는 점을 그 성인들에게 알려주고 싶었다.

'정말 감사하다……. 남편이 이번 주말에 이곳에 같이 와주고 우리가 서로 교감하려 노력하고 있어서. 바로 이 점이 정말로 중요한 것을.'

다음 날 아침 시내에서 아침 식사를 하며 그 주말 휴가의 핵심을 서로 상기시켰다. 바로 서로에게 감사하기였다. 우리의 대화를 무심코 들은 한 웨이트리스는 내가 주문한 차가운 허브티를 가져다주며 미소를 지었다.

"볼텍스vortex 찾으러 오셨어요?" 여자가 물었다.

"여기에 그것이 있는 줄은 몰랐어요." 내가 말했다.

"아마 찾게 되실 거예요." 여자가 윙크하며 말했다.

우리는 예전에 애리조나주 세도나에 간 적이 있다. 그곳 역시 해당 지역에 영력을 불어넣어 주는 자기장 에너지인 볼텍스 에너지가 가득한 도시로 알려졌다. 그곳에서는 빨강 바위에 앉아 명상하면 그 에너지를 느낄 수 있고, 심호흡을 크게 하기만 해도 마음의 평온과 행복감이 커진다고 한다. 세도나에서 남편과 내가 유명한 오솔길을 걷고 있을 때 반바지에 하이힐을 신은 한 여자가 우리 쪽으로 급히 달려오더니 강한 뉴저지 억양으로 말했다.

"볼텍스가 어디에 있는지 아시나요? 사방팔방 다 찾아다녔어요." 남편은 볼텍스는 특정한 장소에 있는 것이 아니라 스스로 불러들이는 경험이라고 설명해주었다. "그러니까 어디 있는지 모른다는 말씀이군요." 여자는 경멸하듯이 코를 찡그리더니 홱 가버렸다.

이제 오하이에 있는 우리 두 사람은 볼텍스를 찾는 이야기를 하며 농담을 나누었다. 남편은 도보 여행을 하며 볼텍스를 느끼거나 찾을 수 있는지 한번 보자고 했다(그러면 그 뉴저지 여성에게 알려주자면서). 기이한 힘을 믿는 것만으로도 그 힘을 경험할 수 있을지 모를 일이었다. 남편은 방향 감각이 뛰어나 도보 여행에 강한 사람인지라, 지도를 잽싸게 훑어보더니 차를 타고 얼마 안 가 오솔길 입구에 주차했다. 남편은 나를 큰 걸음으로 앞질렀지만 이내 속도를 줄여 내 보폭에 맞췄다. 계속 걷다 보니 길이 구불구불해지고 높아지면서 산과 연결되었다. 굽이굽이마다 내려다보이는 저 아래 골짜기 광경에 흥분이 일었다. 남편은 내게 돌아가고 싶은지 몇 번이나 물었지만 나는 기분이 매우 좋았기에 멈출 수가 없었다. 위로 올라갈수록 구름 위를 걷는 기분이 들었고 마치 우주와 연결되는 느낌이 들었다.

"경치 때문인지 볼텍스 때문인지는 모르겠지만 여기 있다는 게 너무 감사해." 전망이 정말 좋은 곳에 멈춰 서서 음료와 물을 마실 때 나는 이런 말을 꺼냈다. 남편은 "우린 정말 운이 좋아"라며 공감했다. 내 어깨에 팔을 두른 남편과 나는 경치를 물끄러미 바라보았다. 그 산길이 선사한, 우주와의 신비한 친밀감을 느끼면서.

"집으로 돌아가 삶이 다시 분주해질지라도 잠깐 멈춰 서서 지금 이 순간 느꼈던 감정을 꼭 떠올리자." 남편이 말했다.

우리는 다시 내려가기 위해 방향을 바꾸었다. 머릿속이 볼텍스 생각으로 차있던 터라 우리는 어쩌다 보니 도보를 시작했던 지점을 잃어버리고 말았다. 30분 후 교외의 한 거리에 당도했다. 결코 길을 잃은 적 없는 산 전문가 남편도 모든 길이 만나는 것은 아니라는 점을 인정해야 했다. 남편은 저쪽에 있는 한 남자를 발견하더니 쏜살같이 달려가 우리 차를 주차해놓은 쪽의 방향을 물어보았다.

"아, 거긴 아주 먼 데다 여기 거리가 복잡해요." 존이라는 남자가 말했다. "제가 어쨌든 산책하러 나왔으니 같이 가드릴게요."

매우 호리호리한 체격에 이목구비가 섬세하고 곱슬곱슬한 은백색 머리칼을 지닌 존은 요정처럼 걸었다. 그래서인지 성인이 된 피터 팬처럼 보였다.

우리 셋은 곧바로 대화 삼매경에 빠졌다. 이야기를 나누다 보니 존이 음악가이고 아이들을 오크 그로브 스쿨Oak Grove School에 보내려고 오하이로 이사했다는 사실을 알게 되었다. 그곳은 인도의 철학가 지두 크리슈나무르티Jiddu Krishnamurti가 설립한 학교이다. 존이 내게 이 현자의 가르침을 설명하려 애썼는데, 그 가르침이라는 게 협력과 자기 이해와 관련이 있는 듯했다.

"크리슈나무르티는 진리는 길 없는 대지라고 했어요. 우리는 조직적인 종교나 교리로는 그곳에 이르지 못하고 사람 사이의 관계를 통해, 자신의 마음을 아는 것을 통해 그곳에 이를 수 있어요." 존은 이런 말을 했다.

크리슈나무르티는 60년 동안 오하이를 오가며 지냈다. 찰리 채플린Charlie Chaplin과 그레타 가르보Greta Garbo 같은 유명인들이 그를 방문했다. 오하이는 그를 추종하는 사람들에게 기념지가 되었다. 크리슈나무르티 본인도 맨 처음 영적 각성을 얻은 곳이 바로 오하이라고 말했다(볼텍스 덕분인가?). 이제 그의 집은 사람들이 삶의 정지 버튼을 누르고 자신을 들여다보는 명상의 공간이 되었다.

마침내 차를 주차했던 지점에 도착했다. 우리 부부는 존에게 일부러 먼 곳까지 오게 하여 정말 미안하다고 말하고 집까지 다시 모셔다드리겠다고 했다. 존은 흔쾌히 수락하고 조수석에 털썩 앉았다. 우리 부부가 그렇게 단시간에 친구를 사귄 것은 그때가 처음이었다.

"두 분을 만나 다른 방향으로 걸어온 것도 좋은 경험이었어요. 크리슈나무르티는 우리가 원래 하던 일을 기계처럼 반복하지만 말고 이따금 멈추고 그것을 새로운 시각으로 바라봐야 한다고 했어요. 그래야 새로운 기운이 마음에 스며든다고요." 존이 말했다.

남편과 나는 오하이에 명상을 하거나 현자를 만나러 간 것은 아니지만 하던 일을 멈추고 새로운 시각을 얻으러 간 건 분명했다. 감사하는 시각을. 나는 그것이야말로 마음에 새로운 기운을 불어넣는다는 생각이 들었다.

호텔에 돌아갔을 때는 이른 저녁이었다. 남편과 나는 테라스로 나가 오하이의 유명한 '핑크 모먼트pink moment'를 기다렸다. 저녁에 해가 넘어갈 때 6천 피트 높이의 토파토파산 위 하늘이 환상적인 분홍색으로 변한다고 한다. 그 멋진 광경을 보려고 모인 손님들이 열두어 명 더 있었다. 해가 산 뒤에 숨었다. 하늘은 분홍색이 아니라 어두운 색으로 변했다.

"아름다운 '그레이 모먼트gray moment'였어." 남편이 이렇게 속삭이는 바람에 나는 웃음이 터졌다. 우리 근처에 있던 다른 사람들은 언짢은 표정을 지었다. 태양의 불꽃놀이가 흐지부지되었기 때문일 수도 있고, 우리의 태연한 모습 때문일 수도 있다. 아니면 둘 다였을지도 모른다.

객실로 걸어가면서 문득 이런 생각이 들었다. 만일 내게 감사하는 태도가 없었더라면 그날을 망친 하루로 생각했을 거라고. 우리는 도보 여행을 하다가 길을 잃었고 핑크빛 일몰도 구경하지 못했다. 호텔도 무척 마음에 들지도 않았고, 주말 휴가에 기대한 낭만적인 여행도 아니었다. 하지만 가장 값진 교훈을 얻었다. 내가 하루를 바꾸거나 완벽한 휴가로 만들 수 없지만 주어진 현실에 감사할 수 있다는 교훈을. 존을 만난 일도 좋았고 남편과 내가 크게 웃지 않았는가. 우리 두 사람은 감사를 생각함으로써 서로의 존재에 그 어느 때보다 행복감을 느꼈다. 그 사실만으로도 볼텍스의 고장을 여행한 가치가 있었다.

✦ ✦ ✦

집으로 돌아온 날, 나는 오후 늦게 친구 멕과 커피를 마시려고 외출을 했다. 몇 년 전부터 자기 사업을 시작한 멕은 캐시미어 원피스에 굽 높은 스웨이드 부츠 차림을 하고 스타벅스 안으로 당당하게 걸어 들어왔다. 하지만 나는 멕이 행복하지 않다는 점을 이내 알아차렸다. 오랫동안 알고 지내온 우리는 서로 허물이 없고 다른 사람에게는 절대 말하지 않는 이야기도 서로 주고받는 사이다. 멕은 곧장 남편에 대한 불평을 장황하게 이야기했다. 두 사람이 돈 문제로 크게 싸운 이야기며, 남편이 플로리다 휴가를 취소한 사건이며, 앞으로 두 사람이 다시 즐거움을 느낄 일이 없을 것 같다는 이야기까지 늘어놓았다. 멕은 이제 지긋지긋하고 절망적이어서 두 사람의 관계를 어떻게 개선해야 할지도 모르겠다고 말했다.

"굳이 개선하고 싶은 생각도 안 들고." 멕이 읊조리듯 말했다.

멕은 고개를 들더니 내가 비슷한 불평을 늘어놓기를 기다리는 듯했다. 하지만 어쩌랴. 이번에 나는 불평 거리가 전혀 없었다. 나는 조사를 통해 특정한 사건 자체보다 그것을 바라보는 시각이 더 중요하다는 사실을 이미 알고 있었다. (가령, 남편이 지붕을 고치겠다고 높은 사다리를 타고 올라갈 때 내가 감사하는 상태라면 그 모습이 용기 있어 보이고 고맙겠지만, 내가 감사하는 상태가 아니라면 터무니없이 위험해 보일 것이다) 나는 멕에게 감사가 내 결혼 생활에 기적을 일으키기 시작했다고 하면서 감사하는 생활을 한번 시도해보라고 말했다. 감사하면 긍정적인 신경 회로가 증가하여 부부 모두 더 행복감을 느낀다는 말도 해줬다.

"아주 단순하지만 아주 놀랍기도 해." 나는 열정적으로 말했다. 나는 지금까지 내게 효과가 있었던 세 단계를 제안했다. 우선, 하루에 적어도 한 번 고맙다고 말할 이유를 찾는다. 그리고 문제보다는 긍정적인 면에 초점을 맞춘다. 마지막으로, 배우자에게 왜 고마운지 말한다.

멕은 내가 미쳤다고 생각하는 표정으로 나를 쳐다보았다. "남편이 나한테 고마워해야지, 그 반대가 아니라!"

"어차피 쌍방향으로 효과가 있는 거야. 만일 네가 먼저 감사하기 시작하면 자연스럽게 네 남편도 네게 감사할 거라고." 나는 장담했다.

"난 남편이 하는 일마다 아양 떨긴 싫어. 그 사람이 얼마나 오만한데. 난 우리 관계에 어느 정도 영향력을 행사할 필요가 있어." 멕은 나를 뚫어지게 쳐다보면서 경고하듯 번득이는 눈빛으로 뒤이어 말했다. "네가 큰 실수를 저지르고 있는 건지도 몰라."

나는 멕의 반응에 내심 놀랐다. 물론 어떤 관계에서든 균형 조절이 필요하다. 하지만 내가 감사한다고 해서 게이샤나 순종적인 아내가 되는 것은 아니다. 내가 남편에게 감사한다고 해서 여자로서의 나의 권리가 사라지지는 않는다. 남편은 내가 보인 감사에 감사로 반응했다. 더 많이 받으면 더 많이 주었다. 누가 먼저 시작하느냐는 정말이지 중요하지 않았다. 내가 감사를 표현한다면 그 이익이 곧장 나에게 돌아온다. 처음에 온전히 나 중심적인 생각에서 내가 더 행복해지고자 시작했지만, 결과적으로 남편과의 관계도 더 좋아졌다.

하지만 결혼 생활은 각자 다른 거고 어떤 면에서는 멕의 말이 맞는지도 모른다는 생각이 들었다. 어쩌면 다른 남자들은 (내 남편보다 덜 성숙했다면) 아내의 감사와 선의를 이용할지도 모르지 않는가? 그래서 "그래 그렇지, 당신은 나 같은 남편을 두어 복 받은 거야. 그러니까 이 몸은 오늘 밤 술집에서 한잔하고 오겠다 이거야"라고 말한다면? 나는 감사를 상대가 잘못 받아들일지도 모른다는 우려를 이해했다.

나는 앳킨슨 박사에게 다시 문의했다. 그러자 그는 내 우려에 싱긋 웃으며 말했다. "서로 좋은 관계를 유지하는 부부는 배우자가 거만하게 굴지 않을까 우려하지 않아요. 그런 부부는 결혼 생활에 긍정적인 기운을 불어넣으면서도 필요할 때는 단호하게 행동할 줄 알지요."

뒤이어 앳킨슨 박사는 가장 좋은 관계는 "늘 우중충한 날씨가 아닌 뇌우와 화창한 날이 번갈아 발생하는 날씨 같은 관계"라고 말했다. 나는 결혼을 바라보는 그러한 관점이 마음에 들었다. 부부는 서로에게 강하고 단호한 모습을 보일 수도 있는 거고, 감사와 애정을 드러낼 수도 있는 거다. 하지만 어떤 태도도 분명히 보이지 못한다면 결국 흐리멍덩한 관계가 되고 만다.

양쪽 모두 우유부단한 태도로 결혼 생활을 오래하는 부부들이 많다. 연구원 밥 에몬스는 사람들은 빚진 기분을 느끼기 싫어서 때로는 배우자에게 고맙다는 말을 안 하려고 한다며 이런 말을 했다. "장기적인 관계에서 무엇인가를 빚진다는 기분은 불편할 수 있거든요."

감정적인 계산을 하는 것은 결혼 생활에 결코 도움이 되지 않는다. 남편이 집에 오는 길에 우유를 사온 것에 고마워한다고 해서 그화답으로 밀크셰이크를 뚝딱 만들어내야 하는 것은 아니다. 하지만 그러한 노력에 고마움을 표시하지 않으면 남편이 다시 우유를 사올가능성은 희박해진다. 몇 년 전, 할리우드에 사는 내 친구 한 명은 남편이 장을 볼 때마다 (그 친구는 장보기를 싫어했다) 고맙다는 말을 넘치게 하고 무얼 사오라는 제안은 절대 하지 않는다고 했다.

"나는 알갱이 든 땅콩버터를 좋아하지만, 남편이 부드러운 땅콩버터를 사와도 신경 쓰지 않아. 난 그저 그 버터 통을 서랍 뒤쪽에 놓고 그 식료품이 내 집에 마법처럼 나타난 것에 기뻐하면 되는 거야. 결코 마법을 비난하면 안 되지!"

그것은 좋은 충고였다. 결혼 생활을 어느 정도 한 부부들은 대부분 마법 같은 일에 초점을 맞추는 것을 잊어버리기 때문이다. 잘못된 일에 초점을 맞추기가 훨씬 쉽다. 우리는 현재의 배우자에게 고마워하는 대신 배우자를 개선하고, 변화시키고 혹은 뜯어고치고 싶어 한다. 길거리에서 남편의 어깨 너머로 다른 남자를 보면서 '저 남자는 내 취향에 맞는 땅콩버터를 잘 사올 거야'라며 환상을 갖는 아내들이 있을지도 모른다. 아니면 현재의 배우자를 둔 것에 아주 행복해하며 '대학 때 애인과 결혼했거나 오래전 나를 위해 페이스북에 재미있는 글을 올렸던, 나를 흠모하던 그 사람에게 기회를 줬다면 어쩔 뻔했을까?'라고 생각하는 아내들도 있을지 모른다.

나는 예전에 《내가 결혼하지 않은 남자들The Men I Didn't Marry》이라는 재미있는 소설을 썼다. 당시에 출판사에서 홍보하려고 만든 분홍색 로고 티셔츠를 입고 다닐 때마다 내게 자기 사연을 이야기해주는 사람들이 꼭 있었다. 물리학에서 끈 이론의 개념 가운데 한 가지가 모든 가능성이 펼쳐지고 있는 평행 우주가 있다는 점이다. 그 이론이 사실로 드러나든 그렇지 않든 누구나 자신이 다른 결정을 내렸다면 존재했을 또 다른 자아와 동행하며 삶을 이끌어나간다고 생각한다. 하지만 우리가 아는 것은 현재 꾸려가고 있는 그 삶뿐이다.

체코 출신의 프랑스 작가 밀란 쿤데라가 쓴 《참을 수 없는 존재의 가벼움》은 내가 항상 감탄해 마지않는 소설이다. 그 책을 펼쳤다가 오래전 노란색으로 밑줄 쳐놓은 구절을 발견했다. '인생을 한 번 사는 우리는 현재의 삶을 과거의 삶과 비교할 수 없고 현재의 삶과 비교해 미래의 삶을 완벽하게 만들 수도 없다. (……) 우리는 예고도 없이 주어진 그대로의 삶을 살아야 한다. 마치 리허설을 하지 않고 무대에 오른 배우처럼.' 나는 내가 선택하지 못한 삶과 아직 경험하지 못한 삶에 대해 어떻게 할 수 없지만, 현재의 삶에 중요성과 의미와 만족감을 줄 선택을 내리기 위해 노력할 수는 있다.

ϯ ϯ ϯ

오하이에서 집으로 돌아오자 교감하며 긍정적으로 지내기가 휴가 때보다 조금 힘들었다. 남편은 병원 일이 워낙 바쁜 데다 환자들에게 세심히 신경 쓰다 보니 여유 있게 감사 거리를 음미할 시간이 없었다. 나는 남편을 훌륭한 내과 의사로서 존경했다. 남편은 명석하고 배려심이 많다. 또한, 기꺼이 환자들과 오랫동안 이야기를 나누고 그들의 필요를 예리하게 짚어내는, 진단에 뛰어난 의사다. 의사 동료들도 남편을 존중하고 환자들은 남편을 좋아한다. 하지만 나는 남편을 자주 보려면 남편으로서가 아니라 의사로서 만날 수밖에 없는 현실에 오랫동안 불만을 품어왔다.

주말 휴가를 다녀온 후 남편은 나와 극장 데이트를 하기로 약속했지만, 진료 시간이 길어지는 바람에 지키지 못했다. 한 만찬회에서는 샐러드가 나올 때 살짝 빠져나가 밖에 계속 서서 이런저런 전화를 받았다. 모두 오하이에서 돌아온 지 2주 안에 일어난 일이었다. 물론 나는 그러한 현실이 바뀌지 않으리라는 점을 받아들여야 했다. 하지만 이제 나는 감사라는 새로운 도구를 사용하고 시각을 재구성할 줄 알았다. 극장에 혼자 앉아있는 일이 삶에서 최악의 사건은 아니지 않은가. 그래서 나는 공교롭게도 남편이 약속을 못 지켰지만 혼자 브로드웨이에 갔다. 문제를 뒤집어 생각함으로써 지금 이 순간 나만의 평행 우주를 창조할 수 있게 되었다.

결혼 생활 상담 치료사 중에 이른바 '긍정적인 측면 찾기'를 권하는 치료사들이 갈수록 많아지고 있다. 이 접근법은 (우리 부부처럼) 사이가 대체로 원만한 부부에게는 결혼 생활의 모난 부분을 가다듬는 데 쓰이고, 위기의 부부에게는 문제를 해결하는 데 쓰인다. 나는 후자가 정말 맞는다는 점을 친구 사례를 보며 알게 되었다. 남편과 우리 부부의 친구이자 결혼 생활에 큰 위기를 겪고 있던 두 사람(그냥 리즈와 딕이라고 해두겠다)과 함께 저녁을 먹으러 갔을 때였다. 매력적이고 섹시하고 굉장히 재미있는 두 사람은 항상 멋진 부부로 보였다. 하지만 리즈는 딕이 바람을 피웠다는 사실을 (그것도 여러 번) 알게 되었을 때 충격을 받은 나머지 딕을 집에서 쫓아냈다. 말로만 아니라 정말로 내쫓았다. 리즈는 딕의 옷들을 쓰레기봉투에 담아 앞마당에 냅다 버렸다. 딕은 리즈를 사랑한다고 끈질기게 말했다. 두 사람은 일 년 동안 떨어져 지내며 수많은 눈물을 흘리고 자신을 돌아보는 시간을 보낸 후에, 킹사이즈 침대가 하나 있는 집에서 다시 같이 살게 되었다. 우리 부부는 두 사람의 엄청난 노력과 진정한 사랑이 결실을 본 것에 감탄을 보냈다.

남편은 나의 감사 프로젝트에 관해 이야기하면서 내가 계획을 일 년만 잡아둔 것이 다행이라며 농담을 했다.

"나한텐 엄청나게 좋은 일이지만 내 주제에 얼마나 더 감사를 받을 수 있을지 모르겠어요." 남편은 웃으면서 말했다.

"그런 말 마세요. 어떤 부부든 그런 게 필요해요." 딕이 진지하게 말했다.

딕과 리즈는 서로 조율하기 위해 한 달에 두 번씩 상담 치료사를 만나는데, 그 치료사가 항상 감사에 대한 이야기로 상담을 시작한다고 했다.

"그 상담사한테 한번 전화해봐요." 리즈가 내게 권했다.

그렇게 해서 나는 다음 날 결혼 생활과 성을 전문으로 상담하는 실비아 로젠펠드와 이야기를 나누게 되었다. 실비아는 자신을 만나러 온 부부들이 대개 온갖 불평과 문제점을 쏟아낼 기색으로 씩씩거리며 들어온다고 했다. 하지만 그녀는 모든 부부에게 그동안 배우자에게 감사했던 일을 무엇이라도 말해보라고 요청한다. 일반적으로 부부에게 큰 그림을 보게 하면 상담실의 분위기가 바뀐다면서 그녀는 이렇게 말했다. "감사할 부분은 항상 있기 마련이에요. 비록 남편이 커피를 타준 것이 전부일지라도 말이죠."

실비아는 앳킨슨 박사와 마찬가지로 감사의 순간을 떠올리라는 말을 할 때 "이런 연습을 집에서도 하세요!"라는 말을 꼭 붙인다. 부부들은 서로에 대한 비난에 아주 뛰어나다. 상대방의 단점을 알고 있으며, 일반적으로 그것을 지적할 때 쾌감을 느낀다. 하지만 결혼 생활을 잘하는 한 가지 비결은 바로 수용이다. 실비아는 이렇게 말했다. "수용이라는 것이 상대 배우자에게 변화를 요구하지 않는다는 뜻은 아니에요. 그저 있는 그대로의 모습을 인정한다는 의미죠. 배우자와 민감한 문제에 대해 이야기할 때는 상대방에 대한 감사의 마음을 가지고 하는 것이 좋아요."

그날 밤 내가 새로운 기술을 연습할 기회가 생겼다. 남편은 병원에서 걸려올지도 모를 응급 전화에 대기하고 있었다. 우리가 잠자리에 들고 얼마 지나지 않은 한밤중에 남편의 휴대전화가 울렸다. 남편은 다른 방으로 가서 전화를 받았다. 그러다 몇 분 후 돌아오더니 옷장에 설치된 조명에 의지하여 옷을 갈아입기 시작했다. 아마 내가 잠에서 깨어 신경 쓰는 것을 원하지 않았던 모양이다.

"무슨 일 있어?" 내가 물었다.

"응급실에 환자가 들어와서 가봐야 해."

나는 크게 심호흡을 했다. 남편의 장시간 업무와 한밤에 자주 걸려오는 응급 호출은 오랫동안 우리 두 사람이 느끼는 갈등의 원인이었다. 여느 때라면 나는 그 시간에 응급실에 달려가는 것은 미친 짓이고, 환자를 맡아줄 의료진이 분명 있을 거라고 불평을 내뱉었을 것이다. 나는 화가 잔뜩 나고 남편은 기분이 상한 채로 나갔을 터였다.

아, 그런데 평소 행동을 답습할 수 없었다. '뒤집어 생각해봐. 감사할 이유를 찾아봐.' 나는 생각했다. 그래, 내 남편은 워낙 헌신적인 의사라 어려움에 부닥친 환자를 위해 자기 이익을 내팽개치지. 하지만 남편이 그렇게 친절하고 배려심이 깊은 것에 감사해야 하지 않을까? 지나치다 싶을 정도로 헌신하는 것이 나쁜 일은 아니지 않은가.

나는 침대에 잠시 누워 그 상황을 다른 관점으로 생각해보았다. 환자 한 명이 아프고 두려운 채로 병상 위에 누워있고 내 남편이 그 사람을 치료해주러 간다. 그 환자가 남편을 보면 얼마나 안도감이 들지 상상해보았다. 그러자 '나는 이렇게 안전하고 건강하게 침대에 누워있고, 사람들을 돕는 일에 전력을 다하는 남편을 두었으니 얼마나 운이 좋은가'하는 생각이 들었다.

나는 자리에서 일어나 남편이 옷을 갈아입는 옷장 쪽으로 걸어갔다. 대립을 싫어하는 남편은 염려스러운 표정을 보였지만, 나는 남편의 팔을 어루만지며 입을 맞췄다.

"그 환자가 당신을 만나게 되니 얼마나 운이 좋은가 하는 생각이 들더라. 당신이 병원에 오고 있다는 걸 알고 있어서 아마 안도감이 들 거야. 이 세상엔 당신 같은 의사가 더 많아져야 하는데. 이렇게 특별한 사람인 당신에게 고마워."

남편은 내가 침대 기둥에서 스트립쇼를 했다고 해도 그렇게 놀란 표정을 짓지 못했으리라. 하지만 이내 평정을 되찾고 "고마워. 정말 감동적이네"라고 말했다.

"이렇게 늦은 시각에 나가는 게 안쓰러워." 내가 말했다.

"당신도 안쓰러워. 빨리 오려 노력해볼게."

상황은 그렇게 마무리되었다. 세상을 놀라게 할 만한 순간은 아니었지만, 그동안 병원 호출이 있던 밤들에 비하면 기분 좋은 순간이었다.

다시 침대에 누워 당시 읽고 있던 책에 나오는 그리스 철학자들을 생각했다. 에픽테토스Epictetus는 인간이 삶에서 발생하는 모든 일을 통제하지 못한다는 인식을 기반으로 철학을 설립했다. 《담화록》으로 알려진 긴 기록물에서 에픽테토스는 인생을 올바르게 사는 데 중요한 점은, 우리가 통제할 수 있는 것은 자기 자신과 자신의 반응뿐이라는 점을 이해하는 것이라고 설명했다. 그는 '인간은 일어난 사건 때문이 아니라 그 사건을 바라보는 자신의 시각 때문에 괴로운 것이다'라고 말했다. 2천여 년이 흐른 지금도 이 논리는 아직 유효하다. 남편이 병원의 호출을 받은 것은 내가 아무리 애써도 바꾸지 못하는 일이다. 하지만 내가 그 일을 문제로 인식하지 않고 감사의 렌즈로 여과해서 바라보자 완전히 다른 반응을 보이게 되었다.

이불을 포근히 덮고 누워있노라니 남편이 지금 내 곁에 있으면 좋겠다는 생각이 들었다. 하지만 이제 나는 넓은 시각으로 볼 수 있고 남편이 곧 돌아올 거라는 점도 잘 알았다. 그날 밤 마법을 부린 감사의 마음이 우리의 결혼 생활 전반에 변화를 주고 있는 기분이 들었다. 나는 고맙다는 말을 더 자주 했고, 문제보다는 긍정적인 측면에 초점을 맞추었다. 남편에겐 내가 왜 그에게 고마운지 말했다. 이렇게 쉬운 일을 왜 예전에는 시도해보지 않았던 걸까? 남편은 본능적으로 친절하게 반응했고, 우리 두 사람 사이에는 그 어느 때보다 따스한 감정이 형성되었다. 기분 좋은 한 달이었다. 감사로 말미암아 우리 두 사람이 예전보다 더 행복해졌으므로.

The
GRATITUDE
DIARIES

3장 감사할 줄 아는 아이들

사랑스러운 내 두 아들 잭과 맷에게 감사하다.

맷 데이먼과 대화하며 감사할 줄 아는 아이들에 대한
그의 시각을 알게 되어 감사하다.

십대들이 왜 항상 감사하지 못하는지,
부모가 어떤 역할을 할 수 있는지 알게 되어 뿌듯하다.

남편에게 감사하고 새로운 시각을 갖게 되면서 결혼 생활
에 큰 변화가 일어나기 시작했다. 그래서 다른 가족에게도 시도해보
기로 했다. 우선 두 아들이 대상이었다.

인간 유전체를 연구하는 과학자들은 아직 감사 유전자를 찾아내
지 못했다. 하지만 그 이유가 과학자들이 그동안 애써 찾으려 하지
않아서일지도 모른다. 행복하고 긍정적인 부모는 그러한 특성을 자
녀에게 물려주는 듯하다. 그러면 이 자녀가 나중에 부모가 되어도 이
와 비슷한 특성을 보이는 것이다. 감사하는 태도는 후천적으로 학습
되었든 물려받았든지 간에 가족 사이에 흐르는 것만은 분명하다. 나
는 자녀에게 감사하는 부분에선 양호하다 생각했다. 물론 좀 더 나
아질 준비도 되어 있었다.

이를 연습할 기회가 생각보다 빨리 찾아왔다. 둘째 아들 맷이 방학이라 집에 며칠 와있겠다며 전화를 했기 때문이다. 나는 무척 기뻤다. 아들이 집에 오는 것만큼 행복한 일이 있을까. 하지만 부모란 자녀에게 충고와 제안을 하는 데 여념이 없어서 자녀가 곁에 있는 것만으로도 즐거워야 한다는 점을 망각하기 쉽다. 나는 이점을 잘 알고 있었다. 그래서 맷이 집으로 들어왔을 때 나는 맷을 여느 때처럼 꼭 껴안았다. 한참 그러고 있다가 뒤로 물러서서 맷에게 정말 멋져 보인다고 말해주었다. 맷은 180센티미터가 넘는 키에 어깨가 넓고 애교 있는 미소를 잘 짓는다. 끊임없이 반짝거리는 녀석의 눈을 보면 늘 마음이 사르르 녹는다.

맷은 나를 뚫어지게 쳐다보더니 그 사랑스러운 미소를 지으며 말했다. "내 머리가 너무 길다고 생각하는 거죠?"

"엄만 한마디도 안 했다!" 나는 항의하듯 말했다.

"엄마가 나를 훑어보더니 그런 표정을 짓는 걸 내가 봤다고요." 맷이 말했다.

"들켰네." 내가 웃자 맷도 따라 웃었다. 공감을 잘하고 분위기 파악을 잘하는 맷은 감성 지능이 굉장히 높을 것 같다. 그런 능력 덕분에 맷이 내 모든 표정을 읽어내는 터라 나는 맷에게 내 감정을 솔직하게 말할 수밖에 없다.

"지금도 멋져 보이지만 이발 좀 하면 안 될까?" 내가 물었다. 이 부분은 중요했다. 아들에게 감사한다는 것이 거짓으로 듣기 좋은 말만 하거나 아들이 내리는 모든 선택에 동의해야 한다는 의미는 아니다.

다만 아들에게 자기 나름의 선택을 내릴 권리가 있음을 인정하는 것이다(물론 이 엄마로선 이발하기를 바라지만).

그동안 나는 엄마로서 아이들이 원할 거라고 짐작하는 것들을 수없이 제안하고 어떻게 도움을 줄 수 있을지 수없이 물어보며 개입해온 경향이 있었다.

새 양말 필요하니?

그 에세이 편집 엄마가 대신해줄게.

지난여름에 함께 일했던 친구에게 전화는 해봤니?

시리얼에 엄마가 우유 좀 더 부어줄게.

모두 좋은 의도와 사랑하는 마음에서 한 말이지만 나나 아이들 모두 진을 빼는 결과만 발생했다. 그래서 이번에는 달라져야 한다고 결심했다. 남은 며칠 동안 한 발짝 떨어져서, 매력적이고 재미있고 총명한 (잘생겼다는 말은 앞서 했던가?) 젊은 아들이 지금 내 집에 있다는 사실에 그저 감사하기로 했다. 그래서 아들이 텔레비전 앞에 쌓아둔 음식 접시를 세지 않는 대신 내게 주어진 행운을 세었다. 부모는 도움을 주려고 한 말인데도 아이들은 부정적으로 받아들이는 경우가 많다. 그래서 나는 그런 유의 말을 하지 않으려 애썼다. 그렇게 하자 맷은 내 곁에 있는 것을 갈수록 더 편안하게 생각했다. 워낙 자기 앞가림을 잘하고 엄마와도 친밀하게 지내는 맷이었지만 어느 날엔가 예전 여자 친구 이야기를 하는 도중에 갑자기 멈추더니 씩 웃으며 이런 말을 했다. "엄마한테 이런 얘길 다 해도 되는 건가?"

"네가 얘기해줘서 엄마는 고마운걸. 엄만 아무 충고도 안 할 거지만 항상 네 편이야."

맷은 이야기를 마치더니 탁자 너머로 몸을 굽히며 말했다. "항상 내 편이 되어줘서 고마워요, 엄마. 엄마와 아빠 같은 부모를 두었다니 나는 정말 행운아야."

"엄마 아빠야말로 운이 좋은 거지." 내가 말했다.

부모는 자녀의 있는 그대로의 모습에 자연스럽고도 분명하게 감사를 드러내야 한다. 나는 대부분의 부모가 그렇게 하지 못한다는 사실에 적잖이 놀랐다. 어느 연령대이든 자녀는 부모의 인정을 받고 싶어 하며, 실제로 인정을 받는 것은 큰 선물이다.

맷이 학교로 돌아간 후 나는 친구 제스와 점심을 먹었다. 40대 중반의 엄마이기도 한 제스는 자신을 '교화된 변호사'라고 즐겨 부른다. 제스는 양육에 힘쓰기 위해 큰 회사를 그만두었고, 내가 아는 그 누구보다 자원봉사를 많이 하는 사람이다. 제스는 맷이 집에 와 정말 좋은 시간을 보냈다는 나의 말에 곧장 대학 2학년인 딸에 대한 걱정을 늘어놓았다. 딸이 미술사를 전공한 것도 싫어했고 ("직장 구하기 힘들잖니") 스페인 남자와 사귀는 것도 마음에 안 든다고 했다("스페인으로 가버리면 어떡하니?"). 제스는 항상 딸이 모든 사생활을 알려주기를 바라지만 열아홉 살 난 이 아가씨는 엄마에게 부루퉁하고 전화도 잘 안 한다고 했다.

"엄마가 날 비난할 거라는 걸 안다면 나라도 전화 안 하겠다." 나는 당연하다는 표정으로 말했다.

"그건 건설적인 비판이라고." 제스는 자신을 옹호했다.

"너는 건설적이라고 생각하지만 네 딸은 엄마가 자기를 깎아내린다고 생각하는 거야. 그냥 긍정적으로 생각해봐."

제스는 나를 잠시 우두커니 바라보더니 알겠다는 듯한 표정을 지었다. 제스는 내가 한 해 동안 감사하며 살기로 했다는 점을 일찍이 들었고, 본인도 감사일기를 쓰기 시작했던 터였다. 하지만 그것이 딸과의 관계에 아무런 영향도 끼치지 못한다고 느꼈다.

"어떡하면 좋겠니?" 제스가 물었다.

"기운을 북돋아 주면서 긍정적이고 짤막한 메시지가 필요해. 엄마가 자신의 존재에 감사한다는 걸 알 수 있는 문자 메시지 말이야."

"넌 두 아들한테 그렇게 해?" 제스가 조심스럽게 물었다.

"그럼." 내가 대답했다.

나는 제스에게 이렇게 말했다. 딸에게 전화가 오지 않으면 딸이 보고 싶고 딸에게 일어나는 일들을 알고 싶겠지만, 사랑하는 마음에서 시작된 말이 결국 화를 내는 것처럼 들리는 거라고. 내가 이미 깨달았듯이 정말 중요한 점은 사건(딸이 전화하지 않는다)이 아니라 그 사건에 대한 제스의 반응이었다. 제스가 딸에게 정말 보내고 싶었던 메시지는 '넌 내게 가장 귀중한 선물이야! 내 삶에 네가 있어 얼마나 감사한지 몰라!'였다.

제스는 내게 자신의 아이폰을 건네며 "넌 작가잖아. 어떻게 쓰면 되겠니?"라고 물었다.

"이건 '그리스 항아리에 바치는 노래' 같은 시가 아니야. 딸에게 감사함을 표현하는 데 존 키츠 같은 시인이 될 필요는 없는 거야. 그냥 솔직하게 쓰면 돼." 내가 말했다.

나는 아이폰에 '즐거운 주말 보내렴. 여긴 특별한 소식은 없고 다만 엄마가 우리 딸내미를 꼭 안아주고 싶은 생각이 드네'라고 재빨리 찍어서 그것을 제스에게 돌려줬다.

"괜찮네." 제스가 문자 내용을 읽더니 말했다.

"그건 하나의 예고 네가 원하는 대로 수정해봐."

제스는 'Send'를 누르더니 의자 뒤로 기대어 화면을 물끄러미 쳐다보았다.

"감사한 마음을 표현했다고 해서 곧장 응답을 기대하면 안 돼. 그렇게 한 건 네 딸뿐만 아니라 너를 위한 거니까." 내가 말했다.

다음 날 제스는 딸이 오후에 입사 면접을 보는데 옷차림에 대한 조언을 문자로 보내고 싶다고 했다. 나는 옷차림을 제안하는 데 반대했다. 그건 연락을 하기 위한 핑곗거리로만 보였다.

"중요한 건 네가 딸을 응원하고 있다는 사실을 딸이 알아주길 바라는 거잖아. '하계 입사 면접에서 행운을 빈다. 엄만 네가 최고라고 생각해. 그리고 회사 측에서도 그렇게 생각할 거라 믿어.' 이렇게 쓰면 어떨까." 내가 이렇게 제안했다.

5분이 채 지나지 않아 제스는 '엄마, 고마워! 나중에 전화해서 어떻게 됐는지 말해줄게'라고 답장이 왔다며 기뻐했다.

그것은 작은 성취였지만 중요한 사실을 보여주는 듯했다. 바로, 우리는 자신을 조건 없이 감사하게 여기고 인정해주는 사람과 본능적으로 같이 있고 싶어 한다는 점이다.

"고마워라는 말도 했어!" 제스는 들뜬 목소리로 덧붙였다.

머리가 큰 자녀에게 고맙다는 말을 듣는 것은 드문 일이고 감탄할 일이다. 대부분 부모들은 그러한 말을 곱씹으며 음미하지만 자주 기대하진 않는다. 내가 실시한 감사와 관련한 조사에서 가장 젊은 밀레니얼 세대인 18세에서 24세 젊은이들은 다른 연령층에 비해 덜 감사하는 것으로 나타났다. 이들 가운데 평소에 감사를 표현한다고 응답한 비율은 3분의 1이 채 안 된다(35세 이상의 조사 참여자들을 살펴보면 이 비율이 50퍼센트 이상 나온다). 또한, 이들은 감사 표현을 개인적인 이익의 측면에서 생각하는 경향이 큰 것으로 나타났다. 그러니까, 상대방이 자신에게 더 잘해주기를 바라는 마음에서 고마움을 표현한다는 것이다.

예전에 한 파티에서 열정적인 직장인 어머니들을 만난 적이 있다. 그때 10대 초중반 청소년들도 감사와 거리가 멀다는 점을 알게 되었다. 대부분 10대 자녀를 둔 그들은 일 년 동안 감사일기를 쓰겠다는 내 이야기를 듣자 눈빛을 번득이며 단단히 벼르듯이 말했다.

"얼른 그 책 읽고 싶네요. 우리 애가 감사라곤 털끝만큼도 모르거든요!" 한 어머니가 말했다. 그러자 다른 어머니들도 자기야말로 '가장 감사할 줄 모르는 자녀'를 두었다며 앞다투어 말했다. 한 어머니는 지난여름에 열다섯 살 아들을 값비싼 컴퓨터 교육 캠프에 보내면서 부모에게 고마운 마음을 보여주는 의미에서 일주일에 몇 번이라도 전화를 걸어주면 좋겠다는 말을 했다고 한다. 그러자 그 아들은 어리둥절한 표정을 지으며 "엄마 뭘 고마워해야 하는데? 애들을 캠프에 보내는 건 부모가 당연히 해야 하는 일 아니야?"라고 말했다고 한다.

이 말에 여기저기서 다 안다는 듯한 한숨 소리가 나왔다. 한 어머니는 하키 선수인 딸을 토너먼트가 열리는 먼 도시에 차로 운전해서 주기적으로 데려다준다고 했다. 그 어머니는 장거리 운전은 힘들지 않지만, 딸이 엄마의 노고에 고마워할 줄 알았으면 좋겠다고 말했다. 엄마한테 고마운 줄 알라고 하면 그 딸은 골키퍼답게 방어적인 태세로 "난 애잖아. 운전을 못 하니까 당연히 엄마가 데려다줘야지"라고 부루퉁하게 말한다고 한다.

이러한 문제가 발생하는 원인의 일부는 두뇌의 화학 반응에서 찾을 수 있다. 자녀들이 대체로 자신이 얼마나 운이 좋은지 알지 못하는 것처럼 보인다면, 그 이유는 그들이 정말로 알지 못하기 때문이다. 아이들의 두뇌는 그러한 영역에 초점을 맞추지 못한다. 신경 과학자들은 두뇌의 각 영역이 각기 다른 속도로 발달한다는 사실을 보여주었다. 추론과 실행 제어를 담당하는 전두엽 피질은 늦게 발달한다. 우리와 마찬가지로 어린이와 10대 청소년은 어느 정도는 신경 회로의 산물이라고 볼 수 있다. 부모는 자녀보다 더 발달한 자신의 전두엽 피질을 이용하여 자녀에게 어떤 관점을 제시해줄 필요가 있다.

나는 그 방법에 대한 조언을 듣고자 사회학자 크리스틴 카터에게 전화를 걸었다. 카터는 캘리포니아 버클리에서 가족을 대상으로 좀 더 행복해지는 방법에 대해 코칭을 하고 있다. 카터는 상담을 받으러 온 가족들에게 대개 감사하는 의식을 정하도록 도움을 준다. 가령,

매일 저녁 식사 자리에서 그날 하루 동안 감사했던 일을 서로 나누는 의식을 정하는 식이다. 아니면, 잠자리에 들기 전 가족이 그날 하루에 있었던 기분 좋은 일 세 가지를 나누는 방법도 있다. "어떤 나이의 자녀이든지 긍정적인 측면을 찾는 습관을 들이게 하면 회복 탄력성을 높이고 근심을 줄이는 데 도움이 됩니다." 카터는 내게 말했다.

카터의 가족은 최근에 늘어났다. 모두 네 명인, 열한 살에서 열네 살에 이르는 자녀와 의붓자식을 둔 카터는 자신이 오랫동안 행해오던 의식을 조정했다. "감사하는 일과를 따분하게 여기게 만들면 안 되잖아요." 카터가 말했다. 그녀는 자신이 여행을 가거나 아이들이 멀리 떨어져 있을 때면 하루 중 일어났던 좋은 일 세 가지를 자신에게 문자로 보내게 한다. 그녀의 한 이웃은 아들이 너무 숫기가 없어서 감사한 생각을 서로 이야기하는 일이 너무 어렵다고 판단했다. 그래서 저녁 식사 전에 가족 각자에게 종이를 주어 '감사 거리'를 써서 상자에 넣게 했다고 한다.

나는 카터에게 자녀들이 엄마의 방식을 거부한 적은 없는지 물었다. "우리 애들은 감사가 삶의 일부분인 채로 자랐어요. 그래서인지 많은 부모가 언급하는 그런 태도를 보이진 않아요." 나는 파티에서 만났던 어머니들이 곧바로 떠올랐다. 카터는 그 어머니들의 불만에 대한 이야기를 듣자 놀란 기색도 없이 이렇게 말했다.

"10대들은 자신이 다른 누군가의 삶에 저당 잡힌다는 느낌을 싫어해요. 부모가 통제를 많이 하고 자녀의 삶의 초점을 부유함, 성취, 대학에 맞출수록 자녀가 자신이 어떤 사람이고 무엇을 원하는지 점점 더 파악하기 어려워져요."

이 말이 도화선이 되어 우리는 감사를 모르는 밀레니얼 세대에 대한 이야기로 돌아갔다. 나는 존 템플턴 재단이 지원한 조사의 하나로 포커스 그룹을 대상으로 감사와 관련한 세미나를 진행했다. 그때 전문직 종사자, 일반 직장에 다니는 부모, 가정주부가 포함된 참여자들 대부분은 그 주제에 깊은 관심을 보였다. 일부 참여자들은 자신이 예전에 감사를 깊이 있게 생각하지 않았는데, 이 기회를 통해 삶에 더 감사해야겠다는 생각이 들었다고 인정했다. 한 여성은 이후에 "그날 오후는 제 삶을 바꾼 획기적인 시간이었어요!"라며 이메일도 보내왔다.

하지만 밀레니얼 세대를 대상으로 한 세미나는 완전히 다른 분위기였다. 대학생과 막 사회생활을 시작한 20대 초반의 젊은 층으로 구성된 그들은 자신을 정의하는 데 급급한 나머지 자신 외에는 바라보지 못했다. 많은 젊은이가 감사라는 개념에 언짢은 기색을 보이는 듯했다. 콜로라도 볼더에 사는 스물두 살의 그레그는 이 세미나의 한 토론에 참가했는데 이런 말을 했다. "전 '내가 무엇인가를 빚지고 있다'는 느낌이 싫어요. 선물 받는 것도 싫고 누군가 친절하게 구는 것도 싫어요. 그러면 불편한 기분이 들거든요."

그레그와 같은 그룹에 있던 다른 젊은이들도 곧바로 동의했다. 그러면서 자신이 빚지고 있다는 느낌을 가장 받기 싫은 상대가 바로 부모님이라고 명료하게 말했다. 한 젊은 여성은 가족에게 감사하느냐는 질문을 받자 코를 심하게 찡긋거리더니 이렇게 말했다. "델리 식당 계산대의 남자 직원에겐 고마운 마음이 들 수 있어요. 하지만 부모님은 으레 부모의 역할을 하는 거잖아요. 침팬지도 자기 자식은 돌보잖아요."

아, 침팬지 같은 부모라. 만일 우리 부부가 생물학적 명령biological imperative만 따르고 있는 거라면 왜 우리 아이들은 고맙다는 말을 하는 걸까? 자녀의 생물학적 명령 가운데 하나가 바로 독립성을 키우는 일이다. 그런데 감사는 왠지 이에 상반되는 것처럼 느껴진다. 포커스 그룹에 있던 젊은이들은 여전히 부모의 도움이 필요한 나이였지만 그것이 필요 없다는 듯 보이고 싶어 했다. 그레그는 아파트를 구할 능력이 안 되었을 때 아버지가 임대 보증금을 내주었다면서 이런 말을 했다.

"전 별로 달갑지 않았어요. 중요한 건 제힘으로 사는 거니까요. 그돈을 받긴 했는데 기분 좋게 받진 않았어요."

엠마라는 한 젊은 여성은 이를 이해했다. 엠마는 서부 매사추세츠의 한 대학을 졸업하고 영화 제작사에서 인턴을 시작했는데 부모님이 집세를 내준다고 했다. 그녀는 이런 말을 했다.

"제가 느끼는 감정들은 배배 꼬여있어요. 부모님에게 의존해야 한다는 사실에 죄책감과 짜증이 밀려들어 감사를 느낄 틈이 없어요. 감사보단 죄책감을 더 느끼는 것 같아요."

그들의 이야기를 들어보면 그들은 모범적인 부모를 두고 있는 듯했다. 관대하고 다 큰 자녀가 힘들지 않게 사회생활을 시작할 수 있도록 기꺼이 도움을 주는 부모 말이다. 그런데 그들은 부모에게 한

없이 감사하기는커녕 부모님이 주시는 것을 마지못해 받아들였다. 나는 그들이 부모의 도움에 내심 고마워하지만, 그것보다는 자기 삶을 자신의 힘으로 온전하게 다루지 못한다는 사실에 대한 유감이 훨씬 큰 것 같았다. 엠마가 말한 대로 감사보다는 죄책감이 더 큰 것이다.

"이건 통제와 관련된 문제예요. 자기 힘으로 이루고 싶지 누군가 도움을 주었다고 생각하기 싫은 거죠." 그레그가 말했다.

머리칼이 검고 호리호리한 18세 아킬이 해준 이야기에는 이와 관련한 갈등과 혼란함이 가장 명백하게 담겨있다. 아킬은 도시에 있는 한 작은 대학에 전액 장학금을 받고 들어갔다. "학교에선 수업료 외에도 살 곳과 노트북도 주었고 매달 용돈 같은 것도 주고 그래요." 아킬이 말했다.

아무리 가장 혼란스러운 밀레니얼 세대라 해도 연간 5만 달러의 선물은 감사해야 할 목록에 올라야 하는 것 아닌가. 하지만 아킬은 그렇게 생각하지 않았다. 그는 자신의 진짜 꿈은 듀크로 가서 괜찮은 친구들과 어울리며 중요한 농구 경기를 관람하며 지내는 거라고 부드러운 목소리로 설명했다. 그는 상당한 장학금을 받았고 작은 대학에서 많은 것을 배웠다는 점을 알지만 매일 자신의 다른 모습을 상상한다고 했다.

"장학금을 포함한 여러 혜택을 받아 감사하게 생각하면서도 내 마음에선 뭔가 다른 것을 원하기 때문에 억울한 생각이 들기도 해요." 아킬은 쓸쓸하게 말했다.

빚 없이 대학에 다니는 것을 억울하게 여기는 학생에게 무슨 말을 해줄 수 있을까? 많은 것이 주어졌고 많은 호의를 받은 이 젊은이들은 그 사실에 감사하지 못하는 듯했다. 그들은 은혜를 모르는 세대인가? 나는 그렇게 생각하지 않았다. 그들은 (임대 보증금이든, 장학금이든, 재정적 지원이든지 간에) 자신이 지원을 받는다는 사실에 마음으로는 운이 좋다고 느끼지만 "그건 내가 할 거야!"라고 성질을 부리는 어린아이 같은 면도 지닌 전형적인 대학생 나이대의 젊은이다.

그들이 부모님에게 감사를 분명하게 표현할 가능성은 작았다. 하지만 갑판의 균형을 맞추기 위해 뭔가 해야 한다는 생각을 끊임없이 하는 것은 분명했다. 엠마는 부모님에 대한 감사를 보여주는 방법은 자신이 될 수 있는 가장 멋진 사람이 되는 거라고 말했다.

"엄마는 저를 24시간 진통 후에 낳으셨다고 했어요. 부모님은 이젠 제 대학 등록금도 다 내주시고 있고요. 그래서 저도 보답으로 좋은 딸이 되어 부모님을 위해 그렇게 불편한 일들을 할 거예요." 엠마는 대수롭지 않게 말했다.

어떤 일들을 말이지? 이 질문에 엠마는 잠시 생각에 잠겼다가 의기양양하게 말했다.

"아, 알겠다. 전 가끔 엄마가 당신의 채소밭에서 동물들이 채소를 먹어 치운다는 얘기로 40분 동안 수다를 떨 때 옆에서 들어줘요. 물론 별거 아니지만 단언컨대 전 그러는 걸 좋아하진 않거든요!"

그렇다. 엠마는 얼룩 다람쥐에 대한 수다에 응해주는 것이 그동안 부모님이 해준 일에 대한 공정한 교환이자 감사를 표시하는 가장 좋은 방법이라고 생각했다. 문득 미국의 계관 시인인 빌리 콜린스Billy Collins가 어릴 적 여름 캠프에서 엄마를 위해 메는 끈을 만들었던 일을 떠올리며 쓴 아름다운 시가 생각났다. '어머니는 내게 생명과 젖을 주셨고 / 나는 어머니께 메는 끈을 주었네……' 뒤이어 자신의 유치했던 믿음에 탄식하는 시구가 이어진다. '무료해서 만들었던 하찮은 물건이 / 우리를 동등하게 만들어주리라 생각했네.'

사람들이 이 시에 웃는 이유는 이 시가 너무 터무니없기 때문이 아니라 정말 현실적이기 때문이다. 피터 샐로비 예일 대학 총장은 예전에 졸업생들에게 연설할 때 이 시 전체를 인용하며 이런 말을 했다. "감사를 표현해야 할 필요성은 우리가 자신의 삶을 온전히 통제할 수는 없다는 점을 상기시켜줍니다. 그러니까 우리는 누군가에게 빚을 지거나 의존할 수 있고, 자신의 운명을 완전히 주도하지 못하며, 때로는 외부 상황에 취약하다는 점을 상기시켜주는 것입니다."

'빚을 지고 있다, 외부 상황에 취약하다, 삶을 통제하지 못한다'라는 느낌은 어떤 젊은이도 느끼고 싶어 하지 않는 감정이다. 하지만 샐로비 총장은 이어서 이렇게 말했다. "완전한 자기 의존이라는 신화를 거부하지 못한다면 삶의 진정한 행복을 아마 느끼지 못할 것입니다. 만일 우리가 타인의 도움을 받아들이고 그 도움에 감사하는 열린 마음을 키우지 못한다면 만족스러운 삶은 요원할 것입니다."

⚕ ⚕ ⚕

그렇다면 감사하는 마음을 기르는 가장 좋은 방법은 무엇일까? 어떻게 하면 자녀들에게 컴퓨터 캠프에 참가하거나 대학 장학금을 받는 일이 당연한 권리가 아니라는 점을 이해시켜줄 수 있을까? 우리는 서로서로 연결되어 있을 가능성이 크고 자녀들이 자신들의 생각보다 더 운이 좋다는 점을 어떻게 이해시켜줄 수 있을까?

나는 배우 맷 데이먼과 두 가지 잡지 기사를 함께 만들 때 이 주제에 대하여 나눈 대화를 떠올렸다. 잘생기고 매력적인 맷 데이먼은 현명하고 사려 깊고 매우 진지한 인상이었다. 맷 데이먼은 나를 처음 만난 날 자신이 어렸을 때 보스턴 지역의 교육자였던 어머니께서 냉장고에 간디의 말을 써넣은 종이를 자석으로 붙여놓으셨다는 이야기를 해주었다. 바로 '내가 하는 일이 아무리 하찮아 보일지라도 그 일을 한다는 자체가 중요하다'는 말이었다.

"저는 자라면서 제가 가진 것을 나눠야 한다고 믿게 되었어요. 그리고 제 아이들도 그렇게 되기를 바라고요." 맷 데이먼이 말했다. 그는 어렸을 때 일주일에 5달러의 용돈을 받기 시작한 지 얼마 후부터 어머니가 후원하시는 자선 단체에 용돈 대부분을 기부했다고 한다.

"이 부분은 잘 써주세요. 안 그러면 너무 선인인 척하는 걸로 비칠 테니까요." 그가 농담을 했다.

어느 날 오후 우리는 비벌리힐스 호텔 폴로 라운지에서 만났다. 그곳은 대개 사람들이 영화 제작, 저작권 사용료, 가장 최근에 나온 훌륭한 영화 대본 등에 대한 이야기를 나누는 장소다. 하지만 그날 맷 데이먼은 카푸치노 한 잔을 홀짝거리며 세계 빈곤 문제를 이해하기 위해 계획한 세계 여행에 대해 이야기했다.

"전 20대를 제 일에만 집중하며 보냈고 그것에 만족해요. 하지만 이제 일에서 기반도 잡았고 가족도 있으니, 제 아이들이 아빠가 단순히 촬영하는 것 이상의 세계를 품고 있는 사람이라는 점을 알아주었으면 해요."

그러한 세계를 확장하는 일은 맷 데이먼 자신이나 그의 아이들에게 쉽지 않은 일이었다. 맷 데이먼은 조지 클루니와 친하게 지내고 〈본 아이덴티티〉와 그 속편 같은 할리우드 대작으로 부자가 된 자신이 대중에게 항상 진지한 사람으로 비치는 것은 아니라는 점을 알았다. 그는 난민 문제에 대한 경각심을 일깨우는 취지로 아프리카를 방문한 적이 있다. 그 후에 BBC 방송과 인터뷰를 했는데 리포터가 그와 같은 연예인이 그런 상황을 변화시킬 수 있겠느냐고 다소 거들먹거리는 태도로 물었다고 한다.

"우린 방송으로 짐바브웨에 관한 이야기를 단 15분간 나누었을 뿐인데 말이죠." 맷 데이먼은 웃으면서 말했다. "그래서 제가 '그쪽은 나와 인터뷰라도 안 했으면 이런 화제에 대한 얘기라도 할 수 있었겠어요?'라고 말했죠."

맷 데이먼은 몇 년 전에 클린트 이스트우드가 감독한 〈우리가 꿈꾸는 기적: 인빅터스〉를 촬영하기 위해 남아프리카에서 지냈다. 이 영화에서 맷 데이먼은 넬슨 만델라 대통령이 남아프리카의 인종 차별 정책으로 말미암은 상처를 치유하기 위해 마련한 경기에서 주전이 된 백인 럭비 선수를 맡았다. 맷 데이먼의 가족도 촬영지를 방문했다. 그때 맷 데이먼은 당시 열 살밖에 안 된 첫 딸 알렉시아를 요하네스버그에 있는 가난한 흑인 거주 지역 여행에 데려갈 생각을 했다. 그는 만델라 역으로 같이 촬영하던 모건 프리먼에게 그 지역의 비참하고 가난한 생활에 대해 딸에게 어떻게 설명해줘야 하는지 물었다. 그는 딸에게 딸의 생활과 그 사람들 생활이 그렇게 천지 차이가 나는 이유를 어떻게 설명할 수 있었을까?

"모건이 이런 말을 해주더군요. '딸에게 아무 얘기도 해줄 필요는 없어. 그냥 보여주기만 해. 그게 바로 필요한 교육의 전부야'라고 말이죠. 그건 제게 최고의 조언이었어요. 딸애는 그곳을 보고 또 보면서 받아들이더군요. 그러한 경험은 삶을 변화시킬 수 있어요." 맷 데이먼이 말했다.

맷 데이먼의 접근법은 옳았다. 여러 연구에서 공감은 감사에 중요한 요소인 것으로 드러났다. 요즘은 심리학자들이 이를 '감성 지능'이라고 부른다. 두뇌와 행동을 다룬 다양한 연구 결과, 아이가 성인이 되었을 때 IQ가 성공에 기여하는 비율은 20퍼센트밖에 안 되는 것으로 나타났다. 나머지 80퍼센트는 정서적인 측면과 관련된 다른 요소들의 영향을 받는다. 자녀가 잠시 자신의 자아에서 벗어나 타인의 입장이 되는 상상을 해본다면, 타인의 감정에 잘 반응할 수 있고 자신의 감정도 더욱 잘 인지하게 된다. 그뿐만 아니라 자신이 가진 것과 다른 사람들이 자신에게 베풀어준 것을 알아보기 시작한다.

유명 연예인이 되거나 남아프리카를 여행해야만 자녀에게 공감 능력을 키워줄 수 있는 것은 아니다. 내 아들 맷은 고등학생 시절에 사우스 스트릿 시포트 박물관South Street Seaport Museum으로 자원봉사를 떠났다. 단철로 만들어진 마지막 대함 가운데 하나인 1885년형 웨이버트리Wavertree의 보수를 돕기 위해서였다. 어느 날 맷은 선체의 녹을 긁어내는 작업을 맡았다. 고된 노동을 몇 시간 하고 나니 땀투성이에 진이 다 빠졌고 온몸이 더러워졌다. 두 손이 검은색 철로 뒤덮였고 얼굴에도 철이 줄줄이 묻었다. 집으로 오는 기차에서 자리에 몸을 털썩 기대니 사람들이 의심의 눈초리로 보다가 다른 곳으로 자리를 옮겼다.

그날 밤 저녁 식사 때 맷은 15세 소년이 할 수 있는 선에서 사색적이고 감사하는 태도를 보였다.

"더러운 데다 작업용 부츠까지 신고 있으니 사람들이 나를 무슨 외계인처럼 대하더라고요. 꼭 해야 하는 일이어서가 아니라 재미삼아 그 일을 했으니 내가 얼마나 운이 좋은지 깨달았어요." 맷은 이렇게 말했다.

아들 맷에게 그러한 시각이 생긴 것이다. 나는 맷에게 네가 얼마나 운이 좋은지 아느냐고 아무리 천 번을 말해도 그런 시각을 심어주지 못했으리라는 생각이 들었다. 그러니까 나는 배우 맷 데이먼처럼 한마디도 할 필요가 없었던 거다.

† † †

영국에 있는 인성과 미덕의 주빌리 센터Jubilee Centre for Character and

Virtues의 임무 가운데 하나가 폭넓은 관점에서 감사와 같은 가치를 가르치는 일이다. 나는 그 센터 소장인 제임스 아서와 이메일을 주고받았다. 그는 버밍엄 대학교에 적을 두고 있지만, 다음에 런던을 방문할 때 나와 만나기로 약속했다.

나는 내가 가장 좋아하는 도시에 갈 수 있다는 이유로 가장 싼 야간 비행 좌석표를 샀다. 그리하여 새벽에 런던에 도착했는데 기분이 너무 들떠서 시차를 느낄 겨를도 없었다. 하이드 파크에서 산책을 한 후 대영 박물관에 발길을 들였다가 포트넘 앤 메이슨에서 점심을 먹었다(감사여, 그대 이름은 고형 크림이 발린 스콘이렷다). 다음 날 일찍이 내가 묵었던 켄싱턴 가든스 근처의 호텔에서 택시를 잡아타고 펠멜 가에 있는 그 유명한 아테네움 클럽에 갔다. 1824년에 지어진 그 클럽은 예술가와 지식인이 모이는 장소다. 은색 머리칼에 기품이 넘치는 제임스 아서는 넓은 로비에서 나를 만나 힘주어 악수한 후에 웅장한 계단 위로 나를 안내했다. 우리는 바닥에서 천장까지 닿는 목재 책장들이 놓인(전자책 단말기는 보이지 않았다) 도서관을 포함하여 거대하고 고급스러운 방 몇 곳을 빨리 둘러보았다. 그런 후에 모닝룸에 있는 가죽 소파에 앉아 차를 마시며 이야기를 나눴다. 제임스 아서는 감사와 그밖에 도덕적 가치관을 학교 제도 내에 도입하는 일에 관심이 있다고 했다.

"덕德 교육엔 젊은이들의 삶을 변화시킬 가능성이 내포되어 있어요." 그가 말했다.

그의 연구팀은 이튼교(1440년에 헨리 6세가 설립했다)에서 특수 교육이 필요한 학생이 많은, 버밍엄의 한 초등학교에 이르는 7개 학교에서 덕성을 어떻게 고무시키는지 관찰해왔다고 했다. 그는 덕성 교육이 확대되기를 바라고 있었다. "우리는 덕성을 가르칠 새로운 방법과 젊은이들에게 자신 이외의 것을 볼 수 있는 시각을 갖게 할 새로운 방법을 찾고 있어요."

주빌리 센터는 감사를 장려하기 위한 한 방법으로 16세 미만 학생들을 대상으로 '감사 영상 시상식Thank You Film Awards'을 후원했다. 이 센터는 전국 각지에서 응모작이 들어온 후 실제 영화관에서 시상식을 열어 아이들이 자신들의 동영상을 큰 화면으로 볼 수 있게 했다. 시민운동 단체와 여권운동 단체의 지도자들부터 국립 보건 서비스의 의사들에 이르기까지 학생들이 감사를 표시한 대상은 실로 다양했다. 일부 어린아이들은 아빠, 등하교 시 교통정리를 해주는 어머니회, 호박벌에게 감사를 표현한 동영상을 보냈다. 다섯 살 난 아이가 호박벌에게 감사를 표현하고 싶어 하다니 얼마나 바람직한지.

제임스 아서는 감사를 장려하는 것이 좀 더 관대하고 따뜻한 세상을 만드는 데 일조할 수 있다며 긍정적으로 내다보았다. 나는 제임스 아서와 차를 두잔 째 마시면서 그가 굉장히 신앙심 깊은 사람이라는 점을 알게 되었다. 하지만 제임스 아서는 그 센터가 종교와 상관이 없다는 점을 지적했다. 그는 갈수록 세속적으로 변하는 사회에서 인성과 덕성을 포기해선 안 된다고 확신했다. 그러면서 인성과 덕성에 접근할 새로운 방식이 필요하며, 감사란 종교적 개념이 아닌 인간미와 관련된 개념이라고 말했다. 지금까지 교육의 초점은 항상 젊은이들에게 미래를 준비시키는 일에 맞춰져 있었다. 제임스 아서는 감사로 고무될 수 있는 친절함과 온정에 초점을 맞춘다면 좀 더 희망적인 미래가 되지 않겠느냐고 반문했다.

이러한 말에 나는 고개를 끄덕이며 차를 꿀꺽 넘겼다. 제임스 아서와 그의 동료들에게 감사에 대한 연구는 단순히 딱딱한 사회심리학이 아니었다. 감사하는 태도를 다음 세대에 어떻게 확산시킬지 이해하는 일은 더 나은 세상을 창조하기 위한 그의 방식이었다.

뉴욕으로 돌아온 나는 내가 개인적으로 감사하는 삶을 추구하는 것이 생각보다 큰 차원의 일이라는 생각이 들었다. 감사는 학교에서 수학과 과학을 대체하지 못하겠지만 (물론 이를 원하는 사람도 있을 것이다) 이미 주목을 받기 시작했다. 이제 많은 학교가 장애아를 괴롭히지 못하게 적극적으로 나서거나 일반 학급에 편성하는 등 사회적 영역에 개입하고 있다. 제임스 아서는 이러한 노력이 가치 교육의 큰 범주에 들어간다고 했는데 이는 맞는 말이다. 나는 감사 교육을 수업에 도입한 콜로라도의 한 사립 초등학교에 대한 기사를 읽었다. 그곳의 저학년 아이들은 감사한 일을 주제로 이야기를 나누며, 고학년 아이들은 감사일기를 쓴다고 한다. "아이들을 감사할 줄 아는 사람으로 키우면 나중에 성공하게 될 겁니다." 그 학교의 교장 선생님은 딱 이 말만 했다.

자녀가 다니는 학교에서 아직 이런 노력을 기울이지 않는다면 부모가 시도할 수 있다. 자녀가 얼마나 복 받은 사람인지 깨닫게 해주고 싶다면 비교할 수 있는 대상을 보여줄 필요가 있다. 그리고 이렇게 하려면 폭넓은 시각이 있어야 한다. 감사할 줄 모르는 10대 자녀를 걱정하는 어머니라면 토요일 아침에 자녀를 쇼핑몰이 아니라 무료 급식소에 데려갈 생각을 해야 한다. 재미는 없을지 모르지만, 장기적으로 볼 때 훨씬 바람직한 시도임이 분명하다.

아니면 내가 애용하는 방법을 시도해도 좋을 것 같다. 나는 우편함에 들어오는 자선 단체 우편물을 큰 바구니에 담아두었다가 어느 날 가족이 모두 모이는 저녁 시간에 다 같이 그 우편물들을 읽는다. 이때 부모가 기부 예산을 정해놓고 자녀는 그 금액을 어떻게 배분할지 결정하는 거다. 아니면, 부모가 그저 일상생활에서 감사하는 본보기를 보여주는 것도 좋다. 나는 평소에 인스타그램, 트위터, 핀터레스트에 많은 시간을 쓰진 않지만 아이들이 하는 소셜 미디어는 꼭 방문한다. 모든 가족이 매주 한 번씩 친구, 눈송이, 일몰 등 감사를 느끼게 해준 대상을 사진으로 찍어 올리거나 서로에게 보내는 건 어떨까. 자녀에게 소셜 미디어 활동이 일상이 되었다면 그것을 통해 감사 경험을 공유할 때 많은 사람이 세상을 다르게 보는 데 도움이 될 것이다.

† † †

감사와 자녀와 관련한 자료들을 찾던 중 애로우 던햄Yarrow Dunham이라는 사람이 완전히 새로운 연구를 시도했다는 사실을 알게 되었다. 그는 프린스턴 대학 소속인 것 같았다. 하지만 직접 전화를 걸어

보고서 그가 이제 예일 대학교 전임 교수라는 사실을 알게 되었다.

"제 아내는 프랑스와 이탈리아의 14세기 중세 음악 연구가이고 전심리학자입니다. 그런데 어쩌다 보니 둘 다 예일대에 임용되었어요. 얼마나 감사한지!" 그는 활기 넘치는 목소리로 말했다.

나는 아내분이 하는 일에 대해 잘 모르기 때문에 뭐라 물어볼 건 없었지만 애로우 던햄이 한 연구에 마음이 굉장히 끌렸다. 그는 미국의 엘리트 계층이나 인도의 카스트 계급처럼 사람들이 어떻게 다양한 사회 그룹으로 나뉘는지를 주제로 중요한 연구를 했고 '사회 인지 발달 연구소'라 불리는 곳을 운영했다. 그 연구소에서 어떻게 아이들이 자연스럽게 특정 그룹에 귀속되는지 살펴보는 실험을 했다 (아이들에게 임의로 빨강 티셔츠와 파랑 티셔츠를 나눠준 후 살펴보니 2분 전에는 존재하지 않았던, 자기 그룹에 대한 충성심이 강하게 형성되어 있었다). 이제 그는 아이들에게 감사를 고무시키는 요소들을 분석하는 부수적인 프로젝트를 시작했다. 제임스 아서와 마찬가지로 그는 감사가 어떻게 더 큰 의미의 미덕으로 연결될 수 있는지에 관심을 기울였다.

"성인은 감사와 은혜 사이에 구별을 짓습니다. 은혜란 갚아야 하는 빚입니다. 감사는 뭔가 좋은 일이 생겼을 때 느끼는 감정이나 세상에 대해 느끼는 행복한 감정을 말하고요. 감사하게 되면 채무감이 아니라 선행을 베풀고 싶다는, 포용적인 감정을 느끼게 됩니다. 아이들이 머릿속으로 이러한 구분을 할 수 있는 건 아닙니다."

애로우 던햄은 보스턴 대학교에 소속된 동료 피터 블레이크Peter Blake와도 실험을 했다. 그는 4세에서 8세에 이르는 아이들을 자신의 연구실로 데려가 스티커 북이나 일회용 문신 같은 선물을 주었다. 그런 후에 한 무리의 아이들에겐 연구실에 와주어 고맙다는 의미에서 그러한 선물을 주었다고 설명했다. 던햄은 이를 '수평적인 교환 관계'라 부른다. 한편, 다른 무리의 아이들에겐 다른 아이가 자신이 좋아하는 장난감을 다른 아이들과 나누고 싶은 마음에 준 것이라고 설명했다.

뒤이어 아이들은 게임을 한 후에 별 모양 사탕을 열 개씩 받았다. 그리고 그것을 다 가져도 되고 친구들과 나누어도 된다는 말을 들었다.

예상한 그대로였다. 연구실에 온 대가로 선물을 받았다고 생각한 아이들이 아니라 다른 친구에게 선물을 받았다고 생각한 아이들이 더 잘 나누는 경향을 보였다. 던햄은 아무리 어린아이들일지라도 조금이나마 감사를 느끼면 다른 사람에게 뭔가 해주고 싶어 하는 감정을 느낀다는 사실을 발견하여 흥분을 감추지 못했다.

진화 생물학자들은 호혜주의를 연구했다. 이는 상대방이 나를 위해 뭔가 좋은 일을 해주면 나도 상대방에게 똑같이 해주는 것을 말한다. 자, 그런 식으로 우리 인간은 서로 협력하는 종種이 되지 않았는가. 호혜주의는 감사의 가장 단순한 형태다. 많은 연구자가 이러한 호혜주의를 동물 세계에서도 발견했다. 그러니까, 동물들은 자신을 도운 동물에게 털 손질을 해주거나 먹을 것을 나눠줄 가능성이 크다.

나는 동물들이 감사를 느낀다는 점을 보여주는 감동적인 비디오를 최근에 보았다. 동물학자 제인 구달과 동료 한 명은 죽어가고 있던 운다라는 침팬지를 구조했다. 지극 정성으로 보살펴 건강을 회복시킨 후에 운다를 잎이 무성한 동물 보호 구역에 자유롭게 풀었다. 말쑥해진 이 침팬지는 숲 속 방향을 보더니 이내 몸을 돌려 제인 구달을 꼭 껴안았다. 우리 모두가 좋아하는 그런 애정 어린 포옹을 오랫동안 하고 있었다. 그 영상을 본 사람이라면 '감사할 줄 아는 침팬지구나'라는 생각이 저절로 들 것이다.

던햄은 어린이들이 느끼는 감사의 감정이 단순한 호혜주의보다 더 포괄적인 나눔을 고무시킨다는 점에 주목하며 만족스러워했다. 자신이 받은 작은 선물에 감사함을 느꼈던 아이들은 자신의 별 모양 사탕을 다른 아이들과 나누었다. 이는 단순히 받은 것을 되돌려주거나 은혜를 갚는 행위가 아니다. 어쩌면 이런 부분 때문에 인간이 침팬지보다 진화 단계에서 앞서 있는 건지도 모른다.

던햄은 "감사는 '내 등을 긁어주면 네 등을 긁어줄게'라는 논리보다 포괄적인 개념이고 다양한 가능성의 관계망을 만들어냅니다"라고 말했다. 그러더니 학자라는 감투를 벗어던지듯 열띤 목소리로 이렇게 말했다. "아주 끝내주지요!"

던햄은 다음번에 어린이와 어른의 감사하는 태도가 '저절로 계속되는 선행의 순환'을 어떻게 발생할 수 있는지 관찰해보고 싶다고 했다. 감사함을 느끼는 한 아이가 다른 아이에게 좋은 일을 하고, 그 아이가 또 다른 아이에게 좋은 일을 하고, 그 아이가 또 좋은 일을 하고……. 그러다 결국 그 선행이 첫 번째 아이에게 돌아온다(적어도,

이론적으로 그렇다는 말이다). 이른바 친사회적 행동은 전염성이 있는 것 같다.

나는 자신이 선물을 받을 가치가 있다고 여긴(즉, 연구실에 가준 대가로 받았다고 생각한) 아이들은 감사를 느끼지 못했다는, 덜 긍정적인 측면에 흥미를 느꼈다. 그러한 태도가 10대의 행동을 설명해줄 수 있는지 물었다.

"좋은 질문입니다!" 던햄의 활기 넘치는 대답에 나는 기분이 우쭐해졌다. "10대들은 감사와 상반되는 권리 의식을 가지고 있어요. 부모나 사회나 이 세상은 자신이 원하는 것을 마땅히 제공해줘야 한다는 인식이 머릿속에 박혀있는 10대들은 부모는 부모의 의무를 지켜야 한다고 생각합니다. 이러한 사고방식에서 감사하는 태도가 나올 리가 없지요." 던햄이 말했다.

나는 그의 연구가 마음에 들었기에 또 연락하겠다고 약속했다. 전화를 끊자 내가 '감사할 줄 모르는' 어린이, 10대, 밀레니얼 세대에게서 발견한 문제는 어쩌면 '의무 대 감사'의 문제일지도 모른다는 생각이 들었다. 어느 부모도 자식을 캠프에 보내거나 자식에게 캐시미어 스웨터를 사주는 이유를 의무감 때문이라고 생각하고 싶지 않다. 하지만 만일 자녀들이 그것을 '교환 관계'로 생각한다면 내가 만났던 어머니들, 그러니까 10대 자녀가 하키 경기장까지 자신의 차를 얻어 타고 가는 것이나 하계 컴퓨터 캠프에 참여하는 것을 감사하게 여기길 바라는 어머니들은 한 걸음 물러서서 생각할 필요가 있다. 우리는 자라면서 부모님이 우리에게 해준 것에 정말로 고마워했는가?

몹시 가난한 집안에서 자란 내 아버지는 온갖 고생을 하며 보스턴 대학을 마쳤다. 아버지는 교육을 받은 것을 자랑스럽게 여겼지만 애석하게도 졸업반 무도회에 갈 여유가 없었다. 그래서 무도회가 열리는 밤에 안내데스크에서 일하며 자신보다 부유한 친구들에게 표를 판매했다. 아버지는 친구들이 자신을 지나쳐 무도회장 안으로 유유히 걸어 들어갈 때 느꼈던 비참함을 결코 잊지 못하셨다. 30년이 지난 후에도 그때 받은 상처를 여전히 느낀다고 하셨다. 나는 졸업반 무도회에 다녀온 지 일주일 후에 아버지에게 그 이야기를 전해 들었다. 그리고 그때에야 비로소 아버지가 자식들의 대학 등록금을 다 대주셨으니 우리 형제자매는 정말 감사해야 한다는 생각이 들었다. 아버지의 희생에 감동한 나는 내가 돈을 벌 수 있게 되면 그 등록금 비용을 되돌려드리고 싶다는 계획을 당당하게 밝혔다.

"아빠한테 되돌려줘도 되는데 돈으로는 주지 마. 네 자식한테 이 아빠가 했듯 똑같이 해주는 게 가장 멋지게 되돌려주는 길이야." 다정하신 아빠가 말씀하셨다.

당시에는 그 말을 제대로 이해하지 못했지만 이제 나도 내 아들들에게 똑같은 요구를 할 것이다. 돈으로 갚지 말고 선행으로 갚으라고 말이다. 그것이야말로 가장 훌륭한 감사 표현 아닌가. 그리고 이는 감사를 더 친절한 세상을 만들기 위한 발판으로 생각하는 제임스 아서와 애로우 던햄 같은 사람들이 추구하는 선순환의 목표까지도 충족하는 일이다.

╬ ╬ ╬

부모가 보여줄 수 있는 가장 좋은 모습은 미래의 계획을 세우는 일과 현재를 누리는 일 사이에 균형을 유지하면서 감사의 본보기를 보이는 것이 아닐까 싶다. 하지만 우리는 대체로 이렇게 하지 못한다. 큰아들 잭은 자라면서 무슨 일이든 항상 잘 해내었기에 때로는 그저 한 걸음 물러서서 아들 녀석이 이룬 결과에 칭찬을 하는 것이 우리가 부모로서 해줄 수 있는 가장 좋은 역할이었다. 하지만 잭은 고등학교 2학년 때 만나는 어른마다 어느 대학에 지원할 거냐고 묻는다는 점을 알아차렸다.

"지금 내가 하는 것은 전혀 중요하지 않다는 거야 뭐야." 그 당시 잭은 이렇게 불평했다.

잭은 워낙 영리한 아이라 항상 질문에 능숙하게 넘어갔지만, 대학생이 되고 나니 똑같은 어른들로부터 이제 진로 계획에 대한 질문을 받았다. 거참, 수업이나 교수나 물리학 연구소에서 잭이 했던 훌륭한 실험에 대해 질문들은 왜 안 했을까? 어쨌거나 잭은 본능적으로 현재에 감사할 줄 알았다. 잭은 예일 대학교 1학년 시절에 친구 세 명과 기숙사 방을 같이 썼는데, 그 방이 어찌나 작은지 자기 책상으로 가려면 2층 침대를 넘어가야 했다. 하지만 그 방은 1800년 후반에 옥스퍼드 대학과 케임브리지 대학을 본떠서 지어진 고전적인 캠퍼스인 올드 캠퍼스Old Campus에 위치한 기숙사에 있었다. 어느 날 그곳을 방문해 아들과 건물 입구 밖에 서 있을 때 부속 예배당의 종이 울려 퍼지고 햇살이 100년도 넘은 건물에 부딪혀 반짝거렸다. 나는 '열여덟 살 된 아들 녀석이 이런 광경을 음미할 수나 있을까?' 하는 생각이 들었다. 그런데 내가 말을 꺼내기도 전에 잭은 눈앞의 광경을 가리키더니 잠시 가만히 서 있자고 했다.

"매일 아침 밖으로 나오면 발걸음을 멈추고 주변을 둘러보면서 여기 있다는 사실에 감사해요. 언제 또 이런 곳에 살아보겠어요. 그래서 여기 있는 걸 당연하게 여기고 싶지 않아요." 잭이 내게 말했다.

나는 잭이 비좁은 방에 신경 쓰지 않고 그저 그곳의 마법 같은 광경을 음미한다는 사실에 놀라고 말았다. 우리는 부모로서 감사함을 느끼고 자녀에게 감사를 가르칠 수도 있다. 부모가 어린 자녀를 자신의 경험을 새로운 시각으로 보도록 도와주고 좀 더 큰 세상에 노출해주는 것은 일종의 선물이다. 나중에 자녀가 더 자랐을 때 10대가 감사를 표현하지 못하는 이유를 부모가 이해한다면 성장의 힘든 시기를 온 가족이 무사히 헤쳐가는 데 도움이 된다.

사실 나는 잭이 감사하는 시각을 갖춘 것에 공을 인정받고 싶었다. 그래서 그동안 내가 감사하는 시각을 심어주기 위해 했던 모든 노력을 말해주고 싶었다. 하지만 실은 잭이 스스로 터득한 거였다. 나는 두 아들을 생각하면 그러한 자식들을 두어 무한한 감사를 느낀다. 그리고 두 아들에게 배울 수 있어서 감사를 느낀다. 결론은 이것이 아닐까 싶다. 그러니까, 감사하는 자녀로 키우려면 자녀에게 감사해야 한다고.

The
GRATITUDE
DIARIES

4장 | 불평은 이제 그만

정말 감사하다. 불평을 멈추게 되어서!

아무리 추운 날씨여도 즐길 수 있게 되어서 감사하다.

긍정적인 태도가 내 기분을 변화시킨다는 점을 알게 되어 감사하다.

감사로 말미암아 남편과 아이들과의 관계가 더 좋아지자 감사가 내 일상에 또 어떤 역할을 할 수 있을까 생각을 해보았다. 어느 겨울날 얼어붙은 보도 위를 살금살금 걷다가 미끄러지자 나는 얼굴을 찌푸리며 감사를 할 수 없는 한 가지가 바로 날씨라는 생각을 했다.

흠, 가만 보자. 그런데 왜 그런 걸까?

길거리에서 만난 사람들은 모두 일기 예보관으로 변한 듯 현재 영하 15도인데 바람이 불어 체감 온도가 영하 20도라고 말했다. 어느 날 아침, 나는 베이글을 사면서도, 버스 정류장에 서 있으면서도, 승강기에 타면서도 사람들과 추운 날씨에 대한 불평을 주고받았다는 점을 문득 깨달았다. 최종 목적지인 회의실에 도착할 무렵엔 아침 내

내 불평을 쏟아냈던 터라 진이 다 빠질 지경이었다.

내 감사일기장엔 추위를 카리브해의 햇살처럼 느끼게 해줄 마력이 담겨 있지 않았다(해리 포터라 한들 그렇게 할 수 있겠느냐마는). 하지만 미국 동해안과 중서부 지역을 꽁꽁 얼어붙게 한, 지독히도 추운 겨울에 대해 내가 할 수 있는 일이 한 가지 있었다. 바로 불평을 멈추는 일이었다. 매일 감사 거리를 찾는다는 것은 일상의 문제를 가능한 한 눈감아준다는 것을 의미한다. 감사란 특별한 일이 발생할 때만 표현해야 하는 것이 아니다. 이러한 생각 끝에 그달의 감사 계획을 구체적으로 세울 수 있었다. 이제 날씨에 대한 불평을 그만두고 그것을 발판 삼아 일상에 더 감사하기로 했다.

날씨에 불평하는 사람들은 그렇게 해봤자 아무 소용없다는 점을 안다. 그들은 그저 불만을 입 밖에 꺼냄으로써 위안으로 삼을 뿐이다. 마음속 생각을 솔직하게 털어놓는 것이 좋다고 생각하는 사람들도 많다. 하지만 일단 입 밖으로 나온 말은 감정에 영향을 준다는 점을 알아야 한다. 비참하다는 말을 너무 자주 하면 자신이 정말로 비참한 인간이라고 믿게 된다. 나는 친구든 처음 보는 사람이든 안면만 있는 사람이든지 간에 안 좋은 상황에 대해 딱한 마음을 표현하면 같이 있는 사람들의 기분이 더 착잡해지기만 한다는 느낌이 들었다. 우리가 바꾸지 못하는 상황에 서로 불평을 늘어놓지 않아도 공감대를 느낄 수 있는 더 나은 방법이 필요한 듯했다.

그래서 나는 거리를 걸어가며 스카프를 꽉 여미면서 생각했다. 내가 새롭게 쓰기 시작한 시각의 재구성이라는 방법을 그날 하루를 견디는 일에 써보자고 말이다. 이제는 폭풍우에도 긍정적인 측면을 찾을 수 있다는 확신이 들었다. 영국의 화가이자 사회 사상가인 존 러스킨John Ruskin이 나쁜 날씨는 없고 다양한 종류의 좋은 날씨가 있을 뿐이라고 했던 말이 떠올랐다.

바로 그때 건물 앞 보도에 쌓인 눈을 치우던 한 남자가 한 삽 퍼낸 눈이 내 어깨로 세차게 떨어졌다.

"악!" 내가 소리쳤다.

"죄송합니다." 자신이 무슨 짓을 했는지 알아차린 남자는 웅얼거리듯 말했다. 두툼한 모자에 큼직한 목도리를 매고 있던 터라 내가 뒤에서 오는 것을 못 본 모양이었다.

"좀 조심하세요!" 나는 얼굴이 붉어진 채로 코트에서 눈을 털어내며 말했다.

나는 그 자리를 떠나 씩씩거리며 걷다가 이내 멈추었다. 어떤 상황에서도 감사하는 태도를 보여야 하는 것 아닌가. 크게 심호흡을 하고 부정적인 측면을 긍정적인 측면으로 뒤집어 생각하려 애썼다. 물론 그 남자가 퍼낸 눈으로 나를 친 것은 맞다. 하지만 나는 눈보라 치는 날에 사람들이 인도에 쌓인 눈을 치우는 지역에 살고 있으니 얼마나 운이 좋은가. 더욱이 그 남자가 나 대신 눈을 치우고 있으니 정말 감사해야 하지 않은가.

나는 잠시 망설이다가 남자가 있는 쪽으로 다시 몇 걸음 걸어가 손을 흔들었다. 남자는 하던 일을 멈추고 삽을 공중에 든 채로 말했다. "무슨 문제 있어요?"

"아뇨. 눈 치워줘서 고맙단 말을 하고 싶어서요."

"아." 남자는 고개를 끄덕이더니 다시 삽질했다. 남자는 처음엔 고함을 치더니 이내 고맙다고 하는 여자를 이상하게 생각했으리라. 하지만 나는 기분이 훨씬 좋아졌다.

＊ ＊ ＊

집으로 돌아와 최근에 발견한 책을 꺼냈다. 2세기 로마 황제 마르쿠스 아우렐리우스Marcus Aurelius의 명상록이었다. 그는 군사 작전을 지휘하고 적군을 격퇴하며 제국을 지키면서도 자기 성찰과 인간의 본질에 대한 이해를 바탕으로 자신에게 글을 썼다. 자신이 통제할 수 있는 것과 통제할 수 없는 것을 파악하여 전자에 중점을 두고 후자에 연연하지 않아야 한다는 점이 그 책의 핵심 주제다. 이러한 철학은 수 세기를 지난 지금까지도 깊은 울림을 주고 있다.

명상록을 훑어보다가 그날 내게 딱 맞는 구절을 발견했다. '추위로 몸이 떨리든 너무 덥든지 간에, 졸린 상태이든 잠이 확 깬 상태이든지 간에 그것이 옳은 일을 하는 데 방해가 되면 안 된다.'

나는 그 구절을 읽으며 미소를 지었다.

마르쿠스 아우렐리우스는 스토아학파를 대표하는 철학자였다. 우리는 지금 스토아학파를 인내심과 극기를 뜻하는 의미로 사용하지만, 스토아학파 철학자들은 사람들에게 그저 합리적인 인간이 되도록 장려했다. 기원전 3세기에 스토아학파 철학자들은 문제를 바라보는 방식을 바꾸면 문제를 해결할 수 있다고 가르쳤다. 마르쿠스 아우렐리우스는 사람은 누구나 파괴적인 감정을 없앨 수 있는 내적 힘을 지니고 있다고 믿었다. 그는 자신이 바꾸지 못하는 환경 때문에 좌절하느라 시간을 낭비한다면 결코 행복해지지 못한다는 사실을 깨달았다.

나는 마르쿠스의 한 명상 구절을 펼쳐놓은 채로 침대 옆에 두었다. '아침에 일어나면 살아있다는 것이, 숨을 쉬고 생각을 하고 즐기고 사랑할 수 있다는 것이 얼마나 귀중한 특권인지 생각하라.'

다음 날 아침, 잠에서 깼을 때 아이폰 메시지를 확인하기도 전에 그 멋진 구절을 다시 읽었다. 마르쿠스 황제에게 고무된 나는 그날 하루를 감사할 태세가 되어 있었다. 이는 나의 '불평 안 하기' 방침을 더 광범위한 영역에 도입한다는 의미였다.

날씨를 보아하니 몸을 옹그리고 난로 옆에 앉아있고 싶은 생각이 굴뚝같았지만, 시내를 가로질러 가면 있는 광고 회사에서 회의가 있었다. 나는 캐시미어 원피스에 가죽 부츠를 신었다. 그리고 공원에서 놀던 여섯 살 아이의 충고를 받아들여 스노우 팬츠를 입었고 고어텍스 장갑과 웃기게 생긴 귀 덮개가 달린 모자로 마무리했다. 눈 쌓인 추운 길을 터벅터벅 걸어서 광고 회사에 닿았다. 일찍 도착했기에 화장실로 가 스키 바지를 벗고 손가방을 종이 타월로 말린 후에 모자를 썼던 머리를 손질했다. 다시 점잖은 모습으로 사무실 안으로 들어가자 나와 만나기로 한 말끔한 차림의 임원이 자신을 소개했다. 그러더니 나를 맞이하는 인사로 이런 말을 했다. "날씨가 너무 안 좋죠? 어떻게 견디고 계세요?"

나는 장미 덤불에 가시가 있다고 불평하지 말고 가시덤불에 장미가 있다는 데 기뻐하라는 속담이 떠올랐다.

"그래도 안에서 일하니 다행이잖아요. 여긴 아주 아늑하네요." 나는 활기차게 말했다.

임원은 잠시 말이 없다가 미소를 지었다. "도랑을 파는 일보다야 훨씬 낫죠."

감사의 말을 하지는 않았지만, 동상 걸린 발의 위험성에 관해 이야기를 나누는 상황에 비하면 긍정적인 분위기가 형성된 것은 분명했다. 그런 연유로 우리 두 사람의 마음이 조금 더 따뜻해졌는지도 모른다.

나는 남은 한 주 동안 모든 대화에서 긍정적인 반전을 찾는 것을 도전 과제로 삼았다. 사람들이 날씨를 불평할 때 나는 히트텍 타이즈와 단열 고무 부츠의 좋은 점을 신나게 떠들었다. 그러면 흔히 사람들은 자신의 불평을 잊고 내가 그 물건들을 어디서 샀는지 물어보았다(참고로 유니클로와 엘엘빈 제품이다). 인도에 쌓인 눈을 삽으로 치우는 가게 주인들에 대한 칭찬도 퍼부었다. 그뿐만 아니라 뉴욕 길거리에서 파는 모직 스카프를 가지고 있으니 우리가 얼마나 운이 좋으냐는 말도 했다. 5달러밖에 안 하는 스카프로 따뜻해질 수 있으니 말이다! 마지막 수단으로, 이러한 날씨는 내가 가고 싶은 남극 대륙을 여행하기 위한 준비가 될 수 있다는 말도 날렸다. 내가 일관되게 긍정적인 태도를 보이자 분위기가 쉽게 바뀌고 사람들도 쉽게 동의

하는 모습을 보면서 내심 놀랐다.

한 커피숍에서 주문한 커피를 함께 기다리던 한 남자는 날씨에 대한 이야기를 꺼냈다가 내 말을 듣고 이런 말을 했다. "맞아요. 몇 달만 지나면 사람들은 이제 더위와 습기를 불평할 걸요."

"그때까진 아무 죄책감 없이 코코아를 마실 수 있잖아요." 나는 카운터에서 거품이 이는 내 잔을 가져오며 말했다.

"아, 정말 그러네요."

"감사해야 할 이유죠." 나는 플라스틱 컵을 들어 올려 건배하는 척하며 말했다.

그날 밤 나의 예쁜 일기장을 꺼내어 하루 동안 나를 기분 좋게 만들어준 몇 가지 사건을 적었다. 그리고 이렇게 덧붙였다. '정말 감사하다. 불평을 줄이니 더 행복하고 더 감사하게 되어서.'

하지만 그렇게 쓰고서 잠시 생각해보았다. 삶을 끊임없이 긍정적으로 해석하면 원래는 사실이 아니었던 어떤 현실이 만들어지는 걸까?

다양한 영역의 연구 결과들은 인식의 힘을 증명해주고 있는 것 같다. 신경 전달 물질이 우리가 인지하지 못하는 미묘한 것에 반응할 때 '현실'에 대해 말하기는 어렵다. 우리가 무엇인가를 믿으면 사실상 그것은 현실이 된다.

예를 들어, 두통약을 먹은 사람 중에서 그것이 애드빌이나 바이엘 같은 유명한 브랜드의 두통약이라는 말을 들은 쪽과 브랜드 없는 두통약이라는 말을 들을 쪽 가운데 두통이 완화되었다고 보고한 쪽은 전자가 더 많았다. 의사들이나 약사들은 이러한 결과를 들으면 "그럴 리가!"라며 어이없다는 반응을 보인다. 애드빌은 상표 없는 이부프로펜과 같은 약이고 바이엘은 아스피린과 같은 약이다. 각각 분자 구조나 유효 성분이 같다. 혹시 약 표면에 입힌 당분 같은 비유효 성분에서 답을 찾을 수 있지 않을까 생각할 필요도 없다. 사람들에게 똑같은 약을 나눠주고 일부에게는 다른 약이라고 알려준 실험의 결과도 같았으니 말이다.

우리가 인식하든 못하든 우리의 마음은 여느 진통제보다 강력한 화학 물질을 만들어낸다. 유명 브랜드 약이 더 효과적이라고 생각한다면 실제로 그렇게 된다. 그 사실을 아는 나에게도 이러한 현상은 항상 일어났다. 의사인 남편은 자신의 약장에 있는 브랜드 없는 두통약을 먹었지만 나는 애드빌을 고집했다. 포장과 유명 상표 광고에 돈을 낭비하는 셈이라는 걸 알았지만, 남편의 이부프로펜을 복용하면 애드빌 만한 효과가 없는 것을 어쩌랴. 플라시보 효과라고 말할 수도 있지만, 그 현상은 사실이 아니라고 일축할 수도 없는 일이다. 모든 실험에서 자신이 어떤 약을 먹었다고 '생각'하는지에 따라 두통 완화 효과가 다르게 나타났기 때문이다.

이와 마찬가지로 감별력이 아주 뛰어난 와인 전문가들도 와인의 가격과 원산지(진짜 원산지든 아니든지 간에)에 영향을 받을 수 있다. 구하기 힘든 200달러짜리 도멘 드 슈발리에 뚜껑을 딴 와인 전문가는 그것이 '하우스 와인' 라벨이 붙은 와인보다 더 맛있다고 느낄 것이다. 기쁨의 원천을 분석한 예일 대학교의 폴 블룸Paul Bloom 교수는 와인 전문가들에게 라벨을 바꾼 와인 병을 주고 실행한 실험 결과를 발표했다. 저렴한 제품 라벨을 붙인 와인 병을 받은 전문가들 가운데 일부가 와인 맛이 좋다고 했다. 그런데 비싼 제품 라벨을 붙였을 때는 이렇게 말한 비율이 세 배로 증가했다. '오크 향이 나는, 축축한 흙냄새가 나는, 부드러운, 맛이 짜여진' 등처럼 와인 맛에 대한 박식한 표현은 혀의 미뢰뿐만 아니라 라벨의 영향도 받는 것이다.

빨대로 와인을 홀짝이는 동안 기능성 자기공명영상fMRI 기계로 뇌를 촬영하는 데 동의한 사람들을 대상으로 한 실험 결과는 더 인상적이다. 참가자들 앞에는 맛을 보는 와인들의 가격 등 정보를 알려주는 화면이 설치되었다. 하지만 실은 다 똑같은 와인이었다. 블룸 교수는 참가자들이 비싸거나 귀한 것이라고 믿은 와인을 맛볼 때 그들의 쾌락 중추가 "마치 크리스마스트리처럼 반짝였다"고 말했다.

그러므로 우리가 무엇인가를 더 좋다고 '생각'하면 실제로 더 긍정적인 효과를 '경험'하게 된다. 유명 브랜드의 진통제 경우처럼, 개인의 신경 회로는 똑같은 제품에도 다른 경험을 만들어낼 수 있다. 어느 날 저녁의 한 식사 자리에서 친구들은 값비싼 나파 밸리 샤블리를 마시며 오크 향이 난다느니 레몬 맛이 난다느니 꽃 맛이 숨겨져 있다느니 하며 감탄을 했다. 그때 나는 친구들에게 액체가 아닌 라벨을 마시고 있는 거라고 냉소적으로 말했다. 내게 그 술은 그저 와인 맛일 뿐이었다. 친구들은 나의 세련되지 못한 미감 때문에 와인의 독특한 향미를 음미하지 못하는 거라고 거들먹거리듯 반박했다. 어쩌면 친구들 말이나 내 말이나 다 맞을 수도 있다. 각자의 경험이 다르기 때문에 각각의 쾌락 중추에서 내보내는 메시지도 다르다. 우리는 자신이야말로 진정한 경험을 했다고 생각하고 싶어 하지만 어쩌면 그런 것은 없을지도 모른다.

와인과 진통제에 적용된 원리는 삶을 바라보는 일반적인 시각으로 확장될 수 있다. 내가 날씨에 불평하지 않기로 한 것은 싸구려 와인 병에 근사한 라벨을 부착하는 일과 같았다. 그렇다고 날씨가 변하지는 않지만 내 경험의 질이 변했다. 나는 한밤중에 남편이 환자를 보러 병원에 급히 나갔던 일로 말미암아 결혼 생활에서도 이와 유사한 교훈을 얻었던 터라 이러한 작용에 십분 공감했다. 사건은 변하지 않더라도 내가 보이는 반응은 변할 수 있다. 긍정적인 해석이 두뇌 쾌락 중추의 빛을 반짝이게 할 수 있다면 내가 내 두뇌를 타임스 스퀘어의 네온사인으로 바꾸지 못할 이유가 없었다.

사람은 자신이 가진 것에 감사할 때 만족감을 더 잘 느끼게 되고 불행감은 잘 느끼지 않게 된다. 철학자들에게 한참 몰두하던 나는 그리스 철학자 에피쿠로스Epicurus에게 주목했다. 기원전 340년에 태어난 에피쿠로스는 그때에 이미 감사의 가치를 파악했다. 그는 이렇게 충고했다. '가지지 못한 것에 대한 욕망으로 가지고 있는 것을 망치지 마라. 지금 가진 것이 한때는 간절히 바라던 것이었음을 기억하라.'

3세기에 철학자 디오게네스는 에피쿠로스의 철학에 공감하였다. 그리하여 터키에 세운 벽에 에피쿠로스가 남긴 '작은 것에 만족하지 못하는 자는 어떤 것에도 만족하지 못한다'라는 문구를 새겨 넣었다.

그러한 문구들이 현명한 조언이긴 하지만 나는 조금 더 신중해지고 싶었다. 철학과 신학은 우리가 행복해지도록 설득하는 역할을 할 뿐이다. 가진 것에 감사한다는 것이 더 많이 가지려고 노력하면 안 된다는 의미는 아니다. 감사는 행복이라는 요리를 만들어내는 비밀 소스이긴 하지만 포부와 결심이라는 재료도 허용되어야만 이 요리법이 수많은 사람에게 효과가 있는 것이다.

나는 '날씨에 불평하지 않기'라는 단순한 일로 매일 기분이 더 좋아졌지만, 그 무엇에도 불평을 전혀 안 한다면 어떻게 될까 의구심이 들었다. 일단 두 가지 유형의 불평을 정의해보았다. 하나는 야단스럽게 나쁜 점을 찾아내는 거고(날씨에 대고 그렇게 했듯이), 다른 하나는 뭔가를 정말 고치고 싶을 때 지적하는 거다. 나의 '불평 안 하기' 방침은 전자에만 적용되는 것이었다. 후자는 타당한 영역이었다. 세탁소에서 내가 가장 좋아하는 원피스의 주름 장식을 망가뜨렸을 때 (다시 주름 장식을 만드는 일은 불가능하다) 세탁소 주인에게 공정한 배상을 요청하지 않을 이유가 없었다. 또한, 새로 산 부츠의 굽이 떨어졌을 때는 교체를 위해 물건을 되돌려 보냈다. 그러니까, 감사가 문제 해결에 방해되지는 않았던 거다.

하지만 나는 다른 것을 욕망함으로써 현재 가진 것을 망치지 말라는 에피쿠로스의 충고를 가능한 자주 되뇌었다. (1970년대 스티븐 스틸스Stephen Stills도 '곁에 있는 사람을 사랑하세요'라고 노래하지 않았던가) 그래서 슈퍼마켓 계산대 앞에서 줄을 서 있을 때 불평하는 대신 내가 신선한 음식을 살 수 있는 곳에 살아서 (한겨울에 딸기라니!) 감사하다고 생각했다. 내게 답장하지 않는 편집자에게도 불평하지 않았다. 이메일 수취함이 꽉 찼을지도 모르는 일이었으니. 한 친구가 우리 둘 다 좋아하지 않는 연주회에 데려갔을 때 나는 좋아하는지 아닌지는 상관없다고 진심으로 말했다. 어쨌든 함께 있는 것만으로도 즐겁게 지냈으니 말이다.

내가 품은 모든 선의가 자연스럽게 느껴지기 시작했다. 처음에는 매일 감사할 이유를 찾기 위해 큰 노력을 기울였지만, 점차 감사하는 태도가 자연스럽게 배어 나왔다. 집에서도 마찬가지였다. 남편에게 감사하기로 정한 한 달은 공식적으로 끝났다. 하지만 남편이 환자를 진료하기 위해서나 응급 전화를 받고 급히 집을 나갈 때 거꾸로 생각하며 긍정적으로 보게 되면서 변화가 생겼다. 고마워하기, 감사, 긍정적 시각이 점차 일상이 되었다.

긍정적인 생활의 단 한 가지 단점은 감사하지 못하는 사람들에게 지나치게 민감해졌다는 점이다. 어느 날 저녁 친구 다나와 차를 마시게 되었다. 다나는 의자에 앉자마자 모든 일이 '지긋지긋하다'며 말을 꺼냈다. 다나는 자신이 다니는 대기업의 본사가 시내로 이전되었는데 새로운 본사가 너무 싫다고 했다. 자기 사무실이 너무 작은 데다 전망도 안 좋고 근처에 괜찮은 쇼핑몰도 없다고 했다. 거기다 승강기는 너무 느리다나!

몇 주 전이었다면 나는 심히 공감하며 친구의 비참함에 맞먹는 나의 비참한 이야기들을 열심히 늘어놓았을 것이다. 하지만 불평하지 않기는 기름기 많은 감자튀김을 포기하는 일과 같다. 처음엔 힘들지만, 시간이 좀 흐르면 예전의 습관으로 돌아가지 않는 데 기분이 훨씬 좋아진다. 그리고 다른 사람들도 자신처럼 변하기를 바란다.

"넌 네 일을 좋아하고 돈도 잘 벌고 칸막이 책상이 아니라 개인 사무실을 가진 몇 안 되는 사람 중 한 명이잖아. 그 정도면 충분하잖아! 당연히 감사해야지." 내가 말했다.

"제발 이러지 마셔. 얼마나 비참한지 네가 몰라서 그래."

"정말 비참한 사람은 직업을 못 구하는 사람인 거야."

"밤늦게 지하철을 타고 집에 가는 게 얼마나 싫은지 몰라!"

"하지만 아침엔 콜택시를 타고 너도 그걸 마음에 들어 하잖아!"

다나와 나는 느낌표가 난무하는 말들을 한참 주고받다가 서로 빤히 쳐다보며 서로를 이해하지 못하는 이유를 이해하려 애썼다. 맞은편에 있는 다나는 항상 그렇듯 완벽한 차림새였다. 머리를 산뜻하게 손질했고 손톱에 예쁘게 매니큐어를 칠했으며 큼직한 다이아몬드 귀걸이도 찼다. 나는 내 감사 프로젝트와 그로 말미암아 변한 내 생활을 이야기해줬지만 다나는 별 반응이 없었다. 두 사람 사이에 싸한 냉기가 흐르는 가운데 우리는 헤어졌다.

집으로 돌아와 남편에게 다나와 이야기하며 내가 얼마나 좌절감을 느꼈는지 말했다.

"그 앤 너무 감사할 줄 몰라. 인생에서 그렇게 많은 것을 가지고도 잘못된 점만 보다니."

"당신이 도울 수 있을지도 몰라."

"나도 애썼는데 내 말이 통 먹히질 않아."

그런데 일주일 후 다나는 내게 전화를 걸어 그다지 중요하지 않은 이야기를 주섬주섬 꺼냈다. 나는 대화 말미에야 비로소 다나가 예전과 다른 화제를 꺼냈다는 사실을 깨달았다.

"내가 작년에 요통을 극심하게 느껴 결국 수술받았던 거 기억나?" 다나가 물었다.

"물론 기억하지." 내가 말했다.

"어제 길을 걷다가 내가 이젠 고통을 전혀 느끼지 않는다는 걸 깨달았어. 그러자 모든 발걸음마다 감사함이 느껴지기 시작하는 거야. 놀랍지 않니? 이젠 걸을 때마다 고통이 없다는 사실에 감사하려고."

나는 우리가 같은 방에 있다면 얼마나 좋을까 하고 생각했다. 내 친구를 꼭 안아주고 싶었다. "모든 발걸음에 감사하기 시작했다니. 정말이지 멋진 첫걸음이구나." 내가 말했다. 나의 환한 미소가 전화기로 다나에게 고스란히 전달되었으리라.

✟ ✟ ✟

다음날 나는 마틴 셀리그먼 박사를 만나러 필라델피아로 가기 위해 기차를 탔다. 펜실베이니아 대학의 심리학 교수이자 긍정 심리학 센터를 운영하는 셀리그먼 박사는 긍정 심리학의 대가로 불린다. 전통적인 심리 치료사들이 불행한 심리 상태를 고치는 데 초점을 맞추었다면, 셀리그먼 박사는 긍정적인 사고를 고무시키는 것이 더 바람직하다고 인식하게 하였다. 셀리그먼 박사는 미국 심리학회 회장을 지낼 때 심리학의 목표를 상처 치료에서 웰빙well-being의 증진으로 바꾸는 중요한 운동을 이끌었다. "부정적인 감정을 치료한다고 해서 긍정적인 감정이 생겨나는 건 아닙니다." 그는 이렇게 하면 우울증, 불안, 분노에서 벗어날 수는 있겠지만, 여전히 삶에 대한 만족감과 충일감은 느끼지 못한다고 했다.

나는 감사에 대해 생각하기 시작한 지난해에 셀리그먼 박사를 처음 만났다. 그는 필라델피아에 있는 고급 음식점에서 열린 한 만찬회에 나를 초대했다. 캐비어, 바닷가재 파이, 입에서 살살 녹는 초콜릿 무스 등 몇 가지 요리를 먹은 후 그는 감사가 어떻게 웰빙을 증진시키는지 이야기했다 (그날 저녁 식사도 웰빙을 증진시켜 주었다). 그는 긍정심리학을 창시했을 때 이 분야에서 성취하려고 한 목표의 중요한 기준을 '행복'으로 삼았다. 괄목할 만한 결과를 얻게 된 지금, 그는 행복으론 충분하지 않으며 진정으로 잘 지내려면 관심, 의미, 목적, 감사 같은 것들이 필요하다고 말했다.

"삶에 대한 만족은 단순히 좋은 기분과 관련된 것만은 아닙니다. 지금 우리는 웰빙의 좀 더 큰 의미를 생각해봐야 합니다." 셀리그먼 박사는 친절한 웨이터가 무료로 가져다준 애피타이저를 맛보며 말했다.

이번에 셀리그먼 박사를 만나러 갈 때는 한 델리 식당에서 샌드위치를 하나 사 먹고 갔다. 긍정 심리학에 대한 셀리그먼 박사의 생각들이 발전하여 온전한 학문 영역이 되었고, 긍정적인 접근법을 연구하는 그의 팀은 규모가 컸던 터라 사무실은 건물 한 층을 다 차지했다.

자리에 앉았을 때 나는 셀리그먼 박사에게 일 년 동안 감사하게 살기로 한 나의 노력에 대해 이야기를 했다. 그는 공감하듯 고개를 끄덕거렸다.

"우리가 인간의 긍정적인 특성을 모두 살펴본 결과, 감사를 가장 잘하는 사람들이 웰빙 지수도 가장 높게 나타납니다." 셀리그먼 박사가 말했다.

이 둘 사이의 연관성은 아주 크지만, 셀리그먼 박사는 인과 관계라는 문제도 제기했다. 그것은 오래된, 닭이 먼저냐 달걀이 먼저냐는 문제였다. 감사가 웰빙을 증진시키는가, 아니면 웰빙 지수가 높은 사람들이 감사도 더 잘 느끼는 것인가? 두 가지 모두 정답인 듯했다. 일반적으로 감사하는 사람들은 친구가 많고 사회적 교류도 많이 하며 삶을 윤택하게 하는 낙관적인 시각을 갖추고 있다. 그런데 이러한 특징을 자연스럽게 갖추지 못한 사람들에게는 이른바 '감사를 위한 개입'이 큰 효과를 낸다고 그는 말했다.

"가령, 제니스 씨가 저처럼 비교적 감사할 줄 모르는 사람들에게 감사일기 쓰기, 감사 편지 쓰기, 감사 방문하기 등을 하게 만들어 웰빙 지수가 올라가는지 확인해보는 거지요." 셀리그먼 박사가 설명했다.

여러 연구 결과 이러한 개입의 효과는 며칠이나 몇 주 심지어 몇 달 동안 지속한다는 점이 드러났다. 나는 셀리그먼 박사에게 감사일기로 말미암아 나의 태도가 이미 변하고 있으며 긍정적인 면에 다시 초점을 맞추게 되었다고 말했다.

"아주 좋아요." 셀리그먼 박사는 고개를 끄덕이며 말했다. "그리고 또 다른 방법도 있어요. 하루를 보내면서 그날 밤 일기에 쓸 거리들을 사진으로 찍어두는 겁니다. 뭔가를 하는 것은 생각만 하는 것보다 더 강력한 효과가 있어요."

나는 신체와 두뇌에 대해 배웠던 터라 행동이 뉴런에 올바른 메시지가 전달되는 데 도움이 된다는 점을 알고 있었다. 행동은 우리가 만들고 싶어 하는 신경 경로를 강화하는 데 도움이 된다. 셀리그먼 박사는 초기에 진행한 조사에서 가장 주목할 만한 향상을 일으키는 개입은 감사 '방문'이라는 점을 발견했다.

이것의 출발점은 자신의 삶을 더 좋게 변화시킨 사람을 떠올리는 일이다. 그런 후에 자리에 앉아 감사의 편지를 쓴다. 그 사람이 어떻게 해주었고 자신이 어떤 영향을 받았는지에 대해 300자 정도로 구체적으로 써야 한다. 편지를 다 쓰면 그 사람과 만날 자리를 마련하는데 그 이유는 말하지 않는다. 그렇게 해서 만나게 되면 편지를 진심을 담아 천천히 읽는다. 이때 방해 요소가 전혀 없어야 한다.

"소통은 놀라운 효과를 냅니다. 편지 낭독으로 사람들은 감동하여 울고 서로 껴안지요. 그뿐만이 아닙니다. 우리는 일반적으로 편지를 쓴 사람이 그 후로 꼬박 한 달 동안 덜 우울해 하고 삶을 좀 더 긍정적으로 생각한다는 사실을 발견했습니다." 셀리그먼 박사가 말했다.

효과가 한 달 동안 지속한다면 작은 프로젝트치고 그 효과가 상당한 것이다. 한편, 나는 일 년짜리 감사 프로젝트를 진행하고 있었으니 효과가 이보다 더 오랫동안 갈 동기 부여제가 필요했다.

"제니스 씨도 자신만의 실험을 한번 해보세요." 셀리그먼 박사는 미소를 지으며 말했다. "전 감사 방문을 한 번 이상 해본 적이 없지만 제니스 씨가 일 년 동안 세 번 해보면서 어떤 변화가 생기는지 관찰해보세요. 아니면 열두 번 해보던가요."

나는 집으로 오는 기차 안에서 수년 전에 썼던 감사 편지를 생각했다. 여전히 나를 기분 좋게 만드는 그 편지를. 그 당시 나는 매주 7천2백만 명의 사람들이 구독하여 미국에서 최고의 판매 부수를 자랑하던 잡지의 편집장이었다. 나는 재직 중이던 조지 부시George Bush 대통령에 대한 표지 기사를 썼다. 또한, 버락 오바마Barack Obama 후보가 대통령으로 당선되었을 때 취임식이 있기 전에 주말 표지 기사를 그에게 부탁한다면 엄청난 반향을 불러일으킬 거라는 생각이 들었다. 나는 대통령 홍보 담당자에게 말했다. 그러자 그는 대통령 당선인이 취임 연설을 위해 좋은 글감을 아껴두고 있다고 말했다. 당연한 말이었다. 겹치지 않게 쓸 만한 내용으로 무엇이 있을까? 나는 설득력 있는 묘안을 30초 만에 생각해내었다.

"대통령 당선자가 앞으로 4년 동안 딸들에게 바라는 것을 쓴 편지로 하면 어떨까 하는데요." 내가 제안했다.

"나쁘진 않네요. 한번 확인해보죠." 홍보 담당자가 말했다.

한 시간 만에 답장이 왔다. 오바마 대통령 당선자가 그 제안이 마음에 든다며 글을 쓰겠다고 한 것이다. 그런데 발행 마감일이 다가

오는데도 원고가 아직 도착을 안 해서 다시 전화를 걸었다.

"대통령의 글을 몹시 기다리고 있습니다." 내가 말했다.

"우리도 그래요. 이번 글을 직접 쓰고 계세요." 홍보 담당 책임자가 말했다.

나는 그날 오후에 원고를 받았다. 어찌나 잘 썼는지 한 단어도 수정할 필요가 없었다. (아무리 대통령이 쓴 글이라지만 정말이지 그런 경우는 흔치 않다) 그달 호가 발간되었을 때 대통령의 편지는 열광적인 반응과 국제적인 주목을 불러일으켰다. 2년 후 오바마 대통령은 딸들에게 보내는 편지를 아동 도서로 만들어 출간했다.

그 기사가 열띤 호응을 얻으면서 그것을 발간한 내게 많은 칭찬이 쏟아졌다. 그러면서 나는 애초에 그 묘안이 생겨난 원천을 생각해보았다. 수년 전 우리가 아는 한 랍비가 '윤리적 유언장'을 쓰는 것에 관해 이야기하는 것을 들었을 때 그 묘안의 씨앗이 싹튼 셈이다. 그는 "일반적으로 유언장에는 돈과 재산에 대한 내용이 담기지만 우리는 자녀들에게 우리의 가치관과 희망, 자녀의 미래에 대한 꿈을 기록으로 남겨줘야 하지 않겠습니까?"라고 말했다. 그는 당시에 아장아장 걷던 딸에게 쓴 편지를 큰 소리로 낭독했다. 그의 윤리관과 가치관, 나중에 딸이 어떤 사람과 결혼했으면 하는 바람이 담겨 있는 편지였다.

그의 생각과 감성에 감동한 나는 집으로 돌아와 당시 네 살과 두 살밖에 안 된 잭과 맷에게 편지를 썼다. 나중에 아이들이 자랐을 때 아이들 곁에 있지 못한다는 상상을 하자 눈물이 주르륵 흘러내렸다.

그래서 그 편지를 내가 중요하게 생각하는 것과 두 아들이 삶에서 찾길 바라는 것을 전해주기 위한 용도로 쓰기로 했다. 다 쓴 후에 봉투를 봉한 편지를 금고에 넣어두었다.*

그런 강력한 경험이 마음 깊은 곳에 각인되어 있었기에 내가 대통령에게 딸에게 쓰는 편지를 제안할 수 있었던 거다. 그 기사가 출간되었을 때 나는 또 다른 편지를 썼다. 이번엔 랍비 제프리 세겔먼 Jeffrey Segelman에게 쓰는 편지였다. 그의 말이 오랫동안 내 마음에 남아 깊은 울림을 주고 있으며 지금 수많은 사람이 읽은 한 기사의 영감이 되었다는 내용을 편지에 담았다.

'그 오래전 제게 영감을 불어넣어 주셔서 정말 감사드리며 그것을 사람들과 공유할 수 있어서 자랑스럽습니다.' 이렇게 썼다.

누군가가 나의 삶에 좋은 영향을 끼쳤다는 점을 인식하면 우리가 서로서로 깊이 연결되어 있다는 느낌을 받게 된다. 그 랍비는 내게 정말 고맙다고 했지만, 편지를 받은 그분보다 편지를 쓴 내가 느낀 감동이 더 컸으리라. 온 진심을 담아 감사를 표현하면 본인이 행복해진다고 한 마틴 셀리그먼 박사의 말은 맞았다. 그는 여러 조사에서 이러한 여운이 몇 주 동안 지속하며 심지어 우울감도 떨쳐낸다는 점을 발견했다. 나를 보더라도 감사의 편지를 쓴 지 수년이 지난 후에도 여전히 기분 좋은 감정을 느끼지 않는가.

---

* 다행히 이 유언장들은 두 아이가 각각 열여덟 살이 될 때까지 금고에 안전하게 보관했다. 나는 잭과 맷의 열여덟 살 생일에 그 편지를 각각 주었다. 엄마가 자신을 얼마나 사랑하는지, 자신의 미래에 대해 엄마가 무엇을 바라는지 담긴 편지를 받아도 무방할 나이라고 생각했기 때문이다.

긍정 심리학을 연구한 셀리그먼 박사의 선례를 따라 여러 교수가 감사 연구를 하기 시작했다. 그 가운데 일부는 무엇이 우리로 하여금 타인에게 감사를 느끼게 하는지 유형별로 정의해놓았다. 물론 내가 그것에 전부 동의하는 것은 아니다. 그들이 제시한 일반적인 논리의 예를 한 가지 들자면, 사람들은 시간이나 노력이 투입되거나 비용이 들었을 때 좀 더 감사를 느낀다는 것이다. 그러므로 친구가 공항에 가는 길에 나를 같이 태워다주면 고맙다고 느끼지만, 이웃 사람이 자신의 목적지가 아닌데도 나를 공항까지 일부러 태워다주면 훨씬 더 고맙다고 느낀다.

사람들은 상대방이 그럴 필요가 없는데도 자발적이고 이타적으로 무엇인가를 해줄 때도 감사함을 느낀다. 한 조사에서 이와 관련한 질문이 제기되었다. 만일 당신이 강물에 빠졌을 때 누군가 강물에 뛰어들어 당신을 구했다면 얼마나 고마워할 것인가? 물론 엄청나게 고마워할 것이다. 하지만 그 사람이 구조대원이었다면? 그저 자신의 임무를 다한 사람에게도 똑같은 크기의 고마움을 느낄까? 만일 나라면 일단 물을 토해내는 것을 멈추게 되었다면 누가 나를 강물에서 끌어냈든지 별 차이를 못 느낄 것 같다.

집으로 오는 기차에 앉아 최고의 감사는 머리가 아니라 심장으로 느끼는 거라는 생각을 했다. 내가 편지를 썼던 랍비는 자신이 원래 하는 일이었기에 내게 조언을 해주었지만, 나는 그의 지혜와 그가 해준 말의 영향력에 감사함을 느꼈다. 감사일기, 사진, 편지, 방문 등 마틴 셀리그먼 박사가 제안한 것들은 우리가 현재에 집중하고 이 세상과 사람들의 아름다운 측면을 보는 데 도움이 되는 방법들이다. 기차란 곳이 깨달음을 주는 공간도 아니련만 창밖을 바라보는 내게 깊은 행복감이 밀려왔다.

✝ ✝ ✝

내게 감사하는 태도가 생겼다고 해서 이번 겨울 날씨가 바뀌지는 않았지만, 일상에 나만의 한 줄기 햇살을 비출 수 있게 되었다. 감사하며 살기로 한 나의 노력에 점차 탄력이 붙었다. 프로젝트 시행 첫 달에는 일상에서 남편에게 고마움을 표현하려고 노력했는데 이제는 완전히 자연스러운 일이 되었다. 덩달아 두 사람 모두의 기분이 좋아졌다. 여전히 나는 감사일기를 주기적으로 썼다. 그리고 매일 밤 쓰는 것보다 일주일에 세 번 쓰는 것이 내게 더 적합한 주기인 듯했다. 그렇게 해야 감사일기가 의무적인 일이 아니라 가슴 설레는 일과로 여겨졌기 때문이다.

모든 사건에서 긍정적인 측면을 찾다 보니 나의 태도가 변했고 더불어 재미도 있었다. 내가 행복감을 느끼는 이유가 특정한 사건 때문이 아니라 사건을 바라보는 내 시각의 변화 때문이라는 점을 이해하자 자유로워진 기분이 들었다. 하루에 또는 한 주 동안 어떤 일이 일어나든지, 남편과 아이들을 대하는 태도나 밖에서 일어나는 일을 대하는 태도의 측면에서 내겐 내가 아는 것보다 더 큰 통제력이 있었다. 나는 마음먹기에 따라 짜증과 괴로움을 느낄 수도 있고 즐거움

을 느낄 수도 있었다. 아직 의식적인 노력이 좀 더 필요했지만 감사
하는 태도가 즐거움을 느끼는 데 도움이 되었다.

2부

봄

감사하면 달라지는 돈, 일, 우리가 소유한 물건

우리는 자신이 가진 보물을 마음 깊이 의식하는 순간
비로소 살아있다고 말할 수 있다.

- 손턴 와일더Thornton Wilder -

The
GRATITUDE
DIARIES

5장

왜 다이아몬드 반지는
줄어들고 추억은 늘어나는가

감사하다. 행복해지는 데 물건이 필요 없다는 점을 깨닫게 되어서.
추억할 수 있는 경험들을 할 수 있음에 정말 기쁘다.
가질수록 더 바라는 습관에서 벗어나 정말 감사하다.

지난 몇 달 동안 내 삶에 존재하는 사람들에게 감사하면서 경험의 질과 세상을 보는 시각이 변했다. 집을 휘익 둘러보니 다음 단계는 내 주변의 물건에 감사해야 하는 것 아닌가 하는 생각이 들었다. 사진, 가구, 미술품, 장식품, 새로 산 텔레비전, 오래된 장난감 같은 물건들. 나는 이미 가진 물건들을 대부분 좋아했지만, 그 물건들에 감사하고 싶은 생각은 들지 않았다. 사람들을 감사하게 하는 것은 '새' 물건이 아닐까. 문득 그런 생각이 들었다.

그래서 남편이 진료하는 어느 토요일 오후에 나는 블루밍데일스 백화점으로 향했다. 물론 연구를 위해서라는 명목으로. 의류 판매장의 옷 갈아입는 곳은 너무 붐볐기에 좀 더 빨리 즐거움을 얻고자 가정용품 판매장으로 갔다. 예쁜 무늬가 들어간 그릇들이 세일 중이었기에 필요하지 않은데도 노란색 시리얼 그릇을 기쁜 마음으로 샀다. 기분이 아주 좋았다! 보드라운 새 수건을 사는 건 어떨까? 파스텔 색깔이 화장실을 환하게 해주고 새로 산 연녹색 시트(편하게도 다림질 할 필요가 없는 제품이다)와도 잘 어울릴 거야. 나는 조리 도구들이 진 열된 곳으로 이끌리듯 갔다가 환한 청록색 손잡이가 달린 세라믹 과 도에 시선을 빼앗겼다. 가격이 단돈 9달러였다. 저렴해서 두 개도 살 수 있을 것 같았다. 커다란 갈색 쇼핑 봉투를 양손 가득 들고 백화점 을 나왔다. 물건을 사는 일은 즐거웠지만, 집이 가까워질수록 가방 이 너무 무겁게 느껴졌다.

다음 날이 되자 그 무게가 더 무겁게 다가왔다.

나는 새 물건에 감사하고 싶었지만 살 때의 기쁨은 이미 봄 눈 녹 듯 사라져버렸다. 대부분 사람들은 소비 경제를 활성화하는 데 필요 한 역할을 충실히 이행한다. 행복할 때도 물건을 사고 무료할 때도 물건을 산다. 월마트 관계자들은 자사 점포들이 대부분 미국인들의 집에서 10킬로미터 내에 있다는 사실을 자랑스럽게 여긴다. 하지만 온라인 쇼핑으로 말미암아 즉각적인 만족에 대한 사람들의 욕구가 갈수록 강해지면서 교외 상점들은 문을 닫고 있다. 어느 늦은 밤에 나는 좋아하는, 가구와 소품 판매 사이트 원 킹스 레인One Kings Lane 에서 장식용 베개를 샀다. 환한 낮이 되기를 기다렸다가 살 이유가 없었다. '구매'를 클릭할 때 순간적으로 느껴지는 쾌감이 너무 좋아서 이틀 후 베개를 하나 더 샀다.

그것이 시작이었다. 배송 기사가 우리 집에 얼마나 자주 오는지 커피라도 대접해야 할 것 같았다. 온라인 상점들의 매출액은 수천억 달러에 이르며 갈수록 그 규모가 급상승하고 있다. 하지만 우리는 일단 그 물건들이 손에 들어오면 어떻게 하는가? 한 여성 잡지의 편집자가 내게 이런 말을 한 적이 있다. 가판대 판매율을 높이기 위해 자신이 쓰는 가장 좋은 방법은 표지에 싣는 주요 기사의 제목을 '정리하고 삽시다!'로 정하는 것이라고 말이다.

나는 그 방법이 아직도 유효한지 알아보러 드러그스토어에 가보았다. 아니나 다를까 수납 문제를 해결하고 옷장과 보관장을 정리하여 좀 더 깔끔한 집에서 살자는 내용이 담긴 잡지가 여섯 권이나 있었다. 나는 마치 물건들이 길들여야 하는 야생동물이라도 되는 듯, 잡동사니를 길들이는 기술을 약속하는 잡지를 한 권 샀다. 우리가 물건의 주인이 되지 못하고 점차 물건에 종속되어 간다는 점을 아는 사람들은 비단 잡지 편집자들만이 아니다. 물건을 분류하고 저장하고 안 보이게 치우는 제품만을 판매하는 더 컨테이너 스토어The Container Store는 연 매출액 7억5천만 달러로 성공을 거둔 업체다.

블루밍데일스 백화점에 다녀온 후 감사일기를 쓰면서 구입한 물건에 대해 감사를 느껴보려 했으나 진실한 감정이 우러나지 않았다. 시리얼 그릇은 라이스 크리스피Rice Krispies를 담기에 더없이 좋았지만, 나중에는 생활에 활력이나 신선함을 그다지 줄 것 같지 않았다.

다음 날 코넬대 교수인 톰 길로비치Tom Gilovich에게 연락을 했다. 행동경제학자인 그는 우리가 돈을 어떻게 쓰는지와 얼마나 행복감을 느끼는지의 상관관계를 수년 동안 조사했다. 그가 발견한 중요한 사실은 이렇다. 바로, 우리는 자동차, 컴퓨터, 대형 텔레비전 등 우리가 사는 물건들에 한동안 흥분하고 집에서 〈아바타〉를 3D로 처음 볼 때는 아주 즐거워하지만, 물건 소유가 결코 우리의 생각처럼 그렇게 만족감을 주는 것은 아니라는 사실이다. 그는 조사를 여러 번 하면서 물건보다는 경험에서 얻는 즐거움이 더 지속적이라는 사실을 발견했다. 해변에서 휴가를 보낸다든가, 카네기홀에서 열리는 연주회에 간다든가, 뒷마당에서 가족과 바비큐 파티를 하는 것은 텔레비전을 소유한 데서 느끼지 못하는 지속적인 만족감을 느낄 가능성이 크다는 것이다.

문제는 우리가 물건에 익숙해진다는 점이다. 우리는 어떤 물건을 원하고 갈망하다가도 그것을 일단 손에 넣으면 더는 관심을 기울이지 않는다. 이것은 앞에서 언급한 습관화의 문제와 비슷하다. 우리는 감사할 줄 모르는 게 아니라 새로운 자극에 왕성하게 반응하는 신경 세포들로 이루어진 존재일 뿐이다. 뇌 뉴런은 새로운 자극에는 흥분하지만 익숙한 것에는 별로 흥분하지 않는다. 생존이라는 관점에서 이는 일리가 있다. 정상 상태에서는 많은 주의를 기울일 필요가 없다. 한동안 제 자리에 존재해온 것들은 위험을 일으킬 가능성이 작기 때문이다. 그러므로 뉴런이 가만히 있을 수 있다. 하지만 사람이든 물건이든지 시야에 새로운 것이 들어오면 주목을 하게 되며 뉴런도 이에 따라 반응한다. '빨리! 위를 봐! 날고 있는 저것이 새야, 비행기야, 슈퍼맨이야?'

이러한 신경 세포를 흥분시키는 자극은 우리를 들뜨게 하고 활기차게 한다. 이는 기분 좋은 감정이다. 그렇기에 우리는 신경 세포를 흥분시킬 예상 밖의 자극을 끊임없이 찾는다. 과거에 돌진하는 호랑이로부터 우리를 보호하는 데 이바지한 고도의 주의 집중은 이제 한밤중에 인터넷으로 장식 소품을 열심히 사는 데 이바지하고 있다. 똑똑한 마케팅 담당자들은 우리의 두뇌 세포가 절대 적응 상태에 빠지지 않도록 사이트에 수시로 변화를 준다(이는 원 킹스 레인도 마찬가지다). 다시 말해 예쁜 베개들이 우리 집으로 흘러들어온 건 내 잘못이 아니라는 말이다. 나의 뉴런들이 새로운 제품에 흥분하며, 사는 것이 올바른 일이라고 내게 말해준 것이다.

인간의 자연스러운 적응 기제를 물리치기 위해 우리는 끊임없이 쇼핑하고 물건을 산다. 이는 끝이 없는 게임과 같다. 톰 길로비치는 우리가 물건을 축적할수록 더 갖고 싶다는 기대감만 커지며 처음보다 더 행복하지도 않다고 말한다. 나는 수년 전에 알고 지내던 한 남자의 사례를 떠올리며 이를 '차고 속 포르쉐 증후군'이라고 불렀다. 그 남자는 항상 포르쉐 911 카레라를 갖고 싶다고 노래했다. 운전이 부드럽게 되고 라인이 매끄럽다며 혼다를 모는 사람들의 부러운 시선을 한몸에 받는 그 차를! 그는 마침내 돈을 펑펑 써서 차를 샀다. 맨 처음 차 안에 들어가 가죽 시트에 앉는 순간 황홀해 하더니 잠시 시속 160킬로미터를 밟으며 질주했다(속도 제한은 걱정하지 마시라. 포르쉐 아닌가).

하지만 몇 주가 지나자 교통 체증이 심하거나 주차 공간이 없을 때는 항상 그랬듯 짜증을 느꼈다. 그가 꿈꾸던 마법의 전차는 이제 차고에서 엔진 오일 교환을 기다리는 한낱 자동차에 지나지 않았다. 누가 그런 현실에 환상을 갖겠는가?

내가 맨 처음 그런 종류의 증후군을 경험한 때가 발레 수업을 듣던 가냘픈 소녀였을 때다. 당시 교장 선생님은 내가 쁠리에(plie, 꼿꼿한 자세로 두 무릎을 굽히는 동작 - 역주)와 피루엣(pirouette, 한쪽 발로 서서 빠르게 도는 동작 - 역주)을 완전히 익혔으니 포앵트(pointe, 발끝으로 서는 동작 - 역주) 수업으로 진급해도 된다고 말했다. 토슈즈라니! 나는 무용가 바리시니코프가 바람처럼 나타나 두 팔로 나를 안고 활활 움직였다 해도 그 순간보다 더 흥분하지 못했을 것이다.

하지만 어머니는 토슈즈가 발을 망가뜨린다며 반대했다. 나는 엄마가 내 인생을 망가뜨리고 있다며 울어댔다. 나는 매달리고 애원했다. 토슈즈만 갖는다면 영원히 행복하고 온 세상이 기쁨으로 넘칠 것 같다고 애써 설명했다. 어느 날 인후염으로 학교에 결석하고 집에 있을 때, 내게 토슈즈가 있어서 그것을 신고 침대에 누워 있다면 곧장 나을 것 같다는 상상을 했다. 토슈즈엔 팅커벨의 요정 가루가 가진 힘이 있을 것 같았다.

어머니는 마침내 두 손 두 발 다 드셨다. 처음으로 토슈즈를 사던 날의 기억은 아직도 내 마음에 선명하게 남아있다. 분홍색 새틴 리본을 만지니 베일 천 같은 감촉이 느껴졌다. 나는 그 리본을 발목에서 정성스럽게 묶었다. 흥분이 지속되었다. 적어도 한 시간 동안은.

토슈즈는 여전히 비단처럼 부드럽고 사랑스러운 분홍색이었지만 마력을 잃고 말았다. 만일 내가 발레를 좋아했더라면 그렇지 않았겠지만 내가 좋아한 것은 토슈즈뿐이었다. 그 당시에도 나는 나중에 어른이 되면 프리마 발레리나가 되기보다 그에 관한 이야기를 쓸 가능성이 크다는 점을 알고 있었다. 대부분 물건이 그렇듯 토슈즈는 내가 그것을 소유했을 때보다 원했을 때 내게 더 큰 영향력을 발휘했다.

그렇다면 이러한 증후군을 해결할 방법이 있는 걸까?

명백한 답은 기대 수준을 계속 높이는 것이라고 할 수 있겠다. 포르쉐가 지겨워지면 페라리를 사는 것이다. 토슈즈에 매력을 못 느낄 때 눈을 돌릴 만한 것은……, 발레복? 그런데 문제는 그것이 효과가 없다는 점이다. 심리학자들은 그것을 '쾌락의 쳇바퀴'라고 부른다. 원하는 물건을 산 후 만족감이 그다지 크지 않으면 또 다른 물건을 산다. 이후에 또 다른 물건을 산다. 갈수록 물건이 더 고급스러워지거나 비싸지지만 이러한 순환이 절대 멈추지 않는다. 이렇게 하면 원하는 것을 계속 손에 넣을 수는 있다. 하지만 매번 새로운 기준치를 정하면 더 많이 갖고 싶은 충동이 또다시 생기기 마련이다. 길로비치 교수는 "한 가지 목표에 도달하고서 또 다른 것을 원하는 거지요"라고 설명했다.

내 친구 로렌은 수년 전 약혼할 때 어리석은 습관화에 대비했다. 지금 로렌의 남편은 당시 그녀에게 약혼식 기념으로 근사한 다이아몬드를 선물했다. 로렌이 반짝거리는 4캐럿짜리 다이아몬드 반지를 보여주었을 때 나는 놀란 목소리로 말했다.

"반지 엄청나게 크다!"

"사람들이 반지를 끼다 보면 점점 작아진다고 하더라." 로렌은 웃으며 말했다.

다이아몬드는 매우 단단한 광물이기 때문에 사람들은 다이아몬드가 모래알처럼 물에 씻겨나갈 수 있으리라는 생각을 못 한다. 하지만 우리는 그 크기에 적응한다. 그래서 로렌은 조금씩 줄어드는 광물에 대해 준비를 한 셈이다. 나는 로렌을 오랫동안 만나지 못하다가 얼마 전 함께 점심을 먹었다. 로렌의 반짝거리는 반지에 시선이 끌린 나는 그 반지가 얼마나 근사한지 잊고 있었다고 말했다. 로렌은 놀란 표정을 짓더니 손을 앞으로 내밀어 반지를 처음 보듯 유심히 관찰했다.

"난 이걸 끼고 있는지도 몰랐어." 로렌이 실토했다.

존재감을 인식하지 못한다는 점은 우리가 이미 가지고 있는 것에 그토록 감사하지 못하는 이유다. 나는 아이폰6가 처음 판매되던 날 화려한 애플 판매점 근처를 우연히 지나가게 되었다. 이미 가지고 있는 기계를 갖고 싶어 하는 기계로 대체하려고 하는 사람들의 긴 줄이 모퉁이까지 구불구불 이어졌다. 애플은 아이폰을 출시 3일 만에 천만 대 팔았다. 다음에 새 모델이 출시되면 적어도 그만큼의 사람들이 또 다시 줄을 설 것이다(살 수만 있다면 지금 당장에라도 줄을 설지 모른다). 아이폰이든 시리얼 그릇이든 자신을 행복하게 해줄 거라고 믿는 신제품을 계속 추구하다 보면 애가 타기 마련이다.

길로비치 교수는 최근에 연구 영역을 넓혀 우리가 사는 물건과 우리가 느끼는 감사의 정도 사이에 얼마나 상관관계가 있는지 조사했다. 길로비치 교수는 무엇을 구매할 때 감사를 느끼게 되는지 알아내기 위해 다양한 실험을 했다. 그는 아무리 근사하고 화려하고 값비싸다고 해도 물건은 감사를 잘 불러일으키지 않는다는 결론을 내렸다. 뒤이어 그는 사람들이 물건을 소유하는 데 쓰는 돈과 중요한 경험을 하는 데 쓰는 돈을 어떻게 느끼는지 비교했다. 사람들은 어느 부분에 돈을 쓸 때 가장 감사를 느낄까? 그는 다음과 같이 말했다.

"대체로 물건 구매는 감사로 이어지지 않습니다. 사람들은 물건을 소유할 때보다 경험을 할 때 더 감사를 느낀다고 응답했습니다. 가족과 함께 한 식사나 직접 관람한 멋진 연주회나 즐거웠던 휴가를 떠올리면 돈을 유용하게 잘 썼다는 생각에 감사함을 느낄 가능성이 훨씬 큰 것입니다."

나는 길로비치 교수에게 (습관화의 문제는 열외로 하고) 왜 사람들은 물건을 사도 감사를 못 느끼는지 물어보았다. 그는 경험은 물건이 결코 하지 못하는 방식으로 우리를 규정지어준다고 대답했다. 자신을 도보 여행가, 스키를 즐기는 사람, 댄서, 음악회에 자주 가는 사람 등으로 생각하고 싶어 하는 사람들은 그러한 이미지를 뒷받침해주는 활동을 즐긴다. 하지만 내 친구 로렌은 만일 내가 자신을 커다란 다이아몬드를 끼고 다니는 여자라고 부른다면 경악을 할 테고 어쩌면 나와 말도 안 섞을지 모른다. 자신의 포르쉐로 강한 인상을 주려 애쓰는 남자는 그저 애처롭게 보일 뿐이다. 좀 더 본질적이고 좀 더 가치 있는 것에서 지속적인 행복이 우러나온다. 그리고 지속적인 행복은 삶에 대한 감사로 이어지기 마련이다.

사회학자들은 '보유 효과'에 대해 이야기한다. 이것은 일단 어떤 물건을 소유하게 되면 그것의 가치를 높게 평가하기 시작한다는 심리 현상을 의미한다. 한 실험에서 펜이나 머그잔 같은 저렴한 물건을 사람들에게 나눠주었다. 그러자 사람들은 곧바로 그 물건을 자신의 것으로 생각했고 다른 것으로 바꾸고 싶어 하지 않았다. 하지만 만족은 딱 거기까지다. 물건에 감사하려고 노력할 때 가장 큰 문제가 항상 자신이 가진 것을 다른 사람이 가진 것과 비교하는 일이기 때문이다.

　누구든 새로운 노트북 컴퓨터를 산다면 흥분할 것이다. 하지만 친구가 더 빠르고 더 가볍고 만화 영화를 픽사보다 더 잘 만드는 기능이 있는 노트북 컴퓨터를 보여준다면 자신의 것은 더는 완벽해 보이지 않는다. 자신의 노트북 컴퓨터로 말미암아 느끼던 즐거움이 이제 사라져버린다. '더 좋은 제품을 살 수도 있었는데!' 하는 생각과 함께.

　경험과 관련해서는 이런 종류의 비교가 발생하지 않는다. 길로비치 교수는 "남들 하는 만큼 하면서 살려고 하는 현상은 경험보다는 물질과 관련하여 더 두드러지게 나타납니다"라고 말했다. 경험이란 개인적이기 때문에 비교할 필요가 없다. 음악회를 좋아하는 사람이라면 할리우드 원형 극장에 가며 다른 누군가가 나이트클럽에서 좋은 시간을 보냈다는 사실을 신경 쓰지 않는다. 만일 한 친구가 포트로더데일에 있는 고급 호텔에서 묵었다고 해도 나는 그 사실을 아무렇지 않게 여기며, 내가 비치발리볼과 파도타기를 하며 즐겁게 보낸 기억에 만족할 수 있다.

소유한 물건보다는 경험을 낭만적으로 생각하기가 훨씬 쉽다는 사실도 밝혀졌다. 만일 자동차가 계속 고장 난다면 좌절감만 생길 뿐 긍정적으로 해석하기 힘들다. 길로비치 교수는 웃으면서 이렇게 말을 이어갔다. "반면에 휴가를 엉망으로 보내고 집으로 돌아가서는 이렇게 말할 수 있는 거예요. 그래, 휴가 내내 비가 내렸지만 안에서 스크래블 게임을 하면서 서로 잘 통했잖아."

그는 디즈니랜드를 가게 될 사람들을 대상으로 한 실험에 대해 말해주었다. 우선 그들에게 그곳에 가는 것을 얼마나 고대하는지 물었다. 한 사람도 빠짐없이 정말 신날 것 같다며 흥분을 드러냈다. 그런데 디즈니랜드 안에서 진행한 인터뷰에서 그들은 처음보다 훨씬 덜 행복한 반응을 보였다. 기다리는 줄은 끝없이 이어졌고 날씨는 더운데다 음식값도 비쌌기 때문이다. 그들은 다시 집으로 돌아와서 한 인터뷰에서는 다시 긍정적으로 말했다. 온 가족이 좋아했고 즐겁게 놀았다고 말이다.

"감사하는 마음은 실제 일어난 일이 아니라 경험을 어떻게 기억하는가와 관련이 있어요." 길로비치 교수가 말했다.

이러한 긍정적인 기억은 물건보다는 경험을 통해서 훨씬 확연하게 생겨난다. 요즘은 조사에서 빅데이터가 중요한 역할을 한다. 길로비치 교수의 연구팀은 트립어드바이저TripAdvisor, CNET, 아마존Amazon 같은 웹사이트에 올라온 논평들을 살펴보면서 감사의 표현이 있는지 분류해보았다. 사람들은 옷이나 전자 제품 등에 대한 상품 평을 쓸 때보다 음식점이나 휴양지 등에 간 경험을 기술할 때 감사의 표현을 훨씬 더 많이 쓰는 것으로 나타났다.

길로비치 교수는 다른 연구자들이 타인에게 감사를 느낀다는 것의 의미에 초점을 맞추었다면 자신은 '대상이 없는 감사'에 주목했다고 말했다. 대상이 없는 감사란 자신이 우주와 연결되어 있다고 느끼며 기복이 있는 인생에 행복해할 줄 아는 것을 말한다. 그는 개인적인 인터뷰, 설문조사, 사람들의 논평을 종합적으로 분석한 결과 대부분의 사람이 물건을 살 때보다 경험을 할 때 느끼는 감사의 정도가 더 크다는 결론을 내렸다.

그는 또 다른 실험을 계획하고 있는데 그 실험을 통해 '선순환'의 논리를 추론할 수 있는지 알아보겠다고 했다. 여기서 선순환은 감사를 느끼게 하는 활동을 즐기면 물질주의 성향이 더 낮아지고, 그럼으로써 더 감사하게 된다는 논리를 말한다. 그는 자신의 조사를 통해 사람들을 그러한 방향으로 몰고 갈 수 있기를 희망한다고 말했다.

"감사하는 정도를 높이고 싶다면 경험을 위한 소비에 더 치중해야 합니다. 우리는 항상 우리 자신이 얼마나 물질적인지 깨닫지 못합니다. 또한, 쇼핑몰처럼 충족감을 느끼는 경험을 제공하지 못하는 기업들에 우리가 얼마나 의존했는지도 깨닫지 못합니다." 길로비치 교수가 말했다. 경험은 물건이 하지 못하는 방식으로 자신을 타인과 연결해준다. 이는 경험의 이점이다.

길로비치 교수는 사방에 아스팔트가 펼쳐진 대형 쇼핑몰에 혼자 차를 운전해서 갈 때는 감사함을 그다지 느끼지 못할 거라고 지적했다. 사람은 외로움을 느낄 때 세상이 아름답게 보이지 않는 법이다.

하지만 친구들이나 가족들과 함께, 혹은 자연에서 즐거운 경험을 하면 그러한 경험을 가능하게 해준 이 세상에 감사함을 느끼게 된다. 감사를 느끼게 해주는 사건들은 아주 개인적인 영역이지만 대부분 '경험'이라는 범주에 들어간다. 세상에 대한 감사는 쇼핑몰에서 얻을 수 있는 것이 아니다.

물건 구매보다 경험하는 데 돈을 써야 한다는 길로비치 교수의 주장은 힘을 얻고 있다. 길로비치 교수와 대화를 나눈 후 내가 아는 한 젊은 커플이 결혼을 앞둔 터라 선물을 하기 위해 인터넷에 접속했다. 두 사람의 결혼 선물 목록에는 하와이로 가는 신혼여행을 위한 품목도 있었다. 나는 개인 강사와 함께하는 스쿠버 다이빙 하루 이용권에 표시했다. 고속 주스기보다 그러한 경험이 궁극적으로 더 감사함을 느끼게 해줄 거라고 판단했기 때문이다. 길로비치 교수는 '경험과 관련된 선물 목록'이 갈수록 흔해지는 현상을 환영할 것이다. 요즘 커플들은 도자기와 크리스털 제품 대신 열기구 1일 이용권, 조식이 제공되는 주말 민박 이용권, 샴페인이 제공되는 만찬 이용권 등을 원한다. 은 식기 수저 세트는 변색하지만 추억은 고유한 광택을 유지하고 시간이 지날수록 더 빛을 발한다.

감사를 불러일으키고 세상과 연결된 느낌을 주는 경험은 우아하거나 고상한 것일 필요가 없다. 내가 아는 한 기술자는 샌프란시스코 포나나이너스 팀이 하는 경기의 정기 입장권을 가지고 있다. 그는 축구 시즌이 치러지는 일요일마다 "내가 살아있음을 감사하게 된다"고 말한다. 그는 주 중에 열심히 일하다가 일요일에 리바이스 스타디

움의 40야드 선(미국 경기장은 5야드 마다 선이 그어져 있다 - 역주) 부근에 앉아 환호성을 지를 때면 하늘을 나는 기분을 느낀다고 한다. "전 롤렉스는 없지만 이렇게 늘 축구 경기를 볼 수 있잖아요." 그가 웃으며 말했다.

하지만 우리는 경험이 상품화되어 소유해야 할 또 다른 물건처럼 되어버리는 현상에 조심해야 한다. 내 친구 한 명은 최근에 베네치아에서 한 주 동안 여행을 하고 돌아왔다. 그곳에서 고급스러운 호텔 치프리아니Hotel Cipriani에서 묵었다. 친구는 아마존에 '세계적으로 가장 잘 팔리는 여행 서적'으로 소개된《죽기 전에 가봐야 할 1000곳》을 읽은 후 그곳을 선택했다. 이 책이 2003년에 출간되었을 때 〈뉴욕타임스〉에서 선정한 최고의 베스트셀러에 올랐다. 그리고 그 이후 비슷한 서적들이 쏟아져 나와 그 분야만의 이른바 '쾌락의 쳇바퀴'가 만들어진 듯 보였다.

나는 낭만적인 곤돌라, 웅장한 교회, 환상적인 음식에 대한 이야기를 기대했건만, 웬걸 친구는 내 기대와는 다른 식으로 말했다.

"베네치아는 멋지더라고. 그래서 목록에서 체크 표시를 했어. 베네치아에 간 김에 이탈리아의 다른 두 곳 방문도 해치웠지." 친구가 말했다.

"대단하다." 나는 웃으며 말했다. "네가 300년 더 산다면 책에 나온 곳을 다 섭렵할 수 있을 텐데."

어쩌면 그보다 더 오래 걸릴지도 모른다. 신판에는 여행지 2백 곳이 추가되었으니. 내 친구든 누가 되었든지 간에 빈이나 베네수엘라 방문을 다음번에 그저 해치우는 것을 큰 목표로 삼는다면 어찌 베네치아에서 즐거운 모험을 누릴 수 있겠는가? 우리는 경험을 더 원하면서 음미를 제대로 할 줄 모르는 경험 중독자가 되지 않도록 조심해야 한다.

행동경제학자이자 노벨상 수상자인 대니얼 카너먼은 우리에겐 만족시켜야 하는 자아가 두 가지이기 때문에 우리를 행복하게 만드는 요소를 이야기하기란 어렵다고 말했다. 그 두 가지는 바로, 경험하는 자아와 기억하는 자아다. 경험하는 자아는 현재에 살며 하루 86,400초 안에 일어나는 모든 일을 받아들인다. 기억하는 자아는 이야기꾼이다. 그러한 경험들 가운데 일부를 서로 엮어서 현재 떠올리는 기억을 만들어낸다.

로마 철학자 세네카는 '견디기 힘들었던 일은 좋은 추억거리다'라고 말했다. 어떤 경험을 겪을 당시에는 비참하게 느꼈지만, 나중에 되돌아볼 때 그러한 경험에 감사하는 순간이 누구에게나 있기 마련이다.

2년 전에 우리 부부는 둘째 녀석 맷을 데리고 오스트리아 알프스에서 도보 여행을 했다. 낮에는 소들이 한가롭게 풀을 뜯고 들꽃이 사방으로 펼쳐져 있는 신록의 산기슭을 오래 걸어 다녔다. 그러다 밤이 되면 아늑한 여관에 가서 맛있는 저녁을 걸신들린 듯 먹은 후 침대에 편안하게 드러누웠다. 완벽한 여행이었다. 그러다 넷째 날이 되었다. 우리는 알프스 들판에서 시작하여 오전 내내 험한 산을 기어올라 암벽까지 이르렀다. 점심을 먹은 후 황홀한 풍경에 매료되어 결국 정상까지 올라갔다. 정상에서 저 멀리 보이는 예쁜 빨간색 오두

막. 우리는 그곳을 그날 밤 숙소로 정했다. 맷은 계곡으로 내려가는 길을 찾았다. 그런데 점점 걱정스러운 표정을 지었다. 맷이 다른 길은 없는지 잠시 샅샅이 찾아보았지만 없었다.

"비탈길 같지만 괜찮을 거예요." 맷이 길을 앞장서며 말했다.

좁은 길은 어떤 산으로 이어졌는데 산 한쪽은 온통 바위뿐이고 다른 한쪽은 수천 피트 정도의 가파른 비탈이었다. 그러니까 발을 조금이라도 헛디디면 산 아래로 떨어져 발견되지 못한다는 의미였다. 내가 서투르다는 점을 고려할 때 그렇게 될 확률이 높았다. 바위에 붙잡는 곳이 몇 개 파여 있고 밧줄 하나가 걸려있었다. 나는 움직이기가 두려워 그것들을 비참하게 붙잡고 있었다. 하지만 선택의 여지가 없었다. 다시 되돌아갈 수는 없는 노릇이고 길은 너무 좁아 누군가 내 손을 붙잡아주거나 내게 도움을 주리라고 기대할 수도 없었다. 그 자리에 붙박여 눈물을 쏟거나 지나갈 방법을 찾거나 둘 중 하나였다.

나는 모든 발소리에 온 정신을 집중했다. 남편은 내 뒤에서 나를 보호하듯 걸었고 앞에서 날쌔게 움직이는 맷은 몇 분마다 멈추고 큰 소리로 용기를 불어넣어 주었다.

"엄마 10분만 더 가면 여기서 완전히 벗어날 거예요." 맷은 어느 지점에선가 말했다.

앞을 바라보니 맷이 지나치게 낙관적으로 말했다는 걸 알았지만, 아들이 그렇게 달래주는 데 감사한 마음이 들었다. 30분 정도 지나자 길이 점점 넓어지고 가파른 비탈로가 완만한 경사면으로 바뀌었다. 맷은 승리감에 두 팔을 번쩍 들어 올리며 소리쳤다.

"우리가 해냈다!"

맷은 지친 상태로 몸을 떠는 나를 보더니 내 배낭을 가져가 앞으로 메었다(이미 자기 배낭은 등에 멘 상태였다).

"엄마 가방 멜 필요 없어!" 내가 말했다.

"난 좋은데요. 균형이 맞잖아요." 맷이 기분 좋게 말했다.

그 후 몇 분 동안 아들 녀석은 내 옆에서 걸으며, 재미있는 이야기를 들려주고 짧은 노래를 불러주고 기분 좋은 곡으로 휘파람을 불었다. 나는 다시 울고 싶은 기분이 들었다. 이번에는 다른 이유로.

"엄마가 지나올 수 있게 도와줘서 고마워." 내가 말했다.

그렇게 산에서 내려오는 동안 만일 어떤 조사원에게 전화가 왔다면 나는 내 삶에서 가장 끔찍한 순간을 경험했다고 고백했으리라. 행복? 감사? 그 순간 내 사전엔 그런 말들이 존재하지 않았다. 하지만 잠시 후 기분이 좋은 상태에서 우리가 했던 경험을 생각하자 세심히 배려하는 아들에게 감사한 마음이 담뿍 밀려왔다. 기억하는 자아가 힘을 발휘하는 데 오랜 시간이 걸리지 않았다. 우리 모두 레모네이드가 담긴 큰 컵을 들고 오두막의 테라스에 앉았을 때 맷은 이렇게 말했다. "정말 멋진 하이킹이었어요!"

"끝내주게 멋졌지!" 내가 동의했다. 하이킹이 과거가 되어버리자 나는 우리가 했던 하이킹이 얼마나 멋졌는지 음미할 수 있었다. 내가 해냈다니!

산에서 모험할 때 나의 경험하는 자아는 끔찍함을 느꼈지만 이후 기억하는 자아는 더없는 만족감을 느꼈다. 하지만 이는 서로 바뀔 수도 있다.

당신이 새로 생긴 한 음식점에서 저녁 식사를 했다고 하자. 그곳 음식은 입에서 살살 녹고 서비스는 아주 만족스러우며 당신과 당신이 사랑하는 사람은 한 입 먹을 때마다 감탄한다. 당신의 경험하는 자아는 두 시간 동안 감각적인 호사를 누린다. 당신은 크렘 브릴레(캐러멜이 들어간 부드러운 크림 - 역주)를 떠먹을 때 입을 즐겁게 하는 풍부한 맛에 아주 감사한 기분이 들지 모른다. 그런데 식사 마지막에 웨이터가 당신이 가장 좋아하는 실크 블라우스에 온통 커피를 쏟고 만다. 더욱이 집에 가려고 보니 물품 보관소에 넣어둔 노트북 컴퓨터 가방이 분실되었다. 이날 저녁은 즐거운 시간이었을까?

대니얼 카너먼은 두 시간 동안(120분이라는 매 순간) 즐거움에 빠져 있던 것은 실제로 발생한 일이며 없던 일로 할 수는 없다고 말할 것이다. 하지만 더 강력한 기억하는 자아는 무례하기 짝이 없다는 느낌을 받는다. 세탁소에 다녀오고 노트북 컴퓨터에 저장되었던 내용을 애써 복구한 후에는 앞으로 티라미수 케이크는 쳐다보지도 않을지 모른다.

대니얼 카너먼은 경험의 마지막 부분이 우리의 전반적인 기억에 엄청난 영향을 끼친다는 사실을 발견했다. 예를 들어, 치료를 받는데 마지막에 갑자기 고통을 느꼈다고 해보자. 그렇다면 그 치료는 똑같은 고통을 치료 중간에 받았을 때보다 더 괴로운 기억으로 남게 된다. 카너먼은 기억하는 자아가 특정한 사건이 지속한 시간에는 영향을 받지 않는다는 점도 발견했다. 중요한 점은 그 강도가 강한가 아니면 약한가다. 새롭고 색다른 것을 기억하는 신경 세포들은 우리에게 유리한 작용을 할 수 있다. 가령, 일 년에 짧은 여행을 여러 번 하는 것이 길지만 평범한 휴가를 한 번 다녀오는 것보다 더 짜릿한 경험과 감사한 추억이 된다.

내가 이러한 사실들을 알게 된 지 며칠 후였다. 친구 데이비드와 걸어가고 있는데 갑자기 폭우가 쏟아졌다.

"나중에 지금 일을 생각하면 웃기겠다!" 나는 우리가 흠뻑 젖은 채로 비를 피할 곳으로 달려갈 때 말했다. 어찌해서 실내로 들어가게 되자 나는 경험하는 자아와 기억하는 자아를 설명해주었다.

데이비드는 생각에 잠긴 표정으로 고개를 끄덕였다. "그렇다면 어떤 자아를 만족시켜야 하는 거야? 어떤 자아가 나를 더 감사하게 만들어주는 거지?"

흥미로운 질문이었다. 감사는 두 자아 모두에게서 흘러나올 수 있기 때문이다. 경험하는 자아가 경험하는 순간에 감사를 표현하면 삶을 더 긍정적으로 보게 된다. 여기에 더해 기억하는 자아가 과거에 일어난 일을 긍정적으로 바라보면(아, 알프스 하이킹이여!) 또다시 감사하게 되는 것이다.

카너먼이 했던 조사를 고려할 때 '물건'은 기억하는 자아와 연계될 때에야 비로소 우리의 행복을 높여준다는 생각이 들었다. 우리가 아주 소중하게 여기는 물건들은 아마 특정한 기억과 연결되어 있을 것이다. 파리를 여행하면서 샀던 향수나 아이가 첫 생일 때 입었던 옷

같은 것 말이다. 때로는 물건에서 느낀 첫 감정이 (건네준 사람의 사랑이나 우리가 느낀 감사 같은) 오랜 여운으로 남기도 한다. 하지만 이러한 사실이 수많은 잡동사니를 보관하는 구실은 되지 못한다. 점차 누렇게 변하는, 레이스와 진주가 달린 드레스를 다락에 걸어놓지 않아도 기억하는 자아가 즐거웠던 결혼식을 떠올리며 감사로 일렁일 수 있다. 소유한 물건에 감사한 것으로 생각할지 몰라도 실제로 붙들고 싶은 것은 과거의 경험인 경우가 많다.

나는 과학적 사실과 조사 결과를 늘 믿는 사람이기 때문에 물건보다 경험에 소비를 더 해야 한다는 생각에 완전히 공감했다. 하지만 어디선가 잔소리가 계속 들려오는 기분이 들었다. 아, 맞다, 검소하고 신중하신 내 어머니 목소리구나. 굉장히 실리적인 어머니는 항상 힘들게 번 돈을 오래 지속하는 것에 써야 한다고 믿으셨다. 휴가, 파티, 값비싼 저녁 행사 따위는 바람과 함께 사라지고 마는, 순간적이고 가벼운 유흥이라고 생각하셨다. "네가 매일 볼 수 있는 것에 돈을 써라." 어머니는 내가 어렸을 때 이렇게 훈계하시면서 외할머니도 그렇게 가르치셨다고 했다. 어머니는 여행을 별로 안 하셨지만, 소파만은 좋은 걸로 사셨다.

나는 어머니가 오래 지속하는 것에 돈을 써야 한다고 하셨던 말이 옳았음을 이제 안다. 다만 어머니는 무엇이 오래 지속하는 것인지 잘못 아셨을 뿐이다. 시간이 지나면 소파도 낡아지고 때가 낀다. 더욱이 매일 마주하는 물건을 사는 데 돈을 쓸 때의 문제점은 일단 사게 되면 눈길을 주지 않게 된다는 점이다. 소유물은 배경으로 물러나지만, 경험은 우리의 기억 속에 생생하게 남는다. 마이애미에서 보낸 휴가 기간은 5일뿐이었을지 몰라도 그 가치는 시계나 달력으로 측정될 수 없다. 그 휴가가 오롯한 추억이 되고 지금 자신의 모습을 만들어준 원동력이 되었다면 우리는 그 휴가로 말미암아 감사할 수 있게된다. 이 기억이 오래가지 못할 것 같은가? 전혀 그렇지 않다.

가슴 아픈 일이지만 내 아버지는 인생 말년에 굉장히 아프셨다. 그때 나는 병원에서 아버지 옆에 앉아 아버지 손을 꼭 잡고 그의 행복했던 추억담을 나누었다. 아버지는 자식들과 어머니에 대해 이야기를 하셨고, 흔치 않았던 가족 여행 중에 알래스카로 유람선 여행을 떠났던 때를 이야기하셨다. 아버지는 빙하가 펼쳐진 광경과 별들이 수놓인 하늘 아래서 먹은 저녁을 또렷이 기억하셨다. 아버지가 감사를 느끼게 해준 것들을 죽 이야기하실 때 가구에 대한 언급은 전혀 없었다.

우리 부부는 두 아들을 뉴욕 교외에서 키웠다가 두 녀석이 다 자랐을 때 도시로 이사하기로 했다. 나는 여기저기 똑같은 벽들을 보는 데 지겨워졌고 뭔가 새로운 것을 원했다. 내놓은 집은 재빨리 팔렸다. 그런데 그때부터 나는 당황하기 시작했고 역진하려는 이상한 습성이 내 안에서 스멀거렸다. 이제 내 집이 아니라고 생각하자 예쁜 벽지며 고급스러운 벽난로며 도서관 같은 서재를 새로운 시각으로 바라보게 되었다. 어떻게 저런 것들을 지겨워했던 걸까? 큼직한 지하실과 다락에는 두 아들의 어린 시절에서 건져 올린 수많은 물건이 보관되어 있었다. 잭이 유치원 다닐 때 손으로 그린 그림부터 시작해

맷이 1학년 때 A를 받은 숙제, 작은 파란색 케즈Keds 운동화 20여 켤레, 어린이 야구 리그 시즌에 입었던 티셔츠들까지. 온갖 보물로 가득한 트렁크, 문서 보관함, 수납함, 상자가 각각 여러 개씩 있었다.

"우리가 왜 이 집을 판 걸까? 우리 아이들을 여기서 키웠는데." 어느 날 밤 나는 남편에게 넋두리를 했다.

"그렇긴 하지만 우리가 아이들을 판 건 아니잖아." 남편이 말했다.

나는 남겨둘 물건을 몇 가지 고른 후 (잭이 3학년 때 마야족에 대해 쓴 보고서도 최종 명단에 들었다) 귀여운 박제 동물들을 포함한 나머지는 사진을 찍어두었다. 그렇게 하고서 물건들을 가차 없이 처분했다. 옷이 가득 담긴 상자들을 주니어 리그(Junior League, 젊은 상류층 부인들로 조직된 사회봉사 단체 – 역주)의 중고품 판매점에 갖다 주었고, 담요, 이불, 요리 기구로 가득 찬 가방들을 참전 용사 자선 단체에 갖다 주었다. 책 수백 권과 아이들에게 작아진 옷이며 스케이트를 다른 아이들이 쓸 수 있도록 기부했다. 마침내 나는 깨달았다. 나를 감사하게 한 것은 해진 아기 이불이 아니라 그것을 사용하던 귀여운 아기에 대한 기억이라는 것을. 이사하는 날 나는 내가 선별한 물건들이 밴에 차곡차곡 쌓이는 모습을 가만히 지켜보았다. 만일 인생을 손에 넣은 물건들로 평가한다면 그러한 내 물건들이 이제 그 집을 떠났다.

집 안이 텅텅 비었을 때 남편과 나는 마지막으로 집 여기저기를 돌아다녔다. 텅 빈 방들을 보자 이상하게도 무심해지는 기분이 들었다.

"우릴 행복하게 했던 건 집이 아니라 그 안에 사는 사람들이었구나." 나는 마지막으로 문을 닫으며 말했다. 내가 처분했던 그 모든 물건은 중요한 것이 아니었다. 정말로 중요한 것을 보관했으니 말이다. 바로, 생일 파티를 하고 서로 웃고 포옹하던 때의 기억을. 우리는 맨해튼에 있는 우리의 새 아파트를 최소한의 물건으로 깔끔하게 꾸몄다. 우리 집을 방문한 사람들은 여백의 미가 있는 탁 트인 느낌에 놀라워했다. 한 친구는 집을 휙 둘러보더니 "여기선 숨통이 트이는 기분이 든다!"라고 말했다. 나 역시 숨통이 트여 좋았다.

베일러 대학교에서 실시한 한 연구에서 심리학과 신경과학과 연구원들은 물건과 감사 사이에 정비례 관계가 존재한다는 점을 발견했다. 그들은 "지금까지 물질주의는 항상 삶에 대한 낮은 만족도와 연관이 있는 것으로 나타났다"고 결론지었다. 심리적 공허감을 보석류, 옷, 자동차로 채우려 애쓰기보다 감사한 태도로 그러한 공허감을 완전히 사라지게 하는 것이 낫다. 덧붙여 말하자면, 감사하는 사람은 전반적인 행복에 궁극적으로 도움이 되지 않는 물건을 갈망할 가능성이 작다.

물건을 계속 손아귀에 넣는다고 해서 행복해지는 것은 아니라는 사실에 많은 사람이 공감하는 듯하다. 〈월 스트리트 저널〉에 의하면 미국인들이 의류를 가장 많이 산 해는 2005년이라고 한다. 그해에 미국인 한 명당 평균 69벌을 샀다고 한다. 69벌이라니? 내 검은색 타이즈를 세어 봐도 상당히 많긴 하지만 69벌이라니 과해 보였다. 2013년에는 미국인들의 소비액은 늘었지만, 의류 구매 개수는 평균 63개로 줄었다. 요즘 패션 블로거들은 끊임없는 의상 구매를 자랑하는 대신 '단순한 옷장'을 표방하여 인스타그램을 통해 절반이 텅 빈

선반 사진을 올린다. 가진 것을 더 누리기 위해 덜 소유하자는 것이 이러한 흐름의 본질이다.

나는 물건보다 경험의 가치가 더 크다는 데 공감했지만 나를 정말 감사하게 만드는 물건이 몇 가지 있다는 점은 부인하지 못한다. 남편과 나는 둘 다 미술을 사랑한다. 그런데 내 멋진 친구이자 탁월한 안목을 지닌 미술상인 친구 마고 스타인이 우리 예산에 맞는 (실은 그 친구가 인심 좋게 가격을 책정해주었다) 근사한 석판화 몇 점을 몇 년에 걸쳐 구해주었다. 매일 아침 나는 거실로 걸어가다가 걸음을 멈추고 내가 좋아하는 판화를 보며 미소를 짓는다.

나는 경험이 가장 큰 감사를 유발한다는 길로비치 교수의 논리에 미술품은 예외이지 않을까 하는 의문이 들었다. 하지만 그 순간 미술품이 경험의 범주에 들어간다는 생각이 들었다. 우리 집이나 미술관에서 마음을 끄는 작품을 보면 나는 그 작품과 상호 작용하게 된다.

경험의 영역에 속하며 습관화나 쾌락의 쳇바퀴에 빠지지 않게 만드는 물건들은 더 있다. 나는 클래식 기타를 수집하는 한 사람을 안다. 이 기타들은 물건이긴 하지만 그가 기타를 치면서 쌓인 세월의 흔적이 담겨있는 악기이기도 하다. 방송인 제이 레노Jay Leno는 자동차 130대와 오토바이 93대를 자신의 차고에 보관하고 있다(사실상 공항에 버금가는 격납고 수준이다). 그리고 각 점화 스위치에는 열쇠가 하나씩 꽂혀있는데 이는 레노가 그 모든 것을 실제로 운전하기 때문이다. 레노는 120만 달러짜리 맥라렌이든, 구형 부가티든, 쉐보레든지 간에 자신을 행복하게 해주는 물건을 보관하는 거라고 설명하면서 이렇게 말했다. "전 그것을 결코 수집이라고 생각한 적이 없어요."

레노는 자동차를 그 자체로 경험으로 보았다. 그런데 소유물이 경험을 만들어내기도 한다. 뛰어난 책 편집자인 질과 질의 남편은 생애 처음 폭스바겐 제타를 샀지만 열선 시트라든가 출력 강화 엔진에는 관심이 없었다. 오로지 그 차로 할 수 있는 일에만 관심을 기울였다. 차가 생기자 갑자기 멀리 사는 가족을 방문하거나 퀸즈에 있는 자신들의 아파트에서 디너파티를 연 후 친구들을 집에 데려다줄 수 있게 되었다. ("차가 없었다면 친구들을 초대하기가 미안했을 거예요"라고 질은 말했다) 휴가 때는 제타를 타고 시골 지역을 여행했다. 그들이 즐거움을 느꼈던 이유는 차 때문이 아니라 차가 있어서 누릴 수 있었던 모험 때문이었다.

남편에겐 옛날 미국 우표들을 모아놓은 수집품이 있다. 어렸을 때 시작된 남편의 수집은 그 이후로 죽 이어졌다. 어느 날 밤 남편 방에 들어가 보니 남편은 최근에 산 5센트짜리 1858년도 제퍼슨 우표를 확대경으로 보고 있었다. 흥분한 남편의 눈빛이 반짝였다.

"격정에 휩싸인 사람 같아." 내가 말했다.

"물론 내 인생을 우표와 바꾸진 않겠지만, 우표가 정말 큰 즐거움을 주네." 남편이 말했다.

우리는 열정을 불러일으키는 물건을 통해 길로비치 교수가 말한 세상에 대한 감사를 경험할 수 있는지도 모른다. 우리는 사람에게든 경험을 통해서든 아니면 우표에든, 진정한 연대감을 느낄 때 감사하게 된다. 나는 경험의 영역에 속하는(혹은 경험을 가능케 하는) 소수의 물건에 감사했지만, 그 외의 물건과 관련해선 이사할 때 배웠던 교훈을 상기할 필요가 있었다. 그러니까, 물건을 많이 소유할 때보다 적게 소유할 때 더 충만하게 살 가능성이 크다는 점을 말이다.

그래서 벨벳처럼 부드러운 수건과 연녹색 시트와 노랑 시리얼 그릇의 영수증을 찾아 블루밍데일스로 향했다. 백화점 직원은 친절하게 환불 처리를 해주었다. 그렇다고 감사를 느끼는 물건만 소유할 수는 없는 일이기에 세라믹 과도는 그대로 두었다. 이따금 케이크를 자를 때 필요할 테니까.

6장 | 돈은 중요한가, 중요하지 않은가

돈을 새로운 시각으로 볼 수 있게 되어 감사하다.

어떻게 나 자신을 더 운 좋게 만들 수 있는지 알게 되어 감사하다.

이제 나를 돈으로 평가하지 않고
돈을 그저 실용적 가치로 생각하게 되었으니 감사하다.

나는 감사 프로젝트에서 이달에는 돈에 초점을 맞추겠다
고 남편에게 말했다. 그러자 남편은 쓴 라임을 베어 문 듯 입술을 일
그러뜨렸다.

"돈을 주제로 잡으면 감사한 마음이 안 생길 텐데." 남편은 말했다.

"그래서 일부러 주제로 잡은 거야." 나는 이렇게 인정했다.

남편은 다양한 앱과 컴퓨터 프로그램을 이용해 우리의 수입, 투자,
지출을 체계적으로 정리한다. 그리고 두 달에 한 번씩 재무 상태 표
를 인쇄하여 함께 확인한다. 기분 좋게 마무리된 적은 한 번도 없다.
대체로 나는 충격을 받은 표정을 지으며 "이게 다야?"라고 묻기 때문
이다.

"그럼 얼마를 기대했는데?" 남편이 마지막에 물었다.

나는 구체적으로 생각한 금액은 없었지만 적어도 그것보다는 많을 거라 생각했다.

그래서 봄철의 새로운 결심으로 은행 잔액에 감사하기로 했다. 우선 돈을 바라보는 시각을 좀 바꾸어보기로 한 것이다. 자신의 수입에 얼마나 감사하느냐는 결국 시각의 문제라는 점이 여러 조사에서 드러났기 때문이다.

표준 경제학에 의하면 돈은 돈일 뿐이며 우리가 돈을 어떻게 버는지, 이웃은 돈을 얼마나 가졌는지는 중요하지 않다. 하지만 요즘 새롭게 떠오르는 행동경제학자들은 우리가 봉급에 얼마나 만족하는가는 주변 사람들이 돈을 얼마나 버는가에 따라 많이 달라진다는 점을 지적한다. 그들은 여러 연구와 조사를 하였다. 이 조사에서 대부분의 사람은 자신이 10만 달러를 벌고 이웃 사람들이 7만5천 달러를 버는 상황과, 자신이 11만 달러를 벌고 주변의 모든 사람이 20만 달러를 버는 상황 가운데 전자일 때 더 행복할 것 같다고 응답했다. 그리고 3년 동안 봉급을 받는다고 할 때 봉급이 처음에 높다가 점점 내려가는 쪽보다 처음에는 보통 수준이어도 매해 오르는 쪽이 더 낫다고 응답한 사람들이 대부분이었다. 그들은 3년 동안의 총 봉급은 후자가 더 적은 데도 그쪽을 선택했다. 확실히 돈 문제에서 사람들은 항상 분별력이 있는 것 같지 않다.

2년 전에 샘 포크라는 30세의 채권 중개인이 〈뉴욕 타임스〉 논평 기사면에 글을 기고했다. 그런데 그 글에는 많은 사람의 반감을 사는 부분이 있었다. 샘 포크는 성과급으로 360만 달러를 받은 후 월가를 떠났는데 그 돈이 적어서 화가 났었다고 썼다. '월가에서 일하는 사람들의 90퍼센트는 봉급이 불충분하다고 여기는 것 같다.' 샘 포크는 논평 뒷부분에서 이렇게 설명했다. 그는 자신의 봉급을 전 세계의 기준에서 생각하지 않고 바로 옆자리 동료와 비교했다는 점을 인정했다. 사람들은 그가 완전히 잘못된 생각에 사로잡혔다고 판단하기 쉽다. 하지만 행동경제학자들은 우리 모두 (물론 은행 잔액은 더 적지만) 이와 비슷한 반응을 보인다고 말한다.

샘 포크는 뭔가 잘못됐다는 점을 인지했다. 자신이 돈에 중독되었으며 결코 행복감을 못 느끼는 쳇바퀴 같은 인생을 산다는 사실을 깨달았다. 그는 월가를 떠나면서 한 기자에게 "터무니없이 높은 목표를 정하지 않고 이젠 내가 가진 삶에 온전히 감사해보려 합니다"라고 말했다.

남편에게 그 기사에 관해 이야기를 하자 포크 씨의 문제는 나와 전혀 상관이 없다고 입심 좋게 말했다. 만일 내가 돈에 중독되었더라면 지금보다 더 많은 돈을 모았을 거라나. 하지만 우리는 그달의 재정 상태를 확인해보기 전에 내가 어떤 금액이면 만족할 수 있을지 그것부터 판단해보기로 했다. 나의 기본 생각은 감사를 느끼기 위해 아주 많은 돈은 필요치 않다는 것이었다. 그저 돈 걱정을 하지 않을 정도면 충분했다.

시야를 좀 더 확대해보니 전 세계 인구의 약 3분의 1이 하루에 2달러 미만으로 살고 있다는 점을 알게 되었다. 가난한 사람들은 대부분 사하라 사막 이남의 아프리카에 살고 있다. 그러므로 선진국에 사는 사람들은 매일 아침 일어나며 자신이 운 좋게도 그런 나라에 살고 있음을 감사해야 한다. 나는 배우 맷 데이먼과 잡지 기사를 작성하던 때에 그가 운영하는 자선 단체인 'Water.org'에 관심을 느꼈다. 그래서 그 단체에서 진행하는 프로젝트에도 참여했다. 여느 유명인들과 달리 맷 데이먼은 명목상 운영자가 아니다. 데이먼은 전 세계 약 7억6천만 명의 사람들이 깨끗한 물을 마시지 못한다는 사실을 알고 크게 충격을 받았다. 그리하여 이러한 현실을 바꾸는 일은 그에게 중요한 사명이 되었다(이는 우리가 함께 작업한 기사의 주제이기도 했다). 데이먼은 〈데이비드 레터맨 쇼〉에서 〈지미 키멜 쇼〉에 이르는 심야 토크쇼에 주기적으로 출연하여 화장실과 수돗물의 필요성을 설명했다. 하지만 그는 사람들이 자신의 최근 레드 카펫 행사에 대한 이야기에만 귀를 쫑긋 세운다는 점을 알았다.

"물 때문에 생긴 병으로 1분마다 어린이 한 명씩 죽고 있다는 현실을 얼마나 많이 말해줘야 하는 걸까요?" 맷 데이먼은 씁쓸하게 물었다. 데이먼은 그런 말은 아무리 많이 해도 지나치지 않다는 것을 알았다. 하지만 다른 한편으론 극심한 빈곤에 대한 이야기를 쉽게 할 수 없다는 점도 알았다. 우리는 수도꼭지를 트는 데 익숙해진 터라 누군가는 우물에 물을 길르기 위해 머나먼 길을 걸어가야 한다는 현실을 잘 상상하지 못한다.

나는 우리에게 조금 더 와 닿는 비교 수치를 찾아보았다. 그러다가 유엔 국제노동기구의 경제학자들이 전 세계인의 평균 임금을 월 1,480달러, 즉 연 1만8천 달러 미만으로 추산했다는 사실을 발견했다. 이러한 수치는 우리가 상상할 수 있는 영역에 한층 더 가깝다. (이러한 수치는 많은 한계 요소와 복잡성을 수반하며 봉급을 받는 사람들만 대상으로 하여 산출되었다) 갤럽에서 모든 국가의 평균 가계 소득을 산출했을 때 부룬디는 연 673달러로 하위를 차지했고 노르웨이, 스웨덴, 룩셈부르크는 연 5만 달러 이상으로 상위를 차지했다. 미국과 영국은 연 4만 달러 정도로 산출됐다.

이러한 점들을 고려할 때 미국이나 영국에 사는 보통 사람들의 생활 수준은 전 세계 평균의 두 배 정도에 달한다는 생각이 들었다. 하지만 개리슨 케일러Garrison Keillor가 자신의 소설 속 마을인 워비건 호수의 이야기를 통해 보여주듯 우리는 모두 자신이 평균 이상이 되기를 바란다(이 마을 사람들에 대한 묘사에서 연유하여 자신이 평균보다 낫다고 믿는 일반적 오류를 '워비건 호수 효과'라 부른다 - 역주). 우리는 월가에서 일했던 그 남성처럼 자신의 생활 수준을 전 세계 평균과 비교하며 감사하지 못하고 이웃 사람과 비교하여 다소 낙담한다. 갑부 순위에서 자주 1위에 오르는 멕시코 사업가 카를로스 슬림Carlos Slim이 아닌 이상 자신보다 부유한 사람들은 얼마든지 있다. 빌 게이츠와 워런 버핏은 몇 년 동안 갑부 순위에서 2, 3위로 밀려났을 때 기분이 썩 좋지 않았을 것이다.*

내겐 유쾌한 친구가 한 명 있다. 그 친구를 애비라고 부르겠다. 예쁘고 잘 놀 줄 알며 섹시한 애비는 항상 남자들의 시선을 받는다. 지

---

* 빌 게이츠는 최근에 다시 1위 자리를 탈환했다. 아마 그는 많은 자선 활동에서 생겨난 감사하는 시각으로 그 돈을 선의에 어떻게 쓸 것인지에만 관심을 기울였을 것이다.

금은 행복한 결혼 생활을 하며 오래전 만났던 남자와는 좋은 친구로 지냈다. 그 남자는 똑똑한 데다 운도 많이 따라서 큰 성공을 거두었다. 어느 날 그 남자는 애비를 데리고 점심을 먹었다. 식사 후 남자는 자신의 리무진 뒷자리에 애비와 나란히 앉았을 때〈포브스〉최신호를 펼쳤다가 전 세계 상위 갑부 400인 명단에 올라있는 자신의 이름을 가리켰다. 애비는 축하를 해주었다. 하지만 잠시 후 그 남자는 페이지를 쭉 훑어보다가 자신의 경쟁자가 자신보다 20위 앞선 것을 알자 분함을 터뜨렸다. "그 머저리가 어떻게 나보다 앞설 수 있는 거야!" 그가 소리쳤다.

애비는 그 남자가 큰 성공을 거두기 전부터 친구였기에 그가 얼마나 많이 이뤘는지 잘 알았다. 하지만 그 남자는 잘 알지 못하는 듯했다. 글로벌 사업체, 사랑하는 아내와 아이들, 세계 곳곳에 있는 여러 채의 근사한 집으로도 충분하지 못했나 보다. 〈포브스〉 갑부 명단에서 20위 더 높아지길 바란 것을 보면.

우리는 왜 그런 식으로 자학하는 걸까?

우리는 애비의 친구 일화를 듣고 웃거나 월가에서 일했던 (변하기 전의) 채권 중개인에게 반감을 느끼기 쉽다. 하지만 대부분의 사람도 그들에 비해 평범한 수준이기는 하나 모진 비교를 했던 적이 있을 것이다. 옆집에 사는 사람이 더 큰 집을 사거나 더 비싼 차를 사거나 부엌을 개조하기라도 하면 배가 아픈 것이 인지상정이다. 달걀을 더 빨리 익히기 위해 바이킹Viking 레인지가 필요한 것은 아니다. 하지만 우리는 바이킹 레인지가 비싸고 자신이 그것을 소유할 가치가 있다고 여기기 때문에 그 제품을 원한다. 나의 한 친구는 맨해튼 북동부 지역에 살면서 골치 아픈 점은 자신이 아는 모든 사람이 자신보다 잘살고 부를 과시하는 데 안달이 나 있다는 점이라고 말했다. 하지만 어느 지역에 살든지 자신보다 더 잘사는 사람은 항상 있기 마련이다.

우리가 돈을 어떻게 버는지, 돈을 어떻게 느끼는지, 돈은 우리의 기분을 어떻게 만드는지 등 돈과 관련한 조사를 한 사람들이 많다. 내가 발견한 가장 흥미로운 조사는 바로 폴 피프Paul Piff가 시행한 조사였다. 폴 피프는 매력 넘치게 쾌활한 사회심리학자이자 현재 어바인에 소재한 캘리포니아 대학교 교수다. 피프는 사람들이 자신에게 주어진 유리한 조건을 너무 쉽게 간과한다는 점에 주목했다.

피프가 시행했던 실험 가운데 내가 가장 좋아하는 실험은 다음과 같다. 피프가 모노폴리(판 위에서 부동산 매매를 하는 보드 게임의 하나 - 역주)를 하기 위해 사람들을 초대했고 게임이 조작되었다는 점을 분명히 밝혔다. 두 참여자 가운데 임의로 선택된 한 명은 처음부터 상대편보다 두 배 많은 화폐를 가지고 시작하며, 출발점을 지날 때 두 배 더 많은 화폐를 받고, 판 위를 두 배 더 빨리 움직일 수 있도록 주사위도 한 개가 아닌 두 개를 던지게 된다. 피프는 '부자' 참가자가 롤스로이스인 말을 판 위에서 힘차게 움직여가며 매번 성공을 거둘 때마다 (거만하게) 자축하면서 재빨리 우위를 점하는 모습을 관찰했다. 이긴 사람들은 나중에 게임이 어땠느냐는 질문을 받았을 때 자신이 머리를 잘 써서 특정한 부동산을 구매하여 승리할 수 있었다고 언급했다. 피프는 나와 자신의 연구에 대해 활발한 대화를 나누던 도중 이런 말을 하며 웃었다 "동전 던지기를 통해 애초에 특혜를 입고 시작해서 성공을 거두었다고 말한 참가자는 거의 없었어요."

우리는 누가 봐도 상황이 자신에게 유리하게 되어 있더라도 자신은 그것을 누릴 자격이 있다고 본능적으로 생각한다. 게임에서 이긴 사람들은 시작할 때 상대편이 천 달러를 받았지만 자신은 2천 달러를 받았다는 점이나, 출발점을 지날 때 백 달러가 아닌 2백 달러를 받았다는 점에 감사했는가? 뭐, 물론 이러한 점보다 얼마나 머리를 잘 써서 게임을 하느냐가 더 중요하다(아니, 그들이 이렇게 주장했다!). 피프는 사람들은 긍정적인 경험을 내적 귀인의 측면에서 이해하는 경향이 있다면서 이렇게 말했다. "이는 '내게 자격이 있는 것도 아닌데 이를 누릴 수 있으니 운이 좋은 거야'라고 생각하는 감사와는 상반된 개념입니다."

레이 찰스Ray Charles의 오래된 노래에 '나쁜 운 외에는 운이란 녀석이 내게 찾아온 적 없어'라는 가사가 있다. 재미있는 가사지만 대부분의 사람이 잘못 생각하는 부분을 정확하게 보여준다. '나는 어떤 자격이 있는 사람인가?'라는 질문에 정답은 없다. 그렇기에 우리는 현재 주어진 것을 그저 기본 조건으로 생각한다. 그 조건에서 나아갈 수 있는 방향은 그저 위쪽뿐이며 만일 그렇게 되지 못할 때는 자신의 불운을 한탄하게 된다. 사람들은 자신의 좋은 상황 역시 적어도 행운의 일부라는 생각을 결코 하지 못한다. 일이 잘 안 풀릴 때 불공평하다고 생각하지 말고 일이 잘 풀릴 때 그저 감사해야 하지 않을까?

피프는 특권층 집안에서 태어난 사람들이나 부자가 되는 과정에서 타인의 도움을 받았으면서도 그 사실을 인정하지 않는 현실을 고스란히 보여주기 위해 조작된 모노폴리 실험을 한 것이다. 피프는 월가에 구제 금융 조치가 내려지고 시간이 어느 정도 지난 후 CNN 방송을 통해 바에서 동료들과 흥청대는 남자들을 인터뷰하는 것을 보았다고 내게 말했다. 그들은 모두 자신들의 사업이 성공한 이유가 뛰어난 사업 감각과 노하우 때문이며 구제 금융과는 관련이 없다고 설명했다. 그들은 미 재무부가 자신들과 같은 사람들이 망쳐놓은 상황을 복구하기 위해 7천억 달러를 썼다는 사실을 전혀 고려하지 않는 듯했다.

"부라는 것은 자기 자신에게 더 초점을 맞추고 외부 환경에는 초점을 그다지 안 맞추게 하는 특성이 있습니다. 이런 경우 좋은 일이 발생하면 자신이 누릴 자격이 있어서 그런 일이 일어난 거라는 편견을 보이기 쉽습니다. 자신의 성공에 도움이 된 사람들에게 고마워할 줄 모르고 말지요." 피프가 말했다.

돈이 사람을 어떻게 변화시키는가라는 주제에 깊은 관심을 보였던 피프는 BMW처럼 값비싼 자동차를 모는 사람과 도요타처럼 경제적인 자동차를 모는 사람의 운전 습관을 비교하는 실험을 했다. 캘리포니아에서는 차가 건널목에서 멈추지 않으면 불법이다. 그런데 어떤 번잡한 교차로에서 관찰을 해보니 BMW급 자동차를 모는 운전자의 50퍼센트는 보행자가 지나가도록 차를 멈추지 않았다. 반면 중저가 자동차를 모는 운전자는 하나같이 법을 지켜 차를 멈춰 세웠다.

피프는 BMW 운전자들과 모노폴리 게임 참여자들을 관찰하면서 돈이 사람에게 지나친 특권의식을 부여한다는 점을 파악했다. 돈 많은 사람은 타인에게 그다지 고마워할 줄 몰랐다. 자신에게 초점을 맞추는 성향과 자기만족이 강해서 타인에게 연민을 잘 느끼지 못했고 때로는 일반적인 윤리에도 무감각했다. 옆 연구실에서 실험하는 아이들을 위해 사탕 한 통이 마련되었다는 말을 들었을 때 대부분의 사람은 그것에 손을 대지 않았다. 하지만 부자들은 자신이 원하는 사탕을 가져갔다.

그렇다. 부자들은 아이들을 위한 사탕도 그냥 가져갈 수 있는 사람들이다. 여러 조사 결과 부자들이 수입에서 자선 단체에 기부하는 비율은 보통 사람들의 수입 대비 비율보다 낮은 것으로 나타났다. 피프는 자신이 가진 모든 것에 특권의식을 느끼는 사람들은 가진 것을 나누지 않는 경향이 있다고 지적한다. 바로 이 부분에서 감사가 필요하다.

"이른바 감사의 개입이 이루어질 때 특권 의식이 줄어들고 자신이 세상을 위해 한 일보다 세상이 자신을 위해 해준 일에 초점을 맞추게 됩니다." 피프는 말했다. 간단한 상기만으로도 결과는 크게 달라진다. 사람들에게 삶의 어느 지점에서 타인에게 받았던 도움을 생각하게 하면 좀 더 협력하는 태도를 끌어낼 수 있다. 이와 더불어 아이들 사탕을 가져갈 생각일랑 안 하게 되는 것이다.

나는 피프에게 사회심리학계의 록스타가 되었다고 장난스럽게 말했다. 피프가 돈과 특권의식을 주제로 강연한 동영상이 유튜브에서 250만 건의 조회 수를 기록했기 때문이다.

"록스타가 되려면 제 머리부터 손봐야죠." 피프는 웃으며 말했다. "어쨌든 사람들이 그렇게 많이 본다는 건 이 문제가 깊은 울림을 주는 증거라고 생각해요."

"대부분 부자들은 성공을 거두기 위해 아마 많은 노력을 기울였을 겁니다. 하지만 다른 사람의 도움을 받지 않고 사는 사람은 없거든요. 도움을 준 사람이 자신의 기저귀를 갈아준 부모님이라고 할지라도 말이죠. 감사하는 마음을 지닐 때 내부에 초점을 맞추던 경향이 외부에 초점을 맞추는 경향으로 바뀌고, 세상이 그동안 자신에게 도움을 주었다는 점을 깨닫게 됩니다." 피프는 이렇게 말했다.

지금은 상원의원이 된 엘리자베스 워런Elizabeth Warren은 2012년 선거운동을 할 때 연설 도중 이런 말을 했다. "이 나라에서 자기 힘으로 부자가 된 사람은 아무도 없습니다." 워런은 미국에서 사업을 하며 누리는 여러 혜택에 감사해야 한다고 조언했다. 공장을 지켜주는 경찰서와 소방서, 물자를 실어 나를 수 있게 하는 고속도로에 감사해야 한다고 말이다. 오바마 대통령 역시 "당신이 일으킨 게 아니다You didn't build that"라는 다소 부족한 듯한 표현을 써서 이와 비슷한 주장을 펼쳤다. 그런데 이 표현은 공화당의 슬로건이 되었다. 정치 운동이 차츰 수그러들고 선거가 끝났을 무렵 대부분의 사람은 미국에서 사업하는 사람들이 세계 여러 나라에서 누리고 싶어 하는 혜택을 받고 출발했다는 점에 공감했을 터다. 자기 가슴을 치며 "나 혼자 일으킨 거라고!"라며 소리치는 사람은 꼴사나워 보일 것이다.

하지만 돈이라는 것은 아주 민감한 주제임이 틀림없다. 나는 만나는 사람들에게 대부분 내 감사 프로젝트에 대해 이야기했다. 그러면 거의 긍정적인 반응을 보였다. 택시 기사처럼 전혀 예상 밖의 사람들이 감사일기를 쓰겠다고 하기도 했고, 대부분의 사람은 가족, 친구, 일상에 더 감사하는 삶에 공감을 표시했다. 그런데 내가 망설이며 돈 이야기를 꺼내면 감사라는 화제가 끼어들 여지가 쏙 사라져버렸다. 사람들은 내게 자신이 한 푼 한 푼 벌려고 얼마나 열심히 일하는지 모른다고 했다. 나는 스스로 그렇게 느꼈기에 그러한 말을 의심하지 않았다. 하지만 우리 모두 조작된 모노폴리 게임의 참여자와 같다고 할 때 우리에게 유리한 입지를 제공하는 사람들, 나라, 환경에 겸손한 마음으로 더 감사해야 하지 않을까?

나는 이러한 주제로 이야기를 나누려고 친구인 헨리 자레키Henry Jarecki 박사를 만났다. 나보다 한 세대 앞선 헨리 자레키 박사는 굉장히 수완이 뛰어난 사람이다. 처음에는 정신과 의사였는데 이후에 사업에 발을 들여놓아 다양한 업체를 운영했다. 그러다가 모두 매각하여 상당한 돈을 거머쥐었다. 지금은 맨해튼에 있는 500평 규모의 타운하우스에 산다. 영국령 버진 아일랜드에 섬을 두 개 소유하고 있으며 각지의 집으로 비행해줄 개인 조종사도 있다. 그의 재산은 이뿐만이 아니다. 지금껏 함께해온 부인과 열정적인 네 아들(이 가운데 세명은 성공한 영화감독이다)과 수많은 친구도 있다.

헨리 자레키 박사는 굉장히 배려 깊고 사색적이다. 그러므로 나는 피프가 말한 '내적 귀인'의 함정, 즉 '나는 나에게 일어난 모든 좋은 일을 누릴 자격이 있다'는 단정을 그는 피해가지 않았을까 하고 짐작했다. 그랬기에 나는 그의 사무실에 있는 의자에 털썩 앉아 진정으로 멋진 자신의 삶에 대해 감사하는지 물어보았다. 그가 잠시 생각에 잠겼지만 나는 놀라지 않았다.

그가 마침내 질문을 꺼냈다. "누구한테 감사해야 할까요? 누군가에게 감사할 필요는 없지 않을까요?"

"박사님이 걸어오신 인생길에 대해 이 세상에 감사할 수 있잖아요." 내가 말했다.

헨리 자레키 박사는 내 말을 반박하지 않았다. 그 대신 인생에서 우연의 일치가 얼마나 자주 일어나는지 이야기했다. 그는 우리가 수많은 기회의 순간들에 둘러싸여 있다고 했다. 그러면서 준비가 되어 있고 안테나를 곤두세우고 있어야 기회가 왔을 때 그것을 붙잡을 수 있다고 했다. 그런 후에 이른바 '집중적인 에너지'로 열심히 일하고 전념해야 한다고 말했다. 하지만 이 외에도 성공을 이루는 데는 뜻밖의 행운도 작용한다고 덧붙여 말했다.

"나는 내가 여기까지 온 이유가 운 때문인지 능력 때문인지 스스로 주기적으로 물어봐요." 그는 살짝 겸연쩍은 미소를 지으며 말했다.

대부분의 사람은 자신의 성공에 운이 작용했다고 인정하는 것을 불편하게 여길 수 있다. 하지만 자레키 박사는 우연히 만나 자신에게 도움이 된 사람들의 이야기를 즐겁게 풀어놓았다. "우연은 사람들이 인정하고 싶은 정도보다 더 큰 역할을 해요." 그가 말했다. 그는 간단한 수학을 이용해 설명했다. 즉, 수많은 과학적 연구 결과, 이른바 유의 확률(P value, 통계에서 큰 오류가 발생할 확률을 일컫는다. 여기서 오류를 범해도 감당 가능한 수준을 유의 수준이라 하며 0.05이거나 0.1이 된다. 유의 확률이 높을수록 오류 발생 가능성 큰 것이다 – 역주)이 0.05 미만이면 어떤 사건이 우연으로 불릴 가능성이 적은 것으로 드러났다고 설명했다.

"사람들에겐 하루나 일주일에 백 개나 천 개의 사건이 일어날 겁니다. 따라서 유의 확률이 0.05로 높아진다면 예기치 못한 일이 일어날 가능성이 아주 커지는 거죠." 그러한 사건은 길모퉁이에서 우연히 친구를 만나는 일에서("여기서 만나다니 놀랍다!") 부자로 만들어줄 사업 기회를 발견하는 일까지 다양하다. 자레키 박사는 자신이 세심한 부분에 주의를 기울이기 때문에(사실상 집요할 정도로) 다른 사람들이 놓치는 '행운의' 가능성을 볼 수 있다고 생각했다. 하지만 피프 박사라면 자신의 전용기 팔콘 7X를 운항하는 개인 조종사를 둔 사람이 성공의 원인을 자신의 내부에서뿐만 아니라 외부에서도 찾는다면 흡족하게 여겼을 것이다.

나는 행운과 감사의 상관관계를 생각하며 리처드 와이즈먼Richard Wiseman이 쓴 여러 책과 기사를 읽어보았다. 와이즈먼은 하트퍼드셔 대학교에서 '공공 심리학의 이해Publick Understanding of Psychology'를 가르친다. 와이즈먼은 전 세계에서는 아닐지 몰라도 영국에서만큼은 이 과목의 유일한 교수다. 마술사이기도 한 와이즈먼은 사람들에게 심리학을 이해시키려면 어느 정도 묘기가 필요하다고 말한다. 와이즈먼은 '무엇이 사람들을 '운 좋게' 혹은 '운 나쁘게' 만드는가'라는 주제에 매료되었고 결국 자신이 사람들의 운을 바꾸는 데 도움이 될 수 있다고 판단했다.

그는 자레키 박사가 말한 것처럼 운의 일부는 그저 주변 환경에 세심한 주의를 기울이는 데서 나온다고 보았다. 그리고 운의 또 다른 일부는 자신이 운이 좋다고 믿는 데서 나온다고 보았다. 그렇게 믿어야 주변에서 일어나는 좋은 일들에 자신이 노출된다는 것이다. 와이즈먼은 한 실험에서 참가자들에게 신문을 훑어보며 사진의 개수를 세어보게 했다. 자신을 운이 없다고 묘사한 사람들은 모든 페이지를 신중하게 살펴보며 숫자를 세었다. 반면 자신을 운이 있다고 묘사한 사람들은 재빨리 끝냈다. 2면에 실린 '그만 세어보세요. 사진은 43장 있습니다'라는 중요한 광고에 주목했기 때문이다. 그들은 다른 실험에서도 '실험 시행자에게 이 부분을 보았다고 말하면 250파운드를 받게 됩니다'라고 쓰인 광고에 주목했다. 자신을 운이 없다고 묘사한 사람들은 이 광고를 그냥 지나쳤는데 말이다.

우리는 일이 잘 풀릴 때 감사를 느낄 가능성이 큰데 우리 스스로 일이 잘 풀리게 만들 수 있다. 가령, 당신이 실직하여 예전 동료에게 조언을 받으러 커피숍에 간다고 상상해보자. 당신은 커피숍 앞에 도착했을 때 땅에 떨어져 있는 20달러 지폐를 발견한다. 돈 주인이 누구인지 알 길이 없으므로 지폐를 기분 좋게 자기 지갑에 쏙 집어넣는다. 음, 좋았어. 당신은 자신이 운이 좀 좋다고 느낀다. 동료는 아직 도착하지 않았기에 혼자 앉아 역시 혼자인 옆 테이블의 남자와 담소를 나눈다. 남자는 당신이 일자리를 찾는다는 말에 웃음을 지으며 자신의 명함을 주면서 도움이 필요하면 연락하라고 말한다. 알고 보니 남자는 당신이 일하고 싶어 하는 회사의 경영자다. 당신은 옛 동료를 조금 더 기다리다가 세상이 당신 편이라는 느낌에 기분 좋게 자리에서 일어선다. 남자에게 내일 전화를 해보리라 생각하면서.

똑같은 날이 다르게 펼쳐질 수도 있다. 당신은 옛 동료를 만날 생각에 마음이 급해서 20달러를 발견하지 못하고 커피숍으로 냅다 들어간다. 너무 긴장한 나머지 옆자리 사람에게 말을 걸 엄두도 못 낸다. 인사를 나눌 만한 거리에 당신이 원하는 일을 얻을 기회가 존재한다는 사실을 전혀 모른 채. 만나기로 한 사람이 나타나지 않자 당신은 당황스럽고 낙담한 기분으로 커피숍을 빠져나간다. 좋은 일이 전혀 일어나지 않는데 어찌 이 세상에 감사할 수 있을까?

✝ ✝ ✝

우리가 운, 복권, 재간, 노력 등 어떤 수단으로 돈을 손에 쥐든지 돈과 감사의 관계는 복잡하다. 전 세계에서 시행된 여러 연구 결과 기본적인 수준을 넘어서면 돈이 행복을 증진하지 못하는 것으로 나타났다. 미국에선 그 기준치가 연봉으로 약 7만5천 달러이며(인플레이션으로 수치가 약간 올랐다) 30만 달러를 벌든 10만 달러를 벌든 행복감의 차이는 크지 않은 것으로 조사되었다.

그렇다. 이 결과는 칵테일 파티에서 화제로 삼아 서로 기분이 더 좋아질 수 있는 이야깃거리다. 하지만 이 결과가 정말 사실일까? 나는 "난 좀 더 행복해지고 싶어요. 그래서 돈은 덜 필요해요"라고 말하는 사람을 본 적이 없다. 나는 한 조사원이 비교적 크고 비싼 집에 사는 사람들이 별로 비싸지 않은 집에 사는 사람들보다 더 행복감을 느낀다고 설명하는 것을 들었다. 하지만 그 조사원은 저택에 사는 사람들이 다른 사람들보다 '전반적으로' 행복감을 더 느끼는 것은 아니라고 곧바로 덧붙여 말했다. 이는 무엇을 뜻할까? 만일 당신이 당신의 집과 소득이 높은 직업과 근사한 음식점에 갈 수 있는 능력을 만족스럽게 여긴다면, 행복감을 더 느끼지 않겠는가?

나는 심리학자들 사이에 연구 결과를 편향되게 제시하여 사람들에게 돈이 중요하지 않다고 설득하려는 큰 음모가 있는 것이 아닌가 의구심이 들었다. 심리학자들이 행복과 감사를 뒤섞어 생각했을 가능성이 크다는 생각이 들었다. 사람들이 일상에서 돈이 더 많을 때 행복을 더 느끼는 것은 분명했다. 하지만 이러한 사실은 더욱 깊은 의미의 웰빙을 측정하는 조사에서 그들이 매기는 점수에 영향을 주지 못했다.

그런 점에서 볼 때 심리학자들의 말은 맞았다. 마틴 셀리그먼 박사가 말한 '웰빙'은 피상적인 행복보다 훨씬 깊이 있는 것이다. 그것은 대개 우리가 하는 경험, 우리가 느끼는 즐거움, 우리 주위에 있는 사람들, 우리가 느끼는 사랑의 영향을 받는다. 셀리그먼 박사는 감사를 더 많이 느낄 때 웰빙의 수준도 올라간다는 사실을 발견했다. 문제는 부자라는 이유만으로 감사를 더 느끼는 것은 아니라는 점에 있다. 사실, 때로는 뭔가 부족할 때 감사를 더 느끼게 된다. 빵 조각에 행복해질 수 있다고 말하긴 어려워도 배가 고플 때는 소량의 빵으로도 아주 감사할 수 있는 법이다.

컬럼비아 대학교에 적을 둔 사회학자인 내 친구는 대부분의 사람이 집의 방 개수가 하나 더 늘어나고 봉급이 10퍼센트 올라가면 삶이 더 윤택해지리라 생각한다고 말한다. 그는 사람들이 방 40개짜리 저택이나 백만 달러의 연봉은 상상하지 않는다는 사실을 흥미롭게 여긴다. 상상력이 부족해서일까? 그보다는 사람들이 현재도 별로 나쁘진 않지만, 여유가 조금 더 생긴다면 훨씬 좋을 것 같다고 생각할 가능성이 크기 때문이다.

하지만 현재 상황에 만족하는 것이 여분의 방이나 봉급 10퍼센트 인상을 추구하는 것보다 행복에 이르는 훨씬 바람직한 방법이다. 여기서 앞서 언급한 조사 결과, 즉 우리가 이웃이나 친구와 자신을 비교한다는 문제를 되짚어보게 된다. 삶에서 일어나는 좋은 일들을 당연하게 여기지 않는 마음이 감사다. 이러한 감사를 느낄 때 해로운 부러움이라는 감정이 생기지 않는다. 부러워하는 것만큼 자신에게 해로운 것도 없다.

몇 년 전 내가 수년 동안 다니던 회사가 합병되었다. 그 일은 당시 발생한 최악의 합병들 가운데 하나였다. 나는 새 회사에서 스톡옵션을 받았는데 파는 것이 합법화되었을 때 알아보니 그것의 가치가 3만 달러 정도였다. 기대하지 않았던 보너스다, 만세! 하지만 얼마 후 나는 합병을 준비했던 우리 회사의 경영자가 스톡옵션을 팔아 3천만 달러를 챙겼다는 사실을 알게 되었다.

"그 사람은 모든 직원보다 100배 이상의 돈을 챙길 자격이 없다고! 이건 직원에 대한 모욕이야!" 나는 격분한 채 집에 있는 계단 난간에 기대어있고 남편은 아래층 의자에 차분하게 앉아있었다.

"모욕은 아니지. 그래도 3만 달러는 되잖아." 너무도 합리적인 남편이 말했다.

"난 그 가격에 안 팔 거야." 나는 고함치듯 말했다.

"그것도 상당한 돈이라고." 남편은 한 번 더 강조하듯 말했다.

나는 가격이 오를 때까지 스톡옵션을 팔지 않겠다고 우겼다. 그래야 그 상황이 조금은 더 공정해질 것 같았다. 하지만 가격은 오르지 않았다. 가격은 사실상 가치가 없어질 때까지 곤두박질쳤다. 나는 그 경험을 통해 몇 가지를 깨달았다. 첫째, 합병을 성사시킨 당사자가 스톡옵션을 팔면 나도 팔아야 한다. 둘째, 남과 절대 비교하지 말고 그저 내가 가진 것에 감사해야 한다. 마지막으로 내가 깨달은 가장 중요한 사실은 나의 태도에 따라 뜻밖의 횡재가 무용지물로 바뀔 수 있다는 점이다(처음에는 내 생각 속에서 그리고는 내 계좌 속에서 그렇게 되었다). 그 당시 내가 감사하며 다른 태도를 보였다면 지금 3만 달러를(물론 이자와 함께) 더 가지고 있을 텐데.

지난날을 되돌아보면 내가 그토록 감사할 줄 몰랐다는 사실에 겸연쩍은 기분이 든다. 미국인의 평균 가계 소득은 연 5만 달러가 조금 넘고 미국인 가구의 약 4분의 1이 매해 2만5천 달러 미만의 돈으로 살아간다. 매해 20만 달러 이상을 버는 가구는 전체의 약 4퍼센트밖에 안 된다. 그동안 나는 무슨 생각을 해온 걸까? 피프 박사의 모노폴리 실험 참가자들처럼 나는 출발점에서 두 배의 보너스를 받았음에도 고맙다고 말할 줄 몰랐다.

하지만 정말로 중요한 부분은 그 액수가 아니다. 나는 액수가 그 절반이 되었든 두 배가 되었든 똑같이 느꼈을 것이다. 행동경제학자들은 금전적 손실로 느끼는 괴로움이 똑같은 금액을 얻었을 때 느끼는 행복감보다 더 크다고 말한다. 그래서 내가 잃어버린 그 돈 때문에 괴로웠나 보다. 하지만 더 중요한 사실은 내가 나의 가치를 평가하는 수단이자 방식으로 돈을 이용했다는 점이다. 더는 그렇게 하고 싶지 않았다. 내가 가진 것에 감사하려면 돈을 순전히 실용적인 관점에서 볼 필요가 있었다.

"당신은 돈이 지금보다 더 많다면 무얼 하고 싶어?" 나는 남편에게 물었다.

남편은 잠시 생각하더니 어깨를 으쓱이며 말했다. "정말이지 생각이 안 나는데. 난 내가 원하는 건 다 갖고 있잖아."

"와우, 말도 안 돼. 정말이야?"

"그럼. 당신은 어떤데?"

"내가 원하는 물건은 없어." 나는 지난달에 소유에 관한 교훈을 배운 터라 이렇게 말했다. "그런데 다른 부분을 생각해본다면……." 나는 머뭇거렸다. 더 많은 돈을 원하고 그 돈을 손에 쥐려고 가능한 모든 일을 하는 것을 그동안 당연하게 여긴 듯하다. 하지만 돈이 측정 수단의 기능을 잃었고 나를 평가하는 잣대가 되지 못한다면 돈은 막강한 힘을 잃은 셈이었다. 나는 남편과 마찬가지로 내가 원하는 것을 가지고 있었다. 그리고 과연 은행 잔액이 더 늘어난다고 감사한 기분이 더 커질지 의구심이 들었다.

그동안 그리스 철학자들의 여러 저서를 읽으며 많은 점을 깨달은 터라 이 주제를 담고 있는 책은 없는지 확인해보기로 했다. 그렇게 해서 에피쿠로스 철학의 세계에 다시 발을 담그게 되었다. 에피쿠로스는 충분할 정도이되 너무 과하지 않게 소유하는 것이 기쁨의 원천이 된다고 믿었다. 그 수준에서 더 원하면 문제가 발생한다고 보았다. 그는 "충분한 것을 너무 적다고 여기는 자에게는 그 무엇도 충분치 않다"라고 말했다. (에피쿠로스가 쓴 저서의 원본은 거의 남아 있지 않은 터라 이후에 그의 추종자들과 동료 철학자들이 그의 철학을 널리 알렸다) 나는 이 인용구를 색인 카드에 써서 책상 위에 붙여두었다. 충분한 것으로도 정말로 충분하다는 점을 상기하기 위해.

에피쿠로스는 즐거움은 좋은 것이고 고통은 나쁜 것이라는 단순한 개념을 가르쳤다. (여기에는 논쟁의 여지가 없으리라) 에피쿠로스는 탐닉에 빠지지 말라고 충고했건만 그의 철학이 쾌락주의를 뜻하게 된 것은 의외다. 그는 자신이 충분히 가지고 있다는 점에 감사하면 기쁨을 느끼지만, 항상 더 많이 원하면 고통이 증가한다고 보았다. 그의 철학이 담긴 문구에 밑줄을 쫙 그어서, 화가 나서 일을 그만둔 그 채권 중개인과 〈포브스〉 갑부 명단에서 더 상위에 오르기를 바라던 그 갑부에게 보여주면 좋겠다는 생각이 들었다. 그들은 감사할 이유가 아주 많은데도 핵심에 초점을 맞추지 못했기에 기쁨을 잃은 것이다. 과도함은 잘못된 목표였다.

나는 에피쿠로스를 나의 그리스 영웅 목록에 추가하였다. 며칠 후 코네티컷에 있는 우리 집에서 몇 마일 떨어진 곳에 살며 최근에 주립 경사로 은퇴한 한 남성과 담소를 나누었다. 그는 퇴직 연금을 넉넉하게 받았지만, 아직 젊은 편이었기에 소비에 각별한 주의를 기울였다. 그는 내게 지역 전화회사에 전화를 걸어 더 저렴한 요금제를 알아내고 ("물어보기 전까지는 절대 알려주질 않아요!") 더 저렴한 전기 공급 업체를 발견한 일을 이야기해줬다(미국은 전기, 가스, 수도 공급업체의 민영화가 되어 있어 회사가 다양하다 - 역주). 그는 일하며 주기적으로 봉급을 받던 때가 그립긴 하지만 마음이 좀 더 편안해지고 아내와 네 자녀와 즐겁게 보낼 수 있어서 행복하다고 했다. "고양이 사료를 먹어야 할 정도는 아니잖아요. 그 정도면 충분한 거죠." 그가 말했다.

'충분함'은 나의 새로운 화두가 될 것 같았다. '충분히 가진 것에 감사하라.'

나는 나의 새로운 태도에 만족감을 느끼며 볼일을 보러 바깥에 나갔다가 근처 현금 인출기 앞으로 갔다. 인출기가 토해낸 20달러 지폐 다섯 장을 지갑 안에 넣고서 급히 자리를 떴다. 그 순간 나는 원할 때면 언제든지 돈을 손에 쥘 수 있다는 인식과 함께 '놀랍지 않은가?'하는 생각이 들었다. 내가 가진 것에 감사하기로 한 이상 돈을 의미 있다고 느끼게 해줄 무언가가 필요하다는 생각도 들었다.

빵집 앞을 지나다 어릴 적 《소공녀》를 읽은 기억이 떠올랐다. 그때 돈 한 푼 없는 무산자가 되어버린 작은 소녀 세라에게 얼마나 빠져 있었는지. 춥고 배고픈 채 빵집 창문을 물끄러미 쳐다보던 세라. 빵 냄새를 맡고 안쪽의 온기를 상상할 수 있었지만 빵 한 개 살 돈이 없던 세라. 어린 시절 그 책을 읽으며 눈물을 흘렸고 처음으로 감정 이입을 했다. '세라, 내 동전을 가져가! 네가 빵 하나도 못 산다니 이건 불공평해!'

집으로 돌아와 지하실로 내려가 내 낡은 책을 찾아 다시 읽었다. 세라가 자신은 큰 재산을 물려받은 공주님이라는 점을 알게 되는 마지막 부분에서 또다시 눈물이 핑 돌았다. 세라는 다시 따뜻해졌고 자기 마음대로 할 수 있고 근사한 옷도 입게 되었지만 가난했던 시절을 잊지 못한다. 그래서 빵집 주인에게 찾아가 배고픈 아이들이 창문을 기웃거릴 때 아이들을 안에 들어오게 하여 빵을 좀 주라고, 그리고 청구서는 자신에게 보내달라고 말한다.

나는 한숨을 쉬며 책을 덮었다. 여덟 살 때 세라에게 더 주의를 기울였다면 돈과 감사의 관계를 일찍이 깨달았을 텐데. 몇 가지 연구 결과에서 돈을 이타적으로 쓸 때 잘 쓰는 것이라는 결과가 나왔다. 브리티시 컬럼비아 대학교에서 실시한 한 실험에서 캠퍼스를 걸어 다니는 사람들에게 약간의 돈이(대부분 5달러였다) 들어있는 봉투를 무작위로 나눠주었다. 그리고 그 돈을 그날 안에 자신이나 타인을 위해 써달라고 말했다. 그 실험을 함께 이끈 마이클 노턴Michael Norton 하버드 경영대학원 교수는 자신을 위해 돈을 쓴 사람들은 아무 생각 없이 돈을 썼다는 점을 발견했다. 반면, 타인을 위해 돈을 쓴 사람들은 공짜로 주어진 돈을 어디에 쓸지 곰곰이 생각하고 썼다. 그들은 색다른 경험을 했다. 돈이 특별하게 느껴졌고 하루를 마무리할 때 약간의 행복감을 느꼈다고 보고했다.

노턴은 타인을 위해 돈을 쓸 때 나타나는 긍정적인 효과가 힘들게 사는 지역에서도 똑같이 나타나는지 궁금했다. 그래서 우간다에서도 똑같은 실험을 진행했는데 그 결과는 같았다. 그러니까, 자신을 위해 돈을 쓸 때보다 타인을 위해 돈을 쓸 때 더 만족감을 느끼는 것으로 나타났다.

그 결과를 보니 두 달 전 어느 날 밤의 일이 떠올랐다. 남편은 나와 타임스 스퀘어를 산책하다가 배수구 뚜껑 가장자리에 떨어져 있는 꼬깃꼬깃한 20달러 지폐를 발견했다(사실 떨어진 돈은 내가 생각하던 것보다 흔하게 발견된다). 워낙 수많은 사람이 오가는 곳이라 돈 주인을 찾을 방법이 없었기에 남편은 지폐를 손에 쥔 채로 걸었다. 다음 블록에 가보니 레게음악을 연주하는 거리의 악사 두 명 주위에 인파가 몰려있었다. 우리는 음악을 들으려 발걸음을 멈춘 후에 서로 한참 동안 눈길을 주고받았다. 우리는 그 돈이 우리 돈이 아니며 어딘가에 쓰여야 한다는 점을 직감으로 알고 있었다. 내가 동의의 뜻으로 고개를 살짝 끄덕이자 남편은 20달러 지폐를 악사들이 놔둔 모자에 떨어뜨렸다.

그렇게 했을 때 왜 우리 둘 다 아주 행복했는지 나는 잘 설명할 수 없다. 우리는 다음 길모퉁이에서 우리가 마실 그랜드 라떼를 사거나 'I Love New York'이 새겨진 티셔츠를 살 수도 있었다. 하지만 그렇게 했다면 지금쯤 노턴의 실험에 참가했던 사람들처럼 소중한 경험을 음미하지 못했으리라. 그날 경험은 내 마음에 깊이 각인되었다.

셀리그면 박사도 이와 비슷한 이야기를 해줬다. 그는 우편 요금이 올랐던 시기의 어느 날 1센트짜리 우표를 사러 우체국에 갔다. 영원 우표(구매 시기와 상관없이, 우표 요금이 올라도 언제든 사용할 수 있는 우표 - 역주)가 발행되기 전이었다. 줄이 길어 불만이 점점 차오르던 차에 마침내 자기 차례가 되었다. 우표를 여러 장 사는데 어떤 생각이 번 득 떠올랐다. 그리하여 100개씩 들어있는 우표 세트 10매를 더 샀다.

"1센트 우표 필요하신 분 있어요? 공짜로 드려요!" 셀리그면 박사 는 줄 서 있는 사람들에게 소리쳤다. 그는 원하는 사람들에게 기쁜 마음으로 나눠주었다. 모든 우표가 이내 바닥났다.

"살면서 가장 값지게 쓴 10달러였어요!" 셀리그면 박사는 의기양 양하게 그 일화를 말해주었다.

내가 그달에 가진 돈에 감사했다고 해서 처음보다 더 부자가 되 지도 더 가난해지지도 않았지만, 나의 태도만은 바뀌었다. 오랫동안 돈에 연연하고 돈이 충분하지 않다며 걱정을 하던 나로서는 좀 더 폭넓은 시각을 갖게 되어 뿌듯한 마음이 그득했다.

내 오랜 친구 수잔을 다시 만났다. 수잔은 몇 년 전에 부동산 회 사를 차렸다. 항상 성공 가도를 달려온 수잔은 매우 큰 거래를 얼마 전 성사시켰다. 나는 수잔을 만나는 일이 마냥 좋기만 했다. 수잔은 항상 남자들의 영역에서 일을 해왔다(왜 남자들만 높은 건물을 짓는다고 생각하는가?). 우리는 수잔이 그 소문을 들은 남자들의 코를 납작하 게 해주었을 거라며 즐겁게 농담을 나누었다.

"그 거래건 때문에 행복해. 넌 좀 어때?" 수잔이 말했다.

나는 어깨를 으쓱였다. 나는 수잔이 거둔 경제적 성공을 이루지 못했지만, 부의 사다리에서 다음 단계로 올라서기 위한 관심이 점차 사그라지고 있었다.

"충분히 버니까 잘 내고 있지 뭐. 지금 가진 거에 감사해. 뭐가 더 필요하겠어?" 내가 물었다.

수잔은 마치 내가 알몸으로 이리 운하Erie Canal에 뛰어들라고 제안이라도 한 것 같은 표정을 지었다. 그토록 오랫동안 알아온 이 친구가 왜 이러지? 이런 생각을 하는 듯했다. 수년 동안 돈 걱정을 하는 내 이야기를 들어왔던 터라 수잔은 나의 새로운 태도에 놀라면서도 우려스러운 듯했다.

"아직도 열심히 일하니?" 수잔은 걱정스러운 듯 물었다.

"아주." 나는 장담했다. 뒤이어 객관식 시험의 용어를 사용해 이렇게 말했다. "현재에 감사하는 것과 미래를 위해 열심히 일하는 것을 '참, 참, 관련 없음'으로 생각하면 돼."

며칠 후였다. 그달이 끝나갈 무렵이었는데 남편과 나는 우리 집 재무 상태에 대한 이야기를 나누려고 함께 앉았다. 남편은 내가 늘 하던 앓는 소리를 들어줄 준비가 된 듯했다. 하지만 나는 재무 표를 들여다보기 전에 수표장을 꺼냈다.

"뭐하는 거야?" 남편이 물었다.

"수표 다섯 장에 각각 백 달러씩 적으려고. 내가 가진 돈에 감사하는 가장 좋은 방법은 그 일부를 기부하는 일 같거든."

"누구한테?" 남편이 물었다.

"그걸 정하는 게 재밌을 거 같아. 함께 생각해보자고." 나는 남편에게 입맞춤하며 말했다.

부부가 돈 때문에 가까워지기보다 서로 등 돌리는 일이 더 흔하다. 하지만 그날 밤 우리 집 재무 표는 예전보다 훨씬 좋아 보였다. 그리고 우리 부부의 표정도 서로에게 훨씬 좋아 보였다.

The
GRATITUDE
DIARIES

7장 | 감사하며 일하는 즐거움

정말 감사하다.
올 한 해 나의 일이 감사에 대한 글을 쓰는 것이어서!
제임스 본드와 대화를 하며 즐거움에 대해 배울 수 있어서 감사하다.

감사하면 나의 포부가 줄어드는 것이 아니라
증가한다는 점을 알게 되어 행복하다.

이달에는 감사하면 일과 경력을 대하는 나의 태도가 어떻게 변화되는지 알아보고 싶었다. 최근에 물건보다 경험이 더 소중하다는 것을 깨닫고 돈을 다시 생각하게 된 점은 여러모로 유익했다. 하지만 내 직업을 새로운 시각으로 본다고 생각하자 불편한 마음이 스며들었다. 다음 단계를 고민하지 않고 현재에 만족해야 감사를 느낄 수 있다. 하지만 고민하지 않으면 다음 단계라는 것이 과연 존재할까?

일반적으로 포부가 큰 사람들은 현재까지 이룩한 결과물에 자족하지 않는다. 다음에 나아갈 방향에 초점을 오롯이 맞추기 때문이다. 어떤 직종에서든 진취적인 사람은 출세할 방법을 생각한다. 출세의 영역은 더 많은 돈이나 더 근사한 사무실, 더 높은 직함이나 더 강한 영향력, 더 많은 흥행 수익이나 더 많은 트위터 팔로워까지 다양하다. 몇몇 사람들에게 이달의 내 목표가 작가인 내 직업에 좀 더 감사하는 일이라고 말하자, 그들은 의심의 눈초리로 나를 보았다. 그들은 내가 만일 그동안 이뤄놓은 결과에 더 자족한다면 지금 걸어가던 길에서 이탈할 거라 생각했다. 내가 행복한 감상에 빠져 지내다 결국 정체될 거라고 우려했다.

하지만 나는 그렇게 될 거라고 생각하지 않았다. 사실 그와 정반대 현상이 일어날 것 같았다. 최근에 내 삶의 많은 부분에 감사하기 시작하면서 어느새 하루하루를 더 열정적으로 받아들이는 사람이 되어 있었다. 봄부터 아침에 더 일찍 일어났고, 예기치 못했던 활력이 더 생겼다. 세상의 좋은 점을 바라보자 삶의 적극적인 참여자가 되고 싶었다. 나는 감사 심리학 전문가인 로버트 에몬스에게 상담을 받아보기로 했다. 감사라는 주제를 10년 동안 연구해온 분이니 '감사하면 포부가 줄어드는가'라는 문제에 이미 직면해봤으리라는 판단이 들어서였다. 내 생각이 맞았다.

"감사하면 현실에 안주하여 게을러지고 운명을 개척하기 위한 동기부여가 안 된다는 우려를 자주 들었어요. 하지만 우리가 시행한 조사 결과에 따르면 그와 정반대 현상이 나타나요. 감사하는 사람들이 그렇지 않은 사람들보다 목표 달성을 더 잘합니다."

나는 감사한다고 해서 게을러질 거라고 생각하지는 않았다. 하지만 감사가 목표를 달성하려는 마음을 약화하는 것이 아니라 실제로 강화한다는 말을 들으니 다소 놀랐다. 그렇다면 감사가 어떻게 도움이 되는 걸까?

에몬스 박사는 "의식적으로 감사하는 연습을 하는" 사람들에겐 목표 의식과 성취욕이 생긴다고 했다. 에몬스 박사는 이를 증명하기 위해 간단한 실험을 했다. 그는 실험 참여자들에게 앞으로 10주 동안 달성하고 싶은 여섯 가지를 적어보게 했고, 그들 가운데 임의로 몇 명을 선택하여 일주일에 한 번씩 감사일기를 쓰는 과제를 내주었다. (일주일에 한 번? 식은 죽 먹기네!) 그는 실험이 끝났을 때 감사하는 사람들이 그렇지 않은 사람들보다 각자의 목표 달성에서 20퍼센트 더 진전을 보이며 더 열심히 노력한다는 결론을 내렸다.

에몬스 박사의 추산은 '봉급 인상이라는 목표에 어떻게 20퍼센트 더 가까워질 수 있다는 거지?' 같은 의구심을 불러일으킬 듯했다. 하지만 나는 그 결론에 의구심을 품지 않았다. 그 결론이 대체로 내가 했던 경험과 일치했기 때문이다. 에몬스 박사는 감사하는 사람들이 소극적으로 가만히 앉아있지 않고 의욕을 느껴 행동을 취한다는 사실을 발견했다.

겉으로 드러난 측면을 볼 때 일부 사람들은 자신의 직업에 마땅히 감사해야 할 것처럼 보인다. 누가 유명 영화배우나 회사 사장이나 기술 분야 사업가가 되고 싶지 않겠는가? 하지만 감사하는 마음은 아무리 유익한 것일지라도 직무 기술서에 명시되지는 못한다. 내가 이러한 부분을 이해했던 것은 예전에 일을 하며 멋진 순간을 보낼 때였다. 그때 나는 런던 도체스터 호텔의 고급스러운 스위트룸에 앉아 잡지 표지 기사의 주인공 다니엘 크레이그와 대화를 나누었다.

그는 제임스 본드 시리즈인 〈카지노 로얄〉의 촬영을 막 끝낸 참이었다. 지금으로선 믿기 어렵지만, 아침 일찍 전화를 걸었을 때 그의 반응이 시큰둥했다. 나는 제임스 본드 영화와 관련하여 맨 처음 인터뷰를 맡은 미국인 리포터였다. 객실 안으로 걸어 들어갔을 때 다니엘 크레이그는 창백하고 근심 있는 표정이었다.

잠시 가볍게 담소를 나누는 사이 다니엘 크레이그는 아침 식사를 주문했다. 룸서비스로 나오는 일본 특별식이었다. 음식이 나오자 그는 젓가락을 만지작거리더니 차가운 파란색을 띠는 눈으로 나를 쳐다보았다.

"난 본드 시리즈를 망치고 싶지 않아요." 그가 말했다.

다니엘 크레이그는 낮에는 촬영장에서 대단히 힘든 일정을 소화하고, 밤에는 헬스장에서 007 영화를 위해 근육질 체격을 만드는 생활을 오래 한 터라 육체적으로 피로한 상태였다. 상체를 구부려 아침 식사를 하는 그는 액션 영웅처럼 보이지 않았다. 하지만 그는 자신이 영화에서 아주 말끔하게 나오며 턱시도를 입은 모습이 끝내주게 멋있다고 장담했다(영화를 보고 난 후 그 말에 동의했다).

"이제 촬영도 다 끝났으니 어딘가에 있는 해변에서 안락의자에 푹 파묻혀 있고만 싶네요." 그가 한숨을 쉬며 말했다.

크레이그는 이제 생활이 바뀔 거라는 점은 알았지만, 정확히 어떻게 바뀔지는 알지 못했다. 크레이그는 팬들을 위해 멋진 영화를 만들어야 하고 배우로서 완벽한 경력을 유지해야 한다는 걱정 때문에 현재를 즐기지 못하고 있었다. 나는 이제 곧 세계적인 우상이 되려고 하는 배우가 행복을 느끼지 못한다는 점을 알아차렸을 때 내심 놀랐다(지금도 마찬가지지만).

나는 크레이그의 손목에 있는 팔찌를 발견하고 그것을 보려 상체를 기울였다.

"즐거움을 누릴수록 완벽한 인간에 가까워진다." 나는 팔찌에 새겨진 글을 읽었다.

크레이그는 입을 꾹 다문 채 미소를 지었다. "스피노자가 한 말이에요." 그가 17세기 철학자 이름을 언급했다. "즐거움이 사람을 완벽하게 한다는 개념이 맘에 들어요. 삶에서 새겨야 할 철학 같지 않아요?"

영화 세계의 무게가 그의 넓은 어깨를 짓누르는 때에, 스피노자 말이 새겨진 팔찌가 삶에 감사하고 삶의 즐거움을 찾아야 한다는 점을 상기해주고 있었다.

"즐거움과 감사. 지금 당장은 이 두 가지를 못 느끼고 있어요. 하지만 이제 느껴볼 계획이에요." 그가 말했다.

크레이그는 영화 촬영장에서 즐거움을 저절로 느낄 수는 없으며 본인이 찾아내야 한다는 점을 이해했다. 긴장된 상황에서 감사를 느끼면 긴장을 누그러뜨리고 폭넓은 시각을 갖는 데 도움이 된다. 크레이그는 이러한 부분이 중요하다는 점을 알았다. 크레이그는 굉장히 냉철하고 섹시하고 강인하고 통찰력이 있지만 감사와는 거리가 멀었다. 하지만 행복에 대해 철학적으로 사색하려고 했으니 상당히 현명하다고 볼 수 있다. 이후에 〈카지노 로얄〉이 본드 시리즈 가운데 가장 많은 흥행 수익을 올렸을 때 나는 크레이그의 기분이 예전보다 훨씬 더 좋아졌기를 바랐다. 나는 우리 모두 스피노자의 말이 새겨진 팔찌를 손목에 차고 다니면 좋겠다는 생각을 했다. 영화배우든 택시 운전사든 일에서 느끼는 행복은 외부가 아니라 내면에서 오는 것이기 때문이다.

✝ ✝ ✝

감사하며 사는 한 해 프로젝트를 진행하며 기분이 아주 상승한 나는 내가 발견한 사실들을 사람들과 어떻게 나눌까 생각해보았다.

다른 사람들에게 자신의 삶을 '지금 당장' 더 좋게 만들 수 있다는 점을 알려주고 싶었다. 최근에 내가 좋아하는 저작권 대리인을 만났다. 바람이 세차게 부는 날 시내를 걸어 그녀의 사무실로 갔고 내가 하는 일을 설명해줬다.

"그거 맘에 드네요." 앨리스는 내 말에 곧장 호의적인 반응을 보였다. 그러더니 무슨 비밀 이야기라도 하듯 목소리를 낮추더니 이렇게 말했다. "남편에 대한 태도가 바뀌었다니 정말 멋지네요. 제 남편도 아주 좋은 사람이라 제가 감사의 바다에 빠져야 할 판이지만 너무 쉽게 망각해서 그런 표현을 한 번도 못 했지 뭐예요!"

"어렵지 않은 일이고 효과도 좋아요." 내가 장담했다.

"그걸 글로 한번 써봐요." 앨리스가 단호하게 말했다. 그렇게 해서 우리는 내가 개인적으로 쓰는 감사일기를 바탕으로 이 책을 집필하는 데 동의했다. 나의 일 년짜리 취미는 이제 나의 일도 되었다.

　나는 지난 20년 동안 대부분 시간을 사무실이나 제작 스튜디오를 드나들며 해야 하는 일에 파묻혀 지냈다. 그런데 이제 온종일 글을 쓰며 지내다 보니 동료들과 함께 일하던 때가 그리웠다. 나는 이달의 내 목표가 내 일에 감사하는 것이라는 점을 누구와도 공유할 수 없었다. 하지만 나 자신과 대화를 하면 된다는 생각이 들었다. 그리고 캘리포니아 산타모니카에 사는 굉장한 소설가이자 친한 친구인 로버트 마셀로와도 이야기를 나누기로 했다. 풍자적이고 똑똑하고 항상 재미있는 그 친구는 뉴욕에서 서로 젊은 작가로 만났을 때부터 나에게 웃음을 선사했다. 마감일을 맞춰야 하고 컴퓨터 앞에 붙박여 있어야 하는 신세를 서로 위로하고자 전화를 걸 때면 그는 항상 힘을 불어넣었다. 수년 동안 텔레비전 프로그램 제작을 위해 로스앤젤레스를 주기적으로 다녀오던 시절에 우리는 자주 저녁을 함께 먹었다. 그때는 내가 판공비를 받았기 때문에 후식도 주문할 여유가 있었다. ("한 개를 반으로 나누지 않아도 되는 거지?" 언젠가 로버트가 기쁜 목소리로 말했다. "그러니까 난 내 크렘 브륄레를 먹어도 된단 거지?")

　나는 로버트에게 전화를 걸어 내 계획을 말해주었다. 매일 내 직업에 감사한 이유를 세 가지씩 생각하기로 했는데 로버트도 동참해주길 바랐다. 내가 일어나는 시각인, 동해안 지역 기준 아침 일곱 시는 캘리포니아 기준 새벽 네 시와 같은 시각이다. 로버트는 대개 이 시간에 잠을 잔다(내가 알기로는 로버트에게 불면증이 있었다). 그러니까 우리는 같은 시간에 감사 목록을 쓰고 트위터나 문자로 서로에게 내용을 보내면 되는 거였다. 감사의 순환이 널리 퍼지겠구나!

"예를 하나 들어봐." 로버트가 신중하게 물었다.

"좋아, 난 관심 가는 사람들을 인터뷰할 수 있어서 지금 내가 작가인 것에 감사해. 긍정적인 측면을 보니까 내게 많은 이득이 되고 있어. 그리고 내가 낼 책 역시 사람들에게 도움이 될 거고."

"내가 낼 책은 사람들이 안 읽는 게 이로울 텐데." 로버트는 농담을 했다.

나는 웃었지만, 로버트에게 자신을 비하하는 태도가 사라지고(로버트는 자기 비하를 아주 정감 있게 잘한다) 긍정적인 태도가 생겨날 거라고 말했다. 그리고 글쓰기에 대해 서로 고무적인 생각을 나누면 좋은 기운을 얻어 하루의 일이 좀 더 긍정적으로 보일 거라고도 했다. 이는 우리에게 다니엘 크레이그의 스피노자 팔찌 같은 역할을 할 터였다.

"자, 한번 해보라고. 넌 네가 작가인 것에 감사한 이유 세 가지를 생각해낼 수 있어." 내가 재촉했다.

"그래, 할 수 있어." 로버트가 분발했다. "첫째, 나는 나만의 터무니없는 일정에 따라 일할 수 있고, 알람시계에 맞춰 일어나지 않아도 된다. 둘째, 고등학교 다닐 때 나를 거들떠보지도 않던 인기 있던 여자애들이 그때를 후회하고 있다. 셋째, 어느 날 오후 공원에 앉아 있다가 사람들이 사무실로 황급히 들어가는 모습을 보면서 알게 된 사실인데, 작가는 부자와 같다. 돈이 없는 것만 빼고는!"

"말에 냉소가 흐르네." 나는 웃으며 말했다.

로버트는 자신이 로스앤젤레스에 처음 이사 와서 구성 편집자로 지상파 방송 프로그램을 여러 개 맡았을 때, 감사와 일에 대해 자기 나름의 통찰을 했다고 잠시 진지하게 말했다. 그는 많은 사람이 그토록 하고 싶어 하는 고수익에 명망 있는 직업을 꿰찼지만, 프린스턴 대학의 교육을 받고 미 동해안 출신의 지식인인 자신은(제프리 초서의 시를 재미로 읽으면서) 유명한 초능력 드라마 〈참드〉의 구성 편집자 일에 매력을 전혀 못 느꼈다고 했다. 그는 작가실에 앉아 다른 작가들과 몇 시간이고 세부 줄거리를 논의하는 데 점점 좌절감을 느꼈다. 그러던 어느 날 그의 팀원들이 주인공들의 동기에 대해 10시간 정도를 (아니면 그렇게 길게 느껴졌는지도 모르지만) 논의했을 때 그는 주문을 외워 공기 중으로 확 사라지고 싶었다고 한다.

"우린 예쁜 마녀 삼총사를 다룬 드라마의 각본을 쓰고 있었어. 그 마녀들에게 도대체 얼마나 많은 동기가 필요했을까? 나 자신이 너무 불쌍해지기 시작했어. 내 삶이 낭비되고 있다는 느낌이 들었거든." 로버트가 말했다.

피곤한 데다 화가 치솟은 로버트는 남자 화장실로 가서 차가운 물을 얼굴에 끼얹었다. 대리석 세면대에서 거울 속을 빤히 쳐다보고 있노라니 청소부가 행복하게 휘파람을 불며 들어오는 모습이 보였다. 청소부는 세면대를 닦으며 날씨도 아주 좋고 LA에 살아 얼마나 운이 좋은지 모르겠다며 로버트에게 감탄의 말을 쏟아냈다.

"뭐, 그렇죠." 로버트가 종이 타월로 얼굴을 닦으며 말했다.

청소부는 여전히 기분 좋게 휘파람을 불며 변기를 청소하러 들어갔다. 로버트는 거울 속 자신의 모습을 빤히 쳐다보았다.

"난 속으로 말했어. 이 거만하고 못난 놈! 그 멋진 남자가 일주일에 버는 돈보다 내가 한 시간에 버는 돈이 더 많았을 거야. 하지만 그 남자는 자기 일에 감사했고 나는 내 일을 너무 싫어했어. 그 남자가 나보다 더 행복하다는 건 무슨 의미였을까?"

로버트는 화장실 청소를 하든 텔레비전 방송의 대본을 쓰든 실제 하는 일보다 그 일을 하는 태도가 더 중요하다는 사실을 깨달았다고 했다. 대부분의 일은 보람이 있으면서도 힘들고 단조로운 면도 있기 마련이다. 이때 긍정적인 측면에 초점을 맞추면 비참함이 아닌 즐거움을 경험하게 된다. 텔레비전 방송 대본을 쓰는 일에 낙담하느냐 매력을 느끼느냐는 오롯이 그에게 달린 문제였다.

"그때 일종의 돌파구가 된, 잊지 못할 깨달음을 얻었어. 한 10분 이상은 잊지 않고 있었던 것 같아. 그런데 내 자리로 돌아가자 다시 기분이 안 좋아지는 거야. 하지만 적어도 그래선 안 된다는 건 알고 있었어! 그게 변화된 부분이라 할 수 있지!"

로버트와 대화를 나눈 지 이틀 후 대학 동문회 연락망을 통해 20대 초반의 한 남자 후배가 전화를 걸어왔다. 내게 직업과 관련한 조언을 듣고 싶어 했다. 나는 그 후배와 만나기로 했다(거절할 수 있었겠는가?). 그는 탄탄해 보이는 첫 직장을 얻었다. 바로 디지털 광고 대행사였다. 하지만 우리가 카페오레를 홀짝이는 동안 그는 하는 일이 별로 재미없고 어떤 날에는 녹초가 된다며 불평을 늘어놓았다.

"그러니까 일이지 달리 일이겠어요." 나는 농담을 해보았다.

"그렇긴 하죠. 하지만 전 더 나은 일을 할 자격이 있다고 봐요." 남자 후배는 내 말을 재밌어하지 않았다.

로버트가 말한 '거만한'이라는 단어가 내 머릿속을 휘젓고 다녔지만, 그것을 머릿속에서 밀어내었다. 내가 요청받은 일은 도덕적 판단이 아닌 조언이었기에 앞으로 디지털 광고가 진출할 수 있는 다양한 방향을 이야기해주었다. 그는 내 긍정적인 조언을 받아들일 생각은 안 하고 사장에 대한 불만을 털어놓고("글쎄 자기가 나보다 훨씬 더 똑똑하다고 생각한다니까요!") 잦은 야근을 불평했다. 나는 그가 판공비에 대해 이야기를 할 때("매일 밥 먹으러 가는 곳이 고작 치폴레라니까요!") 특권의식이 너무 지나치다는 생각이 들었다.

"그런 직업이라도 있어서 감사할 줄 알아야죠!!" 나는 호통치듯 말했다.

나는 그 말을 하면서 내 머리카락이 흰색으로 변하고 턱에서 수염이 거뭇거뭇 자라는 기분이 들었다. 그 순간 오랫동안 잊고 있던 대공황 시대의 증조부로 빙의되었기 때문이다. 수많은 사람이 실직하여 묵은 빵과 정어리 통조림으로 살아가던 그 시절에는 직업이 있음에 감사해야 한다는 점에 모두 진정으로 공감했다. 하지만 부모의 지원을 받고 대학을 졸업하여 자신은 아침 아홉 시부터 오후 다섯 시까지 즐겁게 일할 자격이 있다고 생각하는 요즘의 젊은이들은 일에 대한 감사를 전혀 모른다.

그 자리를 떠나며 내가 한 말이 내가 우려하는 것처럼 구식은 아닐 거라는 생각을 했다. 현재 직장을 얻으려 고군분투하는, 다양한 사회, 경제적 계층에 속한 사람들은 완벽하지 못한 일자리나마 얻게 되면 진실로 감사할 것이다. "박사 학위를 세 개나 소지했는데 실직했다며 우는 사람들을 봤어요." 사무원이던 한 여성은 실업 수당 신청서를 내가 아는 사회 복지사에게 제출하면서 이런 말을 했다. 불안감이 많은 사람에게 남아 있는 현실이다.

하지만 식료품 무료 배급이나 실업 수당을 받아야 하는 부류에 속하지 않을 정도로 운이 좋은 사람들도 일에 대한 감사를 잘 느끼지 못한다. 내가 실시한 조사에서 사람들에게 여러 항목에서 얼마나 감사를 느끼는지 물었을 때 맨 마지막 순위에 온 것이 '현재 직업'이었다. 현재 직업에 감사를 표현한 사람은 39퍼센트밖에 안 되었다. 연봉 15만 달러 이상인 사람들의 경우 이 수치가 더 올라갔다. 하지만 이 고소득자들 가운데서도 약 40퍼센트의 사람들은 자기 일에 감사하지 못했다. 이는 직장에서 사람들이 대우받는 방식이 전반적으로 변해야 한다는 점을 암시할 만큼 높은 수치다. 하지만 항상 그렇듯 우리가 바꿀 수 있는 중요한 부분은 우리의 사고방식이다. 내 친구 로버트가 깨달았듯이 말이다.

나의 두 아들은 자라면서 "제레미 같은 사람이 되는 것"에 대한 이야기를 이따금 했다. 둘은 제레미를 만난 적은 없지만 긍정적이고 감사하는 태도로 사업에서 성공한 인물의 본보기로 내가 (심지어 아이들이 어릴 때도) 자주 하는 말을 들었다. 그 당시 나는 한 텔레비전 방송의 선임 프로듀서였고 제레미는 우리가 고용한 많은 하계 인턴사원 중 한 명이었다. 매일 방영되는 방송인만큼 정신없이 빠른 속도로 제작되는지라 아무도 인턴사원들에게 신경 쓸 시간이 없었다. 리포터들은 그들에게 중요하지만 단조로운 일들을 시켰고 (테이프 좀 돌려봐! 조사 결과지 좀 가져와 봐!) 인턴사원들은 삼삼오오 모여 불평을 털어놓는 데 많은 시간을 보냈다.

하지만 제레미는 예외였다. 제레미는 방송 제작에 도움을 주게 해주어 고맙다는 말을 했다. 그는 경험할 수 있어 운이 좋다고 느꼈다. 리포터들이 방송 준비로 정신이 없을 때 제레미는 아무리 커피 심부름일지라도 기꺼이 도움을 주려 했다. 어느 날 내가 편집 때문에 밤늦게까지 일할 때 제레미는 편집실 뒤에서 지켜봐도 되느냐고 물었다.

"그렇게 할 필요는 없어." 내가 말했다.

"하지만 제가 배울 수 있는 건 다 배우고 싶어요. 이곳에서 일할 기회를 얻어 정말 감사할 따름이에요." 제레미가 말했다.

여름이 끝나갈 무렵 우리는 인턴사원들의 이름을 대부분 기억하지 못했다. 하지만 제레미에게는 대학교를 그만두고 전임으로 일하지 않겠느냐고 제안까지 했다. 제레미는 현명하게도 거절했지만, 졸업을 한 후 방송국에서 첫발을 내디뎠다. 그의 감사하는 태도는 그의 포부를 약화시키지 않고 오히려 강화해주었다. 불만족스러워한 인턴들은 불평할 이유가 있었겠지만 (커피 심부름이나 테이프 정리가 귀찮기는 했을 것이다) 그렇다면 무엇을 이루었는가? 제레미는 그 경험을 확 뒤집어 생각해 긍정적인 면을 보았고 온전한 경력을 쌓았다. 제레미와 이야기를 나눈 지 오래되었지만 내가 알기로 그는 지금쯤 방송국을 떠나 유기농 농사를 짓는 농부로 살아가고 있을 것이다. 하지만 농부면 어떠랴. 아마 주위의 모든 사람이 그와 함께 신선한 블루베리를 따고 싶어 할 것이다.

어떤 일에든 장단점이 있다. 그런데 부정적인 측면만 생각하면 기분 나쁜 경험만 하게 된다. 아무리 어려울지라도 긍정적인 측면에 초점을 맞추려 노력하면 대부분의 일은 웬만큼 좋게 느껴지기 마련이다. 우리는 살면서 제레미 같은 사람들을 보게 된다. 드러그스토어의 쾌활한 점원일 수도 있고 정류장을 확인해주는 친절한 버스 운전사일 수도 있다. 긍정적인 사람은 승진하거나 더 좋은 일자리를 찾을 가능성이 크다. 사람들은 감사하며 좋은 기운을 퍼뜨리는 사람에게 도움을 주고 싶어 하기 때문이다.

긍정적인 태도가 자연스럽게 묻어나오는 사람들도 있지만, 대부분 사람들은 그런 태도를 갖추기 위해 부단히 노력해야 한다. 바로 이런 점에서 감사하는 기술이 도움이 된다. 나는 이러한 기술 가운데 하나를 국립가족학습 센터의 부회장 에밀리 커크패트릭에게 배웠다. 내가 높이 평가하는 이 센터는 읽기와 쓰기를 가르치는 기관이다. 에밀리는 모두 네 살이 안 된 아들 세 명과(귀여운 쌍둥이를 포함해) 주 공화당에서 높은 자리에 있는 남편과 켄터키 루이빌에서 거주하고 있다. 가정이나 일에 모두 열정적인 에밀리는 너무 스트레스를 받아 이 두 가지 영역 어디에서든 감사 거리를 찾기 어려울 때가 종종 있다고 말했다. "전 긍정성을 타고나진 않았어요." 에밀리는 정기적으로 가는 출장 중에 나와 함께 커피를 마시며 그런 말을 했다.

에밀리는 저녁에 사무실을 나와 집까지 운전해 가다 보면 그날 제대로 안 풀린 모든 일을 어느새 곰곰이 생각하고 있었다. 인간의 생존을 이른바 독이 있는 산딸기 이론으로 설명하거나 인간이 나쁘거나 위협적인 것에 초점을 맞추도록 유전적으로 프로그램화되었다고 말한 심리학자들을 기억하는가? 그러한 능력이 상당히 뛰어난 에밀리는 아마 원시림에서 최고의 승자가 되었을 것이다. 하지만 저녁마다 다섯 가지 좋은 일보다 한 가지 나쁜 일만 골똘히 생각하는 바람에 신경이 곤두섰다. 그러다가 이제 그만해야겠다는 생각이 밀려왔다. 그래서 자동차에서 보내는 20분을 그날 일어난 좋은 일을 생각하는 시간으로 바꾸기로 했다.

"좋은 일만 생각하려고 처음엔 얼마나 애썼는지 몰라요." 에밀리는 웃으며 말했다. "그런데 얼마 후부터는 좀 더 자연스럽게 되더라고요." 에밀리는 스트레스를 느끼고 걱정을 하며 (문제에 집중하면 그렇게 된다) 집까지 운전하는 대신 감사 거리를 찾으며 운전을 하자 긴장이 누그러지고 긍정적인 마음이 되었다. "이젠 예전보다 행복하고 에너지가 채워진 기분으로 집에 들어가요. 그렇게 하니까 저나 제 아이들에게 훨씬 좋은 거 있죠." 에밀리가 말했다.

에밀리는 직장에서 일을 굉장히 잘했지만 앞날에 의문을 품고 있었다. 자신보다 나이가 많은 회장이 언제 은퇴하는지, 그렇게 되면 이사회가 어떻게 나올지, 단체의 정치적 방향은 어떻게 흘러갈지 등 모두 불확실하게 여겨졌다. '언젠가 나도 떠나야 하나? 그렇게 될지 누가 알아?' 이런 생각이 들었다. 하지만 이제 한쪽 눈은 미래를 향해 있어도 다른 한쪽 눈은 현재에 감사하는 데 초점을 맞추기로 단단히 결심했다. 에밀리가 매일 저녁 20분 동안 감사하며 운전을 한 것은 현명한 방법이었다. (이 방법을 쓰는 사람들이 더 많아진다면 난폭 운전이 줄어들 텐데)

코넬대 심리학 교수인 톰 길로비치는 이런 말을 했다. "사람들은 근사한 것을 가지려고 애를 씁니다. 그러다가 그게 일단 손에 들어오면 별다른 즐거움을 느끼지 못하죠. 이것이 바로 습관화의 부정적인 면입니다." 어느 순간 나를 행복하게 만든 성취는 곧장 더 크고 더 나은 성취로 바뀌어야 한다. 이는 성취 분야와 상관없이 맞는 말이다. 판매 영역이 작은 사람이라면 그 영역을 확장하고 싶어 한다. 분점을 운영하는 사람이라면 회사를 운영하고 싶어 한다. 하지만 그토록 원하던 위치에 일단 오르게 되면 생각했던 것만큼 만족스럽지 못할 수도 있다. 내가 볼 때 이른바 '적응의 놀라운 힘'을 피하는 유일한 방법은 바로 지금 감사하는 일이다.

에밀리와 대화를 나누고 집으로 돌아왔을 때 책장에 덩그러니 붙어있는 사진 한 장을 발견했다. 〈더 티브이 가이드 어워즈 쇼The TV Guide Awards Show〉의 제작 책임자였던 어느 날 밤에 의기양양하게 찍은 사진이었다. 그 프로그램은 당시 폭스사에서 방영된 두 시간짜리 특집 방송이었다. (첫해에는 슈퍼볼 경기의 광고도 따내었다) 사진 속의 나는 호리호리한 몸매에 유명 디자이너에게 빌린, 1만 2천 달러짜리 은구슬 장식 드레스와 고급 보석상에서 빌린 반짝이는 다이아몬드 장신구 차림으로 레드 카펫에서 포즈를 취했다. 턱시도를 말끔하게 차려입은 잘생긴 남편은 한쪽 팔을 내 어깨에 두르고 있었다. 나는 웃고 있었고 행복해 보였다.

그런데 그 사진을 물끄러미 쳐다보고 있자니 이런 의문이 스멀스멀 밀려왔다. 그날 밤 나는 감사할 줄 알았던가? 다이아몬드 장신구를 빌려온 홍보 담당자들에겐 분명 고마워했다. 하지만 내 정신은 온통 프로그램에 대한 내 임무와 시청률이 기대에 미칠 것인가 하는 점에 집중되어 있었다. 만일 내가 그때 감사일기를 써왔더라면 그날 밤의 기분 좋은 이벤트를 좀 더 누렸을 텐데. 지난날을 뒤돌아볼 때만 일에 대한 감사를 느낀다면 참으로 부끄러운 일일 것이다.

✟ ✟ ✟

그렇다면 지금 몸담은 직업에 감사하는 법을 어떻게 배울 수 있을까? 그것이 시도할 가치가 있는 일이라는 점에는 이론의 여지가 전혀 없지만 쉽지 않은 일이라는 점 또한 분명하다. 한 관리직 헤드헌터는 고객들에게 현재 하는 일에 감사하는 한편 앞으로 다른 자리가 생길 것이라 믿으라고 격려한다고 말했다.

"관리자가 감사하지 못하고 특권 의식에 사로잡히면 직원들이 대부분 감지하죠. 그러면 같이 일하는 사람들만 화나게 할 뿐입니다."

그는 금융업에 종사하는 한 젊은 남자에 대해 말해주었다. 남자는 그 헤드헌터의 도움을 받아 회사를 옮기자 기분이 아주 좋아 고마움의 표시로 스카치 위스키 한 병을 보내주었다. 하지만 헤드헌터가 위스키를 마시기도 전에 남자는 주기적으로 전화를 걸어 다음에 옮

겨갈 만한 더 높고 보수도 더 좋은 자리 없느냐고 물어왔다.

"하도 그러니까 '이봐, 지금 맡은 자리에 감사하라고. 그 자리에서 잘릴 수도 있으니까'라는 말을 해주고 싶더라고요. 하지만 아무도 그 사실을 믿지 않죠."

나는 일전에 동계 올림픽을 보면서 감사에 대해 생각해보았다. 스포츠란 성취 결과가 아주 분명하게 나타나는 분야기 때문에 그런 생각을 하는 계기가 되었다. 경기에선 금메달, 은메달, 동메달 가운데 하나를 받거나 아니면 '노'메달이다. 그런데 경기 마지막에 선수들의 반응을 보아하니 경기를 어떻게 끝냈는가 하는 점보다 처음에 어떤 기대를 했는가 하는 점과 더 관련이 있는 듯했다. 어떤 동메달 수상자들은 시상대에서 감격하여 환하게 웃으며 손을 흔들었다. 그들이 간발의 차이로 메달을 따지 못할 수도 있었다는 점을 아는 사람들이 많았다. 하지만 2위를 하고도 충격을 받은 표정을 짓는 선수들도 있다. 스포츠에서든 인생에서든 우리의 태도는 애초에 했던 기대의 영향을 받기 마련이다.

1892년, 위대한 철학자인 윌리엄 제임스William James는 사람들이 절대적인 평가를 하지 않고 남과 비교하며 산다는 점을 간파했다. 그리하여 '세계에서 단 한 명만 빼고 모두 이긴, 세계에서 둘째가는 권투 선수이거나 조정 선수임에도 죽도록 괴로워하는 2등의 역설'에 관한 글을 썼다. 선수는 가령 금메달처럼 자신이 놓친 것을 올려다보며 패배감을 느낄 수도 있고 자신보다 낮은 성과를 낸 선수들을 내려다보며 승리감을 느낄 수도 있다.

유감을 감사로 바꾸는 일은 비교 기준을 바꾸는 문제로 귀결되기도 한다. 나는 캐나다 프리스타일 스키 선수 알렉스 빌로도Alex Bilodeau가 완벽에 가까운 경기를 한 후, 사이드라인에서 열광적으로 응원하던 뇌성마비 형 프레더릭에게 달려가 껴안는 모습을 지켜보았다. 나중에 알렉스는 기자들에게 잘 걷지도 못하는 형은 기회도 못 얻었는데 자신은 건강하여 꿈을 향해 매진할 수 있었던 것에 감사하게 생각한다고 말했다. 자신이 가진 것에 대한 감사의 고백이 상당히 마음 아프게 와 닿았다. 인생 상담 코치인 토니 로빈슨Tony Robbinson은 주말에 열리는 그 유명한 몰입 세미나에서 ('내면의 힘을 불러일으키기 위해' 마련된 세미나라고 한다) 이런 말을 자주 한다. 우리가 기대하는 마음을 감사하는 마음으로 바꾼다면 이 세상이 순식간에 바뀔 거라고.

진심으로 감사를 표현하는 선수들과 배우들은 늘 매력적으로 보인다. 유명한 시트콤 〈사인펠드Seinfeld〉의 방영이 끝나던 해에 내가 느꼈던 것처럼. 제리 사인펠드Jerry Seinfeld는 자신의 인기가 하늘 높은 줄 모르고 치솟자 뒤로 한 걸음 물러나고 인터뷰도 많이 하지 않기로 했다. 하지만 나는 역대 텔레비전 드라마 가운데 최고의 50편을 다룬 특집 기사를 준비하면서 〈사인펠드〉를 단연 1위로 선정했다.

제리는 내가 전화를 걸어 그 사실을 알려주자 겸손하고 정중한 목소리로 그러한 찬사를 받게 되어 얼마나 영광인지 모른다고 했다. 제리는 자신이 출연한 시트콤이 〈신혼 여행객들The Honeymooners〉이나 〈왈가닥 루시I Love Lucy〉 같은 명작을 제쳤다는 사실에 놀라워하면서 특집 방송에 나오겠다고 약속했다.

제리는 나와 인터뷰하는 날 홍보 담당자나 수행원을 대동하지 않고 스튜디오에 혼자 나왔다.

"안녕하세요, 제가 잘 찾아온 거 맞나요?" 제리는 문으로 들어오며 말했다.

제리는 내게 너무도 친숙했다. 나는 잠시 생각에 빠져 그를 자리에 앉히질 못했다. 우리가 같은 고등학교에 다녔나? 하계 캠프를 같이 갔었나? 참, 그렇지. 그제야 나는 어렴풋이 인지했다. 제리 사인펠드가 도착했다는 사실을. 아주 오랫동안 텔레비전으로 보아온 사람이라 옛 친구처럼 느낀 거다.

제리는 성심성의껏 인터뷰에 응했고, 깊이 감동을 하고 감사를 느끼는 듯했다. 1위는 항상 〈티브이 가이드TV Guide〉에 실렸다(당시만 해도 그건 영광스러운 일이었다). 제리는 자신이 그 잡지를 읽고 자랐다며 놀라워했다. 그래서 다음 날 나는 우산, 머그잔, 티셔츠에서 작은 시계까지, 〈티브이 가이드〉의 사은품들로 가득 찬 바구니를 그에게 보냈다. 잡지의 평생 구독권을 주겠다는 메모도 바구니에 담아서. 제리는 〈사인 펠드 시즌 10〉을 촬영하면 에피소드 하나당 백만 달러를 준다는 제안도 거절한 사람인 만큼 (독립 방송국에 판매되면 아마 30억 달러의 수익을 올렸을 것이다) 내가 주는 공짜 구독권 따위야 필요도 없을 터였다. 하지만 그날 오후 늦게 내게 전화를 걸어와 "안녕하세요, 제리입니다. 보내주신 모든 물건 감사해요"라고 말했다. 그러면서 잡지를 받아보기 위해 집 주소를 알려주려 했다.

"다시 한 번 말씀드리지만, 저를 신뢰해주셔서 정말 감사드립니다." 제리는 어떤 소재든 재미있게 만드는 그 친숙한 목소리로 말했다. "〈사인 펠드〉가 역대 최고의 드라마로 선정되어서 얼마나 행복한지 모릅니다."

마침 그날 오후에 친구 린이 내 사무실에 들렀는데 내가 전화를 끊자 나를 빤히 쳐다보며 물었다.

"그러니까 제리 사인펠드가 집 주소를 알려주려고 너한테 전화한 거야?"

"그보단 고맙다는 말을 하려고 한 거지."

"제리가 전화를 걸었다니 믿어지질 않네!"

나 역시 제리 사인펠드가 내게 감사를 표하다니 조금 비현실적으로 느껴진다고 말했다. 제리 사인펠드처럼 엄청난 성공을 거둔 사람도 좋은 평가에 고마워한다는 사실을 그때 처음 알게 되었다. 물론 사인펠드가 기꺼이 고마움을 표현한 후로 나는 그를 더 존경하게 되었다.

＃ ＃ ＃

자신의 직업에 감사하려고 노력하는 일은 배우자에게 감사하는 일만큼이나 쉽지 않다. 누구나 직업에든 배우자에게든 과도하게 복잡한 기대를 품고 있기 때문이다. 우리는 배우자가 애인, 절친, 사회적 동료, 조언자, 소울메이트가 되기를 바라듯이 직업에도 과도한 기대를 건다. 그러니까 많은 봉급, 정체성, 동료들의 연대감, 이해심 많은 사장, 영향력을 발휘할 기회, 자신이 하는 일이 중요하다는 확신을 원한다. 참, 수월한 통근도 원한다. 이 부분도 직장 생활에 도움이 되니까 말이다.

우리는 적어도 '영원히 함께하리라'는 기대감을 품고 결혼 생활을 시작하지만 직업에서만큼은 그러한 믿음을 보이지 않는다. 희망에 불과할지라도 더 나은 기회가 생길 때까지는 한 직장에 머물기 마련이다. 하지만 나는 현재의 직업에 감사한다고 해서 포부가 줄어드는 것은 아니라는 사실을 이해하게 되었다. 일에 감사하면 행복감을 더 느끼고 생산성도 더 커질 가능성이 높다. 지금 하는 일에 감사하면 미래에 더 비상할 수 있다.

나와 내 친구 로버트는 각자의 직업에 대해 매일 트위터로 감사를 표현하기로 했지만, 끝까지 실행하지는 못했다(모든 계획이 성공하는 것은 아니니까). 그 대신 나는 이달의 감사일기에 내가 작가인 것에 감사하는 이유를 써나갔다. 월말이 다가오자 일기장에 기재된 항목이 많았다. 그러자 그달이 끝나기도 전에 쓸 거리가 바닥나지 않을까 하는 생각도 들었다.

어느 날 아침 우리 집 책상에 앉아 책 제안서를 쓰기 시작했는데 쓰다 보니 나도 모르게 오후 세 시가 되어 있었다. 긍정심리학자들은 이를 '몰입'이라 부른다. 몰입은 어떤 일을 하는데 흠뻑 빠져 다른 것을 인지하지 못하는 무아지경을 말한다. 그림 그리기, 바느질, 수학 문제 해결, 컴퓨터 프로그램 개발, 달리기, 독서, 요가 등 심취하게 만드는 활동을 할 때 이러한 몰입을 경험한다. 나는 그날 밤 감사일기를 수월하게 썼다. 다음 날이 되자 글쓰기가 조금은 더디게 진행되었지만 어쨌든 해야 할 부분을 오후에 다 끝냈다. 나는 결과물을 바라보며 살며시 미소를 지었다. 그리고 일기장을 다시 꺼내 이렇게 적었다.

'털 실내화와 잠옷 차림으로 온종일 일을 해낼 수 있어서 너무 감사하다!'

뭐 대단한 감사 거리는 아니었다. 하지만 자기 일에 감사해야 하는 이유는 자신이 알고 있는 것보다 사실 더 많다.

The
GRATITUDE
DIARIES

8장 고마움을 표현하는 작은 성의가 끼치는 영향력

감사 편지를 3만 통이나 쓴 CEO와 이야기를 나누어 감사하다.

클린트 이스트우드에게
감사하다는 말을 직접 들었다는 사실에 감사하다.

직장에서 감사는 훌륭한 태도라고 말하는
와튼 스쿨의 교수를 만나게 되어 감사하다.

지난달에 나는 내 직업에 감사하는 이유를 생각했다. 그 연장선에서 직장에서의 감사를 다루어보는 건 어떨까? 잘해낼 수 있기를!

예전에 조사를 시행했을 때 대부분 직장에서 감사 표현이 '가물에 콩 나듯 하다'는 속담처럼 아주 드물다는 사실을 발견했다. 상사에게 주기적으로 고맙다고 말하는 직장인은 7퍼센트뿐이었고 동료에게 고맙다고 말하는 직장인은 10퍼센트로 나왔다. 이는 직장 상사든, 부하 직원이든, 동료에게든 고맙다는 말을 거의 하지 않는다는 의미다.

대니얼 카너먼과 프린스턴 대학에 속한 그의 동료들은 직장인들을 기분 나쁘게 만드는 (혹은 학계에서 말하는 '부정적 효과'를 일으키는)

일상의 활동을 관찰하였다. 그 결과 상사와 보내는 시간이 순위에서 1위를 차지했다. 나는 이 결과를 이해한다. 누가 자신이 하는 일을 결코 고맙게 여기지 않는 사람과 시간을 보내고 싶겠는가? 직장에서 고마움을 표현하지 않는 상사들은 여러 가지 측면에서 잘못되었기에 어떤 부분부터 짚고 넘어가야 할지 모르겠다. 하지만 요점을 짚어주는 몇 가지 조사 결과를 보면 다음과 같다.

◇ 직장인의 81퍼센트는 감사를 잘 표현하는 상사 밑에서라면 일을 더 열심히 하겠다고 응답했다.
◇ 직장인의 70퍼센트는 상사가 감사를 표현하면 자신을 더 긍정적으로 생각할 것 같다고 응답했다.

일에서 상대방에게 감사의 말을 듣는 것은 심지어 돈보다 더 큰 동기부여제가 된다. 런던 경제 대학의 연구원들은 직장에서 힘이 나게 만드는 요소를 관찰한 조사 50여 가지를 분석하였다. 그리하여 사람들은 일에 관심과 흥미를 느낄 때, 일에서 의미와 목적을 찾을 때, 자신이 한 일에 타인이 감사를 표현할 때 직장에서 최선을 다한다는 결론을 내렸다. 한편, 금전적인 보상은 사실상 부정적인 영향을 끼치는 것으로 나타났다. 물론 타당한 수준의 봉급을 받아야 하지만 성과를 낼 때마다 곧장 보상을 받는다면 자신의 모든 것을 쏟고 싶게 만드는 내재적, 개인적 동기가 약화하기 쉽다.

냉정한 경영자들은 감사를 표현하면 자신의 영향력이 약화되어 보일까 봐 부하 직원들에게 고맙다는 말을 안 한다. 애리조나 피닉스에서 경영자 코치와 컨설턴트로 일하는 내 친구 베스 스커머는 관리자들에게 항상 감사를 표현하도록 고무시킨다고 말했다.

"하지만 관리자들은 '제 직원들에게 매주 고마움을 표현하는 걸요. 봉급으로 말입니다'라는 식으로 말해." 베스가 말했다.

베스는 중요한 정치적 프로젝트와 그보다 규모가 작은 기업의 프로젝트를 여러 번 다루었기에 사람들이 조화를 이루어 일하게 만드는 능력이 뛰어나다. 빨강 머리에 사랑스러운 미소를 잘 짓는 열정적인 베스는 대학을 수석으로 졸업할 정도의 지성과 온화한 성품이 조화를 잘 이루는 친구다. 하지만 관리자들이 '봉급'에 대해 언급한 말은 재고할 가치가 없는 말이었다. 베스는 그런 말을 듣는 순간 자신이 나서야 할 때라고 생각했다. 베스는 CEO들에게 직원과 난감한 대화를 할 때는 '고맙다'는 말로 시작하라고 자주 조언한다. 어떤 직원이든지 잘한 부분이 반드시 있기 때문이다. "그렇게 하면 대개 대화가 술술 풀려. 아무리 그 직원을 해고하는 상황일지라도 말이야." 베스가 말했다.

상사는 그렇게 생각하지 않을지 모르지만, 일반적으로 감사를 표현하는 것은 결국 현명한 조처를 하는 일과 같다. 우리가 실시한 조사에서 96퍼센트의 참여자들은 감사를 표현하는 상사는 직원들의 지지를 받기 때문에 성공할 확률이 높다고 응답했다. 직원이 한 일에 고맙다고 말하거나 높이 평가하는 말을 하면 자신의 영향력이 낮아 보일 거라고 믿는 경영자는 잘못 생각하는 것이다. 최고 자리까지 자기 힘으로만 올라간 사람은 없다. 내가 사람들을 충분히 돕고 사람들에게 긍정적인 피드백을 해주면 사람들도 내게 도움을 줄 가능성이 상당히 커진다.

펜실베이니아 대학교 와튼 스쿨의 경영학 교수인 애덤 그랜트는 사람들을 기버giver, 테이커taker, 매처matcher라는 세 부류로 구분한다. 테이커는 다른 사람이 자신의 필요를 충족시키게 하려고 애쓰는 사람이다. 매처는 항상 받은 만큼 되돌려주는 사람, 그러니까 이익이 돌아올 거로 생각할 때만 타인을 돕는 사람이다. 기버는 대가를 바라지 않고 타인을 도와주는 사람으로 도움, 조언, 지식을 제공하고 유용한 연락처를 공유하며 사람을 소개해준다. 냉혹한 경쟁 사회에서 이렇게 마냥 베풀기만 한다면 그 사람만 앞으로 나가지 못하고 때로는 역효과도 발생할 것 같은 생각이 든다. 하지만 그랜트는 기버들도 종국에 최고의 자리에 오르는 것을 발견했다. 타인에게 베풀면서도 자신의 욕구를 잘 인지하는 사람들은 모든 부류 가운데 가장 성공할 확률이 높다. 그들은 타인에게 이익을 주면서도 자신의 필요를 만족시킨다.

그랜트는 감사하고 베풀면 결국 큰 인물이 된다는 점을 보여주는 완벽한 역할 모델이다. 파이 베타 카파(Phi Beta Kappa, 아이비리그 대학 우수 학생들의 모임 - 역주)의 회원으로 하버드 대학을 졸업한 그랜트는 3년 만에 박사 학위를 마치고 와튼 스쿨에서 최연소 정교수가 됐다 (20대에 그 자리에 올랐고 지금도 30대 초반밖에 안 되었다). 그랜트가 자문을 하는 고객에는 구글, 페이스북, 애플, 픽사 같은 미국의 유명 기업들과 세계 경제 포럼이 포함되며 이 외에도 많다. 그는 와튼 스쿨에서 굉장히 인기 있는 교수다. 그는 지칠 줄 모르고 상담을 하고, 질문에 응답한다. 그리고 자신의 폭넓은 인맥을 이용해 사람을 연결해주고, 추천장을 써주기 때문에 일하는 시간이 서너 시간 더 연장되기도 한다.

사람들에게 기꺼이 도움을 주는 사람으로 알려진 그랜트는 매일 날아드는 이삼백 통의 이메일에 신속하게 응답하는 것으로 아주 유명하다. 이 이메일 가운데 대다수는 그가 한 번도 만나본 적 없는 사람들이 보낸 것이다. 그랜트의 베푸는 태도에 대해 들어본 사람들은 그에게 사람을 연결해달라거나 추천장을 써달라고 하고 의견을 구하기도 하며 일자리를 부탁하기도 한다. 하지만 내가 처음에 그랜트에게 연락을 시도했을 때는 그가 하루에 수천 건의 요청을 받아서 일일이 답해주지 못한다는 기계적인 응답을 받았다. 그가 정보를 제공하려고 보낸 이메일에는 일반적인 조언이 담겼고 그가 썼던 글로 연결되는 링크가 있었다. 모든 사람을 돕는 유명인이 되려면 어느 정도 선을 긋는 것이 필요한 모양이었다.

나는 그랜트와 좀 더 직접적으로 연락을 해보려고 와튼 스쿨에 있는 친구 몇 명에게 전화를 걸었다. 그런데 연락을 시도하기도 전에 그랜트가 처음에 내가 했던 요청에 이미 응답을 주었다. 그는 기꺼이 나와 감사를 주제로 이야기를 나누겠다고 하면서 ("지금 쓰시는 책이 아주 근사한 책이 될 것 같군요." 그가 친절하게 말했다) 자신에게 비는 세 가지 시간대를 제안했다. 그 시간대가 내게도 비는 시간이었나? 내가 한 가지를 선택하자 그는 곧장 약속을 잡았다.

나는 대체로 인터뷰를 평소의 대화처럼 이끌어간다. 하지만 상대가 굉장히 체계적이고 효율적인 그랜트였기에 나도 준비된 상태로 인터뷰하고 싶었다(그의 탁월한 기억력을 절대 따라가지 못하는 나로서는 어쩌면 이것이 불가능했을지도 모른다). 그래서 살짝 불끈한 상태로 그의 연구 논문을 다시 읽어보고 그의 흥미로운 저서 《기브 앤 테이크》를 읽어보았으며 질문거리를 목록으로 만들었다. 하지만 애초에 내가 한 걱정은 기우였다.

"제니스 씨가 감사를 주제로 글을 쓰는 것에 제가 고마워하는 게 좀 아이러니할지도 모르겠습니다. 하지만 이 주제가 아주 중요하면서도 그동안 경시되어온 게 사실입니다. 그래서 고맙다는 말씀을 드리고 싶네요. 그런 글을 쓰신다니 제가 아주 기쁩니다." 그랜트는 대화를 시작하기 전에 잠시 이렇게 말했다.

그럼 그렇지! 과연 베풀기를 강조하는 교수는 감사를 표현하는 데도 빨랐다. 물론 나는 그랜트가 그런 사람일 거라고 믿었다. 그가 대화 서두에 한 말로 우리 모두 기분이 좋아졌다. 그 말에는 그랜트가 재계를 변화시키는 요소에 대해 언급한 내용이 고스란히 담겨있었다. 사람은 자신이 한 인간으로서 가치 있다고 느끼고 싶어 하며 자신이 한 노력에 타인이 감사를 표현하면 더 창의적이고 적극적이며 끈기 있게 일한다는 것이 그랜트의 생각이다.

"감사 표현은 직장에서 유일하게 가장 오래 지속하는 동기부여제입니다. 외적인 동기 부여제는 그다지 큰 의미가 없어요. 봉급 인상은 당연한 권리처럼 여겨지고, 보너스는 받으면 다 써버리게 되고, 새로운 위치도 일단 그 자리에 오르면 그다지 중요하게 여겨지질 않지요. 하지만 다른 사람들이 내가 한 일에 고마워한다는 점을 알게 되면 그 효과가 오래가지요." 그랜트가 말했다.

이렇게 감사가 사람들을 더 열심히 일하게 하고 경영자의 성공 가능성을 더 높이는 역할을 한다면, 회사들은 왜 감사의 천국이 되지 못하고 있는 걸까? 이는 결국 내 친구 베스가 그토록 경계하는 '우리는 직원들에게 봉급으로 보답한다'는 태도와 관련이 있다. 그랜트는 이것이 '우리에게 기대되는 역할은 해야 할 일을 하는 것인데 왜 굳이 다른 사람에게 고마움을 표시해야 하나?'와 같은 오래된 프로테스탄트 노동관의 일부라고 말했다. 이뿐만 아니라 '나는 직원들을 통제하는 관리자이므로 누군가의 도움이 필요하다는 인상을 주기 싫다'는 생각으로 명성을 유지하려는 태도도 문제다. "이러한 구실의 문제점은 그것이 순전히 틀렸다는 데 있어요. 누군가에게 의존하는 것과 다른 사람의 노력과 그 사람 자체를 인정해주는 일은 서로 다른 거거든요." 그랜트가 말했다.

그랜트는 자문역을 하던 초기에(그렇다고 그의 사회생활이 지금 중반기나 후반기에 이르렀다는 말은 아니다) 대학교 콜센터에 자문을 해주었다. 그곳에서 학생들은 기금을 마련하기 위해 여기저기 전화를 거는 일을 했다. 대부분의 졸업생은 기부를 요청하는 전화를 받으면 간단하게 '노'라고 대답했다. 전화를 거는 학생들은 끊임없는 거절에 사기가 떨어졌다. 그랜트는 이 학생들에게 동기를 유발할 방법을 고심하다가 졸업생 기부를 통해 장학금을 받은 한 학생에게 콜센터 학생들과 대화를 나누어달라고 요청했다. 그 결과는 놀라웠다. 그 학생들은 고맙다는 말을 직접 듣고, 자신들이 진정 가치 있는 일을 한다는 점을 알게 되자 다시 힘을 얻었다. 노력을 더 많이 기울였고 그 결과 평균 모금액이 약 4백 달러에서 2천 달러 이상으로 껑충 뛰었다. 기부금이 다섯 배나 증가한 것이다. 고맙다는 말 한마디에.

"자신이 하는 일에 어떤 목적이 있다는 점을 아는 것과 자신이 하는 일에 관심을 기울여주고, 감사해 하고, 가치를 부여해주는 누군가를 만나는 것은 서로 다른 겁니다. 콜센터 학생들은 자신의 가치를 새롭게 인식하게 된 거예요. 하는 일에 대해서뿐만 아니라 자기 자신에 대해서도 말이죠." 그랜트가 말했다.

감사의 힘에 자극을 받은 그랜트는 동료이자 하버드 대학의 교수인 프란체스카 지노Francesca Gino와 함께 또 다른 실험을 계획했다. 그들은 전문가들에게 학생들이 입사 지원용으로 제출할 자기소개서를 검토해달라고 부탁했다. 학생들은 전문가들의 의견을 구한 후에 또 다른 자기소개서도 검토해달라고 부탁했다. 그러자 약 32퍼센트의 전문가들이 이에 동의했다. 하지만 학생들이 부탁 편지에 그들의 첫 번째 피드백에 대해 '정말 고맙습니다!' 혹은 '진심으로 감사드립니다!'라는 한 줄을 추가하자 66퍼센트의 전문가들이 두 번째 도움도 주겠다고 나섰다. 단순히 감사를 표현했는데 긍정적인 대답이 두 배로 증가했다.

그 이후 더 놀라운 결과가 발생했다. 첫 학생이 전문가에게 도움을 청한 후에 그랜트는 또 다른 학생에게도 도움을 청해보게 했다. 만일 그 전문가가 첫 학생에게 '진심으로 감사드립니다'라는 답을 받았다면 또 다른 학생을 도울 확률이 25퍼센트에서 55퍼센트로 증가했다. 다시 말해, 사람들이 누군가에게 감사 표시를 받게 되면(그랜트는 이를 '사회적으로 인정을 받는다'라고 표현한다) 남에게 기꺼이 도움을 주려는 확률이 두 배로 늘어난다는 의미다. "자그마한 감사 표시만으로 전혀 모르는 사람을 도와줄 가능성이 더 커진다는 사실을 예전에는 전혀 짐작하지 못했어요. 감사는 우리가 생각하는 것보다 훨씬 강력한 영향력을 발휘해요." 그가 말했다.

예전에 〈뉴욕타임스 매거진〉의 기자가 그랜트의 표지 기사를 준비할 때였다. 그랜트는 그 기자에게 지난주에 받은 감사 이메일 41통을 보내주었다. 대부분의 이메일에는 그에게 감사를 표현하고 그가 인생의 변화에 큰 도움을 주었다는 내용이 담겨있었다. "대부분의 사람은 살면서 그런 편지를 한 통이라도 받으면 아주 감동할 겁니다." 기자 수잔 도미너스는 놀라워하며 말했다. 이에 그랜트는 매주 그런 편지를 수십 통씩 받는다고 말했다.

나는 그 일화를 그랜트에게 언급했다. 그러자 그랜트는 조금 겸연쩍어하며 기자가 기사를 쓰기 위해 학생들에게 연락을 취하고 싶어할 수도 있다는 생각에 그저 도움을 주려고 받은 이메일들을 보냈다고 했다.

"그런 경우가 흔치 않다는 말인가요?" 내가 물었다.

"아뇨, 자주 하는 일인 걸요." 그가 인정했다. "제게 그런 편지는 제가 올바른 영향력을 끼치고 있는지 확인할 수 있는 지표와 같아요. 그래서 전 매주 수십 명의 사람들에게 도움이 될 만한 일을 꼭 해야만 하죠."

나는 일주일에 그토록 많은 사람을 돕는 일은 신이나 빌 게이츠만 할 수 있다고 생각했다. 그런데 대학교수인 그랜트는 그 일을 아주 당연하게 여기고 있었다. 사람들이 보내오는 감사 표시와 자신이 사람들에게 주는 도움이 중요하다는 자기 인식은 그랜트에게 가장 큰 동기부여제였다. 하지만 몇 가지 경계 사항도 있었다. 그는 상대방이 고마움을 표시하는 동시에 상당한 도움을 또다시 요청할 때는 신중해진다면서 이런 말을 했다. "그럴 땐 생각을 해봐요. '이 사람은 내가 생각했던 것보다 훨씬 더 심한 테이커인가?'라고 말이죠." 그는 즉각적인 감사 표시는 의무적인 예의에 가깝다는 점을 파악하면서 누군가가 두세 달이 지난 후에 자신의 도움이 지속적인 영향을 준다고 말해주면 기분이 좋다고 했다.

나는 그에게 어떻게 하면 직장에서 사람들이 감사를 더 표현하게 만들 수 있는지 물어보았다. 이에 그랜트는 정해진 방식을 찾기란 어려운 일이라면서 이렇게 말했다. "그건 어렵다고 봐요. 숨은 동기라는 게 있잖아요? 권모술수의 목적으로 사람들에게 고마움을 표시할 수는 없어요. 사람들은 그런 걸 간파하기 때문에 진심 어린 감사와 꾸민 감사를 구별할 수 있어요."

그랜트는 이 부분을 제대로 이해한 사람 중 한 명이 캠벨 수프 컴퍼니Campbell Soup Company의 전직 CEO 더그 코넌트Doug Conant라고 했다. 나는 더그 코넌트의 번호를 알아내어 며칠 후 그를 만났다. 코넌트는 그랜트처럼 똑똑하고 사려 깊으며 감사에 대해 이야기를 할 때 행복해하는 사람이었다. 이 두 사람과 이야기를 나누고 보니 내가 토끼 굴에 떨어져 재계의 좋은 사람들이 사는 나라에 도착한 이상한 나라의 앨리스가 된 기분이 들었다(이 동화의 MBA 버전이라고나 할까).

코넌트는 2001년에 휘청거리던 캠벨 수프의 CEO를 맡았다. 재계 전문가들은 이 회사의 상황이 호전된 것은 코넌트의 공이라고 말한다. 회사의 수익이 올라갔을 뿐만 아니라 코넌트가 말한 '해로운 문화'가 바뀌었다. 자신의 영향력에 자부심을 느끼는 수많은 경영자와 달리 코넌트는 성공이 자신을 위해 일하는 직원들에게 달려있다고 믿었다. "제가 모든 부서에 가서 모든 결정을 내릴 순 없었기에 모든 직원이 나를 대표한다고 볼 수 있어요. 저로서는 경영에서 그들의 머리와 마음이 필요했어요." 코넌트가 말했다.

코넌트는 문제에 초점을 맞추는 일반적인 비즈니스 모델을 적용하지 않으려고 애썼다. "일반적으로 일이 잘못되는 부분은 10퍼센트고 이 잘못된 부분을 해결하는 데 모든 노력의 90퍼센트가 투여됩니다." 코넌트가 내게 말했다. 코넌트는 잘 되어 가는 90퍼센트에(희망적인 수치이지만) 대해 칭찬하는 것을 더 선호했다. 좋은 측면보다 나쁜 측면에 초점을 더 맞추는 것이 사람들의 일반적인 본능이다. 하지만 코넌트는 이러한 사고방식을 바꾸어 이따금 보이는 바퀴벌레가 아닌 그릇 안의 체리에 초점을 맞추고 싶어 했다. 코넌트는 20억 달러 규모에 직원 2만 명을 거느린 회사의 책임자였지만 직원들에게 일을 잘 해줘서 고맙다는 편지를 직접 써서 주었다. 코넌트와 중역 한 사람은 회사와 관련하여 긍정적인 뉴스를 기다렸다. 마침내 고대하던 좋은 소식이 들리자 코넌트는 감사 편지를 보냈다. 그는 CEO를 역임하던 10년 동안 일주일에 6일씩 하루에 열 통에서 스무 통의 감사 편지를 직접 썼다고 한다. "계산을 해보면 제가 쓴 편지가 3만 통이 넘는 거지요." 그가 내게 말했다. 그렇게 해서 잘하는 일을 축하하는 것이 그 회사의 새로운 문화로 자리 잡았다.

코넌트는 편지를 관리자들에게만 쓰지 않고 모든 직위의 직원들에게도 썼다. 대부분의 직원은 CEO가 자신의 존재도 모를 거라 생각했을 것이다. 코넌트는 글씨를 너무 많이 써서 나중에 손의 통증을 느꼈을지 모르지만, 그의 리더십 유형은 현재 하버드 경영대학원 사례 연구에서 인용하고 있다.

그는 마음이 따뜻했지만 여린 사람은 아니었다. 자기 나름의 재정 목표와 평가 기준이 있었고 처음에 그 회사에 부임했을 때 자신의 가치관과 맞는 사람들로 채우기 위해 관리자 350명 가운데 300명을 다른 사람으로 대체했다. 그리고 이러한 대체 인원 가운데 절반은 내부 승진자였다. "회사는 직원들을 한 사람의 개인으로서 가치를 인정해주고 직원들은 높은 성과를 내어 회사를 드높인다는 점이 제가 전하려던 메시지였어요." 그가 말했다. 그는 회사 관리자들이 자신의 메시지를 이해하여 감사 리더십을 본보기로 삼는 것을 지켜봤다.

경영에서 감사에 초점을 맞추던 코넌트는 감동적인 답장을 받기 시작했다. 2009년에 코넌트가 뉴저지 유료 고속도로에서 목숨을 잃을 뻔한 교통사고를 당한 후였다. 코넌트가 외상치료 전문센터에 누워있을 때 뉴저지, 텍사스, 캘리포니아, 캐나다, 아시아, 오스트레일리아 등 세계 각지의 직원들이 카드를 보내오기 시작했다. 코넌트의 아내는 그 후 몇 주 동안 침대 옆에 앉아 카드와 편지를 큰 소리로 읽어주었다. 대부분 카드와 편지에는 코넌트가 수년 전에 써준 감사 편지로 말미암아 개인적인 연결 고리를 느꼈다는 내용이 담겨있었다.

사실 CEO에게 감사 편지를 받는 일은 상당히 의미 있는 일이다. 그래서인지 그 편지를 여전히 집에 있는 게시판이나 냉장고에 붙여둔 사람들이 있다고 한다. 코넌트는 영업부서 직원이든 생산부서 직원이든 유통시설에서 상자를 포장하는 직원이든 모두 한 사람의 인격체로 보았다. 이제는 그들이 코넌트를 자신의 친구나 가족으로 생각했기에 그가 여러 번의 수술을 거치며 고투하는 동안 걱정하고 기도해주었다.

"남에게 한 대로 되받게 되는 법이지요. 그건 제가 몸소 경험한 바이고 그것이 제게 힘이 되었습니다." 코넌트가 말했다.

나는 대화를 이어가는 도중 코넌트가 CEO로 있을 때 캠벨이 받은 찬사를 언급했다. 그 당시 캠벨은 다양성 부문에서 앞서있고 일과 삶의 균형을 추구하는 회사로 찬사를 받았다. 코넌트는 그 화제를 핵심 메시지의 연장선에서 이야기했다.

"감사라는 개념은 모든 세대, 인종, 사회적 경제적 경계를 초월합니다. 감사는 보편적 개념이며 우리를 협력하게 만드는 단 하나의 요소입니다." 그가 말했다.

나는 코넌트와 작별 인사를 한 후 예기치 못한 따스하고 행복한 감정을 느꼈다. 큰 그릇에 담긴 치킨 누들 수프를 후루룩거리며 마시고 났을 때의 느낌이랄까. 착한 사람이 경주에서 결국 1등을 하느냐 꼴찌를 하느냐 하는 점은 사람들의 논쟁거리가 될 수 있다. 하지만 나는 감사하는 사람은 항상 승자가 된다는 점을 믿기 시작했다.

코넌트는 사람들에게 감사하는 태도의 힘을 이해한 훌륭한 리더들 가운데 한 명이다. 내가 22세에 처음으로 〈코스모폴리탄〉에 글을 기고했을 때 그 잡지의 전설적인 편집자 헬렌 컬리 브라운Helen Curley Brown에게 손편지를 받았다. 브라운은 아주 근사한 편지지에 예쁜 글씨체로 내게 아주 고맙다면서 〈코스모폴리탄〉 독자들은 내가 쓴 글을 읽을 수 있어 참으로 운이 좋은 거라고 썼다. 나는 브라운이 내 이름까지 안다는 사실에 놀라움을 느끼며 그 편지를 서랍장에 넣었다. 그 편지는 아직도 있다.

브라운은 감사 편지의 양에서 더그 코넌트와 비교가 안 될지 모르지만 그런 편지를 사진작가, 정기 기고가, 모델, 배우에게 주기적으로 보냈다. 브라운은 분홍색 실크 벽지에 호피 무늬 카펫이 깔린 사무실에서 감사 편지를 썼다. 그 결과 우리에겐 남다른 충성도가 생겼다. 사람들에게 자신이 인정받는다고 느끼게 하는 브라운의 능력은 그녀의 엄청난 성공에 유일한 요인은 아니지만(가슴이 훤히 드러난 모델이 실린 표지도 한몫했다) 상당한 역할을 했다. 그녀가 2012년에 눈을 감았을 때 〈뉴욕타임스〉 사망 기사에는 이런 내용이 담겼다. '제대로 된 친구들을 사귀고 제대로 된 사람들에게 영향력을 끼친 브라운은 수직적 성향이 약하다는 점을 제외하곤 데일 카네기와 비슷한 유형이었다.' 또한 '브라운은 90세였지만 그녀의 모든 것은 실제 나이보다 상당히 젊었다'라는 내용도 담겼다.

여기서 데일 카네기는 물론 수백만 부 팔린 《데일 카네기의 인간관계론》을 쓴 인물이다. 이 책은 초판이 발행된 후 80여 년 동안 부동의 베스트셀러 자리를 차지해왔다. 내가 예전에 일했던 곳의 한 CEO는 데일 카네기 교육과정을 마친 후 수료증을 액자에 넣어 개인 사무실에 두었다. 그분은 일주일이나 이주일 단위로 금요일 오후에 내게 이런 이메일을 보냈다.

'제니스 씨, 고마워요!!!'

때로는 좀 더 길게 써 보내기도 했다.

'제니스 씨가 해준 모든 일에 고마움을 전해요!'

데일 카네기 교육과정에서 배우는 핵심 원칙 가운데 하나는 솔직하고 진심 어린 감사를 표현하는 것이다. 그 CEO는 이 부분에 아직 능수능란하지는 않지만 적어도 노력은 하고 있었다.

아무리 어색할지라도 감사를 표현하는 것이 안 하는 것보다 낫다. 내가 아는 한 변호사는 워싱턴 DC에 있는 한 법률 사무소에서 장시간 일한다. 대개 아침 여덟 시에 출근하여 한밤중에 퇴근한다. 그녀는 많은 보수를 받으며 도전과 자신이 중요한 사건의 중심에 있다는 느낌을 좋아한다. 하지만 코넌트처럼 누군가가 자신을 인정해주기를 갈망하기도 한다.

"제 선임 변호사는 고맙단 말을 전혀 안 해요. 그렇게 말해주면 정말 뜻깊을 텐데." 어느 날 우리 둘이 그녀의 사무실에 앉아있을 때 그녀가 내게 속삭였다.

그녀는 최근에 큰 소송 사건을 변호하여 승소했는데 선임 변호사가 마지못해 하는 것이라도 감사 표현을 해주기를 내심 기대했다. 하지만 그는 그런 말은 한마디도 안 하고 그저 다음번 인사 배치 때 그녀가 자신의 팀이 될 거라는 말만 전했다. 좀 더 확실한 칭찬을 듣고 싶었던 그녀는 그의 사무실에 찾아가 자신이 이룬 결과를 강조하여 말했다. 그러자 그는 냉담하게 "나도 만족하고 있다는 걸 알아주게. 그렇지 않았다면 자네가 지금 여기 있겠나"라고 말했다.

"그 소리에 제가 할 말을 잃었어요." 그 변호사가 말했다.

그는 감사를 표현하지 않는 것이 자신의 영향력을 보여주는 일이라고 생각한 모양이다. 하지만 나는 그가 그렇게 함으로써 자신의 불안감을 드러내었다고 생각한다. 애덤 그랜트가 지적했듯 강인해 보이려고 감사를 표현하지 않는 것은 잘못된 자세다. 물론 경영자들은 각자의 경영 스타일이 있겠지만 "내가 자네를 해고하지 않았다면 자네가 잘 하고 있는 거야"라는 식으로 감사를 게으르게 표현하면 그 누구에게도 도움이 되지 않는다.

생각해보면 내가 직장 생활을 할 때 내게 가장 친절하게 고마움을 표시한 사람은 바로 (강인한 남성의 이미지가 아직도 유효한) 클린트 이스트우드Clint Eastwood다. 그의 영화 〈아버지의 깃발〉이 개봉되기 직전에 우리는 워너브라더스 부지에 있는 그의 방갈로에서 오후 내내 이야기를 나눴다. 처음 그곳을 방문했을 때 실수로 그의 개인 주차 공간에 차를 대고 말았다. 할리우드에선 스타의 주차 공간에 차를 대는 것이 치명적인 위반 행위다. 하지만 클린트는 친절했다. 내 차의 창문 쪽으로 오더니 내가 자신을 모른다는 듯 자신을 정중하게 소개하고서 마음을 편안하게 해주는 목소리로 말했다. "조금만 더 안으로 들어가시면 우리 둘 다 주차할 공간이 생길 겁니다."

그런 후에 우리는 마치 오래된 친구처럼 함께 느긋한 발걸음으로 방갈로에 들어갔다. 우리는 자리에 앉자마자 영화 주제인 전쟁의 영웅주의, 공적, 파괴에 대한 이야기에서 끊임없이 자신에게 도전하고 싶어 하는 그의 욕구에 대한 이야기까지 아우르며 대화를 술술 이어갔다. 햇빛이 창가로 흘러들어와 선이 굵은 그의 얼굴을 비치자 그는 잠시 소파 위에서 긴 다리를 뻗었다. 그러더니 자신의 명성에 아직도 스스로 놀란다고 말했다. "이는 자격과 아무 관련이 없어요." 그는 윙크를 하며 쓸쓸하게 웃으면서 말했다. 자신의 영화 〈용서받지 못한 자〉에 나온 대사를 인용한 말이었다.

마침내 그곳을 나왔을 때 영화 촬영소에 있는 긴 의자에 앉아 남편에게 전화를 걸었다.

"여보, 내가 당신을 사랑하지만 클린트는 내가 만나본 노년 신사 가운데 가장 멋있어." 내가 말했다.

"당신 방갈로에서 나온 거지?" 남편이 걱정스럽게 물었다.

"애석하게도 나왔어." 내가 장난스럽게 말했다.

클린트는 내가 상상했던 것보다 훨씬 더 매력적이고 친절하고 호방하며 굉장히 품위 있는 사람이었다. 그의 생각은 깊고 심오하기까지 했다. 하지만 내게 곤란한 일이 있었으니. 뭐냐 하면, 내가 일반적으로 유명 인사를 소개하는 식으로 글을 쓰는 게 아니라 그의 목소리를 대변하여 일인칭 시점으로 기사를 쓰기로 약속을 해버린 것이다. 대필해본 적이 한 번도 없거니와 작가 친구 몇 명이 마침 전화를 걸어와 대필의 끔찍했던 경험을 말해주는 것이 아닌가. 친구들은 어차피 인정도 못 받는다는 둥, 스타가 글을 미친 듯이 바꿔버린다는 둥, 자기가 모든 것을 한 것처럼 군다는 둥, 뭐라도 잘못되면 다 네 탓으로 돌아간다는 둥의 소리를 해댔다.

하지만 약속은 약속이니까 나는 어쨌든 글을 써서 클린트에게 보냈다. 클린트는 다음 날 단어 하나만 수정하여 글을 다시 보내주었다. 그리고 그날 오후 늦게 전화를 걸어와 이렇게 말했다.

"그런 글을 써주어서 고마워요. 작가님과 이야기해서 좋았어요. 글도 제가 말한 것처럼 아주 잘 쓰셨네요. 사실 저보다 저를 더 잘 이해하시는 것 같군요."

"정말 뿌듯하네요." 나는 얼굴이 화르르 달아오른 채 대답했다. 주변에 나를 보는 사람이 없어서 얼마나 다행이었는지.

"고마워요. 그런 글을 써줘서 감사하고 정말로 고마워요." 그가 말했다.

2년 후 클린트를 다시 만났을 때 그는 많이 늙어 보였고 몸에서 흐르던 광채도 조금은 사라진 듯했다. 하지만 내게 클린트는 기꺼이 감사할 줄 아는 영원한 대스타다. 그는 감사를 표현하면 누군가를 행복하게 해준다는 점을 알았던 거다.

훌륭한 연예인과 경영자는 기꺼이 감사할 줄 안다. 하지만 그들도 모든 사람이 그렇듯 누군가 자신에게 감사를 표현해주기를 바란다. 경력이 오래된 할리우드 기자인 잔 울프는 나 대신 드류 베리모어의 표지 기사를 쓴 적이 있다. 잔은 사진 촬영 도중 내게 전화를 걸어와 드류가 기꺼이 도움을 주려 하며, 같이 작업하기에 편안하고 재미있는 훌륭한 배우라고 칭찬을 했다. 그러면서 드류가 촬영차 입은 한 드레스가 어찌나 사랑스럽게 어울리는지 그 옷을 그녀에게 주고 싶다고 말했다. 촬영용 의상은 대개 빌려오기 때문에 다시 갖다 주어야 한다. 그러므로 그 드레스를 드류에게 준다면 디자이너에게 판매가를 줘야 한다는 의미였다.

"예산이 있는지 모르겠네." 나는 당시 그 잡지사를 운영하고 있었기에 이렇게 말했다.

"없으면 만들어야죠. 고마움을 표현하는 작은 선물이 끼치는 영향력이 얼마나 큰데요." 잔은 단호하게 말했다.

나는 마지못해 그렇게 하라고 말했다. 잠시 후 잔은 내게 전화를 걸어와 드류가 감동을 받아 정말 고맙다고 했으며 잡지를 홍보하는 데 필요한 일이면 뭐든지 해주겠다고 했다면서 이렇게 말했다.

"'거봐, 내가 뭐랬어요.' 이런 말은 안 할게요. 하지만 제가 하자는 대로 해주어서 얼마나 기쁜지 몰라요!" 잔은 유쾌하게 말했다.

잔에겐 올바른 직감이 있었던 거다. 유명 연예인이야 워낙 돈을 많이 버니까 드류 베리모어는 원하는 드레스라면 다 살 수 있을 것이다. 하지만 드류는 자신이 상냥하고 쾌활하게 촬영에 임했더니 좋은 결과가 생겼다는 사실에 흐뭇했으리라. 그곳에 있던 사람들도 드류의 그런 태도를 알아차렸을 테고 그 예쁜 드레스는 고마움을 표현한 한 방법이었을 뿐이다. 제작사 사장이 모든 출연진에게 주는 자동차처럼 화려한 선물은 진심 어린 감사 표시보다는 뇌물이나 홍보용으로 받아들여질 수 있다. 잔의 선물은 거창하지 않지만, 마음에서 우러나온 선물이었다.

어떤 사람이든지 간에 누군가가 내게 고마워하고 있다는 것을 느끼고 싶어 한다. 그러한 메시지를 전하는 데 반드시 400달러짜리 드레스를 보내야 하는 것은 아니다. 내 친언니 낸시는 예전에 워싱턴 DC에 있는 비영리 컨설팅 회사에서 고위직에 올랐다. 그때 언니는 주간 직원회의 자리에서 많은 노고와 성과를 보여준 그들에게 고맙다고 하면서 쿠도스(Kudos, 미국의 초코 시리얼 바 - 역주)를 나누어주었다. 금별(gold star, 미국 학교에서 성적 우수자에게 주는 작은 황금빛 별 - 역주) 역할을 한 맛난 간식은 제 몫을 톡톡히 한 듯했다. 적어도 회사 소유주이자 CEO가 언니에게 전화를 걸어 왜 자신에겐 주지 않았느냐고 불만을 말할 때까지는 그랬다. 언니는 잠시 후에야 그 말이 농담이 아니라는 점을 알아차렸다. 그는 회사 소유주이고 회의에 참석하는 모든 직원이 자기 밑에서 일하는 사람들이건만 쿠도스든 초콜릿이든 자신도 받기를 원했다.

이제 나는 왜 남편이 환자들에게 작은 선물을 받으면 그렇게 좋아했는지 알 것 같았다. 그 선물이란 한 이탈리아인 가족이 준 집에서 만든 피자, 크리스마스에 받은 과일 바구니, 우리가 한 번도 마셔본 적 없는 와인 하베이스 브리스톨 크림 등이었다. 나는 호기심에 지하실에 내려갔다가 남편이 보관해둔 손뜨개질로 만든 담요 여섯 장을 발견했다. 모두 남편의 친절함과 배려에 대한 보답으로 나이 드신 환자분들이 주신 선물이었다. 코바늘로 비뚤비뚤하게 뜬, 초록색과 주황색이 섞인 한 담요에는 이런 메모가 붙어있었다. '제게 그 누구보다 친절하게 대해주신 의사 선생님을 위해 만들었어요!' 메이라고 쓰인 그 메모에는 작은 분홍색 하트가 그려져 있었다. 나는 그 담요를 위층으로 가져가 남편에게 그 여자가 관심을 보였느냐고 물었다.

"메이는 93세야. 그러니 별 신경 안 썼지." 남편이 말했다.

"하지만 당신은 사랑받는 걸 좋아하잖아?" 내가 장난스럽게 말했다.

"우리 모두 그렇지 않나?"

일반적으로 내과 의사들은 돈을 생각하고 내과를 선택한 것이 아니다. 만약 돈을 추구했다면 다른 분야를 선택했을 것이다. 남편은 환자들이 자신의 헌신을 인정해준다는 점을 알고 있으며 바로 이러한 부분이 남편을 움직이게 하는 원동력이다. 감사는 타당한 보수를 대체할 수는 없어도 서로에게 힘이 된다. 다니엘 크레이그조차 제임스 본드 영화에 맨 처음 출연하고 3백만 달러를 받았을 때 돈보다 더 큰 만족감을 원했다(본드 영화에 세 번째 출현할 때에는 출연료가 2천만 달러로 올랐지만). 다니엘 크레이그는 팬들과 영화 제작사를 생각하며 일을 제대로 하길 원했고 인정을 받고 싶어 했다. 그런 점에서 남편은 다니엘 크레이그와 많이 닮았다(두 사람 모두에게 칭찬의 뜻으로 한 말이다).

대학 친구이자 룸메이트였던 안나 라니에리는 현재 스탠퍼드에서 활동하는 심리학자이자 경영자 코치이다. 안나는 잘 나가는 첨단 기술 회사에서도 더 많은 보너스보다 직원에 대한 감사 표현이 더 좋은 효과를 낸다는 사실을 발견했다.

"자사 직원들을 소중하게 여기는 것으로 알려진 회사는 인재를 끌어들이고, 직원들에게 감사를 잘 표현하는 회사에선 직원들이 앞으로 신규 업체로 이동해갈 가능성이 작어." 안나가 말했다. 안나는 가끔 오만해지는 경영자들에게 감사를 표현하라고 설득하는 가장 좋은 방법은 감사를 표현할 때 자신에게 돌아오는 이익을 이해시키는 것이라고 했다. 감사는 모든 방향에 영향을 주기 때문에 감사를 표현하는 경영자는 스스로 뿌듯해지는 기분을 느끼게 된다.

다시 말해, 실리콘 밸리에서도 감사는 킬러 앱(killer app, 핵심 기술이 사용된 경쟁력 있는 프로그램이나 콘텐츠를 말함 - 역주)이 될 수 있다.

일부 현명한 경영자들은 감사를 좀 더 광범위한 전략의 일부로 포함하고 있다. 구글은 꿈의 직장으로 알려졌는데 이는 비단 당구대와 공짜 점심 때문만은 아니다(물론 이런 요소가 한몫을 하긴 하지만). 그 회사 관리자들은 '구글에서 일하는 이유' 목록을 가지고 있는데 그 가운데 상위 다섯 가지에 다음의 항목이 포함된다.

◇ 인생은 아름답다.
◇ 감사는 최고의 동기부여제다.

◇ 우리는 직원들을 사랑하며 직원들도 이 사실을 알기를 바란다.

나는 프로그램을 코드화할 줄도 모르고 만들 줄도 모르며 워드 프로세서 외에 컴퓨터를 잘 사용할 줄 모르지만, 구글에서 나를 채용해준다면 그 회사를 위해 최선을 다할 자신이 있다. 누군가가 인생은 아름답다 하고 나에게 감사를 표현하며 나를 사랑한다고 한다면, 와우, 나 역시 그 사람을 기분 좋게 해주기 위해 어떤 일이든 할 수 있다. 안 그럴 사람이 있을까?

구글에선 회의실에 있는 기분이 거실(혹은 침실)에 있는 기분과 많이 다르지 않다. 이는 직장에서 긴장을 조성하는 분위기보다 정감을 느낄 수 있는 분위기가 더 좋은 효과를 내며, 사람들은 긍정적인 태도를 보이는 사람 주위에 있고 싶어 한다는 점을 의미한다.

그랜트 교수는 (구글을 포함하여) 자포스Zappos와 사우스웨스트 에어라인Southwest Airlines 같은 훌륭한 기업에는 '동료 칭찬 프로그램'이 있다고 말했다. 이는 동료들이 특별히 애쓴 동료를 지정하여 칭찬하는 프로그램이다.

"기본적으로 이것은 감사 메모 형태이고 회사 측에선 약간의 보너스와 함께 그것을 주지요. 직원들에게 서로서로 고마워하는 기회를 주는 것은 감사를 간과하지 못하게 하는 확실한 방법입니다."

때로 고마움을 표현하고 싶은 기분이 든다면 실제로 고맙다고 말해야 한다. 우리 부부의 친한 친구인 자크와 카렌 부부는 우리의 시골집을 방문했다. 그들은 멋진 선물을, 그러니까 그리스에 휴가를 갔을 때 사온 풍부한 맛의 올리브유와 달콤한 꿀을 가지고 왔다. 워낙 절친한 친구들을 많이 둔 그들은(그들이 멋진 선물을 사 와서 하는 말이 아니라) 그리스 여행의 한 일정으로 크레타 섬에 별장을 소유한 런던 출신 마크 부부와 함께 시간을 보냈다. 자크와 카렌이 오랫동안 계획해온 그 여행의 시기는 그 별장의 주인인 마크 세바가 인터넷 명품 판매 업체인 네타포르테Net-a-Porter에서 은퇴를 한 시기와 맞물렸다.

"직장에서 감사의 사례를 찾는다면 마크 씨에게 일어난 일보다 더 좋은 사례는 없을 걸요." 자크는 우리가 숟가락으로 놀라울 정도로 맛있는 꿀을 퍼고 있을 때 이렇게 말했다(원래는 요거트에 넣어 먹으려 했지만 도저히 참을 수가 없었다).

전직 모델이자 패션 분야 기자였던 나탈리 마세넷이 그 업체를 창업했다. 나탈리는 자신의 아이디어를 유명한 인터넷 업체로 실현하는 데 온갖 도움을 준 세바에게 감사를 표했다. 공식적으로 감사를 전하고 싶었던 나탈리는 정장 차림을 해야 하는 송별회를 계획했다. 하지만 업계에서 감사장을 주는 것은 일반적인 관행이기에 나탈리는 좀 더 정성스럽고 기억에 남을 송별회를 준비했다.

"세바는 그냥 일하러 간다는 생각으로 회사에 나갔대요." 자크는 싱긋 웃으며 말했다. "그저 자기가 일하는 마지막 주이니 나탈리가 케이크나 주겠거니 생각했다나요. 하지만 그 정도가 아니었죠."

그 행사는 축제와 록 콘서트를 섞어놓은 듯했다. 표준시가 각기 다른 나라의 수많은 직원이 이 떠들썩한 행사를 위해 모였다. 세바가 승강기에서 내려 넓은 개방형 사무실로 들어가자 런던 지점에서 일하는 직원들이 그를 반갑게 맞이해주었다. 일부는 환호성을 지르며 현수막을 흔들었고 일부는 책상에 위에 올라가 춤을 추었다. 흐느적거리는 파란색 성가대 가운을 입은 한 힙합 가수는 "당신의 세계로 오신 걸 환영합니다!"라고 소리쳤다. 그러자 가수 뒤에 있던 활기 넘치는 합창단이 뮤직비디오 수준의 팝송 세레나데를 큰소리로 노래했다. 축하하는 의미로 곡예사들이 재주넘기를 했고 삼바 댄서들이 춤을 추었으며 강철제 드럼통을 악기로 사용하는 밴드가 연주했다.

대형 비디오 화면이 홍콩, 상하이, 뉴욕으로 생중계되었다. 그 지역들의 사무실과 물류센터 직원들은 이 대단한 송별회를 보려고 모여 있었다. 그들은 코카콜라 광고의 활기차고 기분 좋은 느낌으로 두 팔을 흔들었다. 세바가 마침내 자기 책상 앞으로 갔을 때, 나탈리 마세넷은 미소를 지으며 그에게 블랙커피를 한 잔 주었다.

많은 돈이 들어간 송별회도 인상적이었지만 세바는 직원들이 그 행사를 위해 많은 시간과 노력을 기울였다는 사실에 더 크게 감동했다. 먼 지역 사무실의 일부 직원들은 시차에도 불구하고 한밤중에 도착했다. 나탈리는 6분 30초짜리 비디오를 '세계적으로 많은 사랑을 받은 CEO를 위한 근사한 깜짝 파티'라는 제목과 함께 유튜브에 올렸다. 모든 직원에게도 그 영상을 보내서 영상 링크를 공유해 달라고 했다. 하지만 홍보용으로 보이고 싶진 않았기에 그 영상이 네타포르테에서 만들어졌다는 점을 언급하지 말아 달라고 직원들에게 부탁했다. 회사 사장이 엄청난 감사를 표현한다는 발상은 꽤 흥미로운 것이었기에 이 동영상의 조회 수가 짧은 시간에 백만 건을 넘었다.

성가대와 전 세계 직원들과 함께 감사를 표현하는 것은 근사하지만 보기 드문 일이다. 하지만 다양한 분야의 사장이나 경영자들은 직장에서 감사의 효과가 크다는 점을 인식하기 시작했다.

3부

여름

감사하면 달라지는 몸과 마음

자연은 언제나 영혼의 색을 입는다.

- 랠프 월도 에머슨Ralph Waldo Emerson -

슬픈 영혼은 당신을 더 빨리 파괴한다, 세균보다 더 빨리.

- 존 스타인벡John Steinbeck -

The
GRATITUDE
DIARIES

9장

비타민 G의 힘

감사가 면역체계에 영향을 주고
전반적인 건강을 증진한다는 점을 알게 되어 감사하다.

감사가 스트레스 수준을 낮춘다는 사실을 알게 되어 행복하다.

감사가 내 두통 완화에 도움이 된다는 점을 발견하여 놀랍다.

서늘하고 비 내리는 날이 많았던 5월이 지나고 (물론, 이 점에 불평하지 않았다) 6월 첫 주는 햇볕과 따스한 기운이 그득했다. 코네티컷에 있는 집에서 느껴지는 날씨 변화는 너무도 컸기에 나는 남편에게 이제 난방기에서 에어컨으로 넘어가야 할 때라고 말했다. "아니면 둘 다 켜놓는가." 나는 대체로 둘 다 싫어하는 남편에게 농담을 했다.

남편은 옥외 가구를 다시 테라스로 꺼내려고 차고로 갔다. 나도 도와줄 요량으로 따라갔다.

"남자 혼자서 거뜬히 할 일이야." 남편은 옮기는 데 장정 두 명은 필요할 듯한 테이블을 들어 올리며 말했다.

"내가 안 도와줘도 돼?" 나는 아무것도 들지 않고 뒤따라가며 물었다.

"당신 도움이야 항상 필요하지." 남편은 무거운 테이블 때문에 조금 헐떡이며 말했다. "가령, 나처럼 힘센 남편을 두어 정말 감사하다는 말을 지금 당장 해준다면 도움이 될 것 같아."

"그건 오늘 밤 일기에 쓰려고 했는데. '그야말로 남자다운 남자와 같이 살아서 정말 감사하다'라고." 나는 발랄한 목소리로 말했다.

남편은 테이블을 내려놓더니 땀에 젖은 몸으로 나를 안아주었다. 남편이 처음엔 나의 감사 프로젝트에 농담을 던졌지만 우리는 그동안 살아온 세월보다 더 잘 지냈고 더 재미있게 보냈다. 나의 감사하는 태도로 우리 둘 사이의 분위기가 변했다. 남편은 자신이 무엇을 하든지 내가 비난하지 않고 좋은 면만 보려 한다는 사실을 알게 되자 편안함을 느꼈다.

사실 올해가 시작되기 전에는 우리의 관계가 좋긴 했어도 무심한 면이 있었다. 오래된 부부가 대부분 그렇듯 우리는 이제 서로를 관심 있게 쳐다보지 않았다. 그런데 이제 나는 남편에게 주의를 기울였고 남편 역시 마찬가지였다. 여전히 이따금 논쟁하긴 하지만 빨리 끝내버렸다. 예전엔 의견 차이를 해결하는 데 3일은 걸렸는데, 이제 감사에서 비롯된 넓은 아량으로 3분이면 끝났다.

내가 프로젝트 첫 달에 감사해 하며 남편이 하는 일에 다 고맙다고 하자 남편은 이런 농담을 했다. "이런 것도 좋은데 언제 옛날 부인 되찾을 수 있지?" 하지만 내가 남편에게 감사하는 것이 새로운 습관이 되자 남편은 옛 부인을 되찾고 싶어 하지 않았다.

남편은 나의 감사하는 접근법을 자신의 환자들에게 사용하기 시작했다. 우선 기본적으로 건강이 나쁘진 않지만, 항상 기분이 나쁜 한 노부인에게 시도했다. 그 노부인은 늘 불평과 걱정을 가득 달고 남편 진료실을 주기적으로 찾아갔다. 어느 날 그녀에게 처방전을 써주고 도움이 될 만한 말을 해준 후에 남편은 "나가시기 전에 환자분이 감사해야 할 이유를 1분 동안 생각해봅시다"라고 부드럽게 말했다. 노부인은 깜짝 놀란 표정을 지었다. 하지만 남편이 조금 더 재촉하자 노부인은 주섬주섬 말을 꺼냈다. 발이 아프긴 해도 아직도 걸을 수 있고 안아 올리지는 못하지만, 손주와 병원에 올 수 있어서 감사하다고 했다. "둘 다 꼭 기억하셔야 합니다." 남편은 말했다. 그 작은 시도로 노부인은 기분이 한결 좋아진 상태로 진료실을 나갔다. 남편은 내가 아는 어떤 의사보다 환자의 필요를 잘 꿰뚫어본다. 나는 그런 남편이 자신만의 치료법에 감사 요법을 포함한 것이 마음에 들었다.

남편이 쓴 접근법을 떠올리니 감사로 더 건강해질 수도 있다는 생각이 들었다. 감정은 항상 신체에 영향을 미친다. 간단한 예를 일상에서 찾을 수 있다. 사람들은 긴장하면 두 손이 떨리고 당황하면 얼굴이 화끈거리거나 새빨갛게 변한다. 무서울 때 심장이 쿵쾅거리는 증상은 또 어떤가? 그동안 부정적 감정이 건강에 어떤 영향을 끼치는지 알아보는 다양한 연구가 시행되었다. 그 결과 화와 스트레스는 당뇨병에서(스트레스는 인슐린 수치를 바꿔놓는다) 천식에(괴로운 감정은 기관지 수축을 일으킬 수 있다) 이르는 모든 병에 영향을 주는 것으로 나타났다.

그렇다면 그 반대는 어떨까? 부정적인 감정이 우리를 아프게 한다면 감사와 같은 긍정적인 감정은 우리를 건강하게 해줄까?

나는 이미 마틴 셀리그먼 박사를 통해 감사 편지를 써서 직접 전해주면 한 달 동안은 우울감이 낮아진다는 사실을 알고 있었다. 다른 연구원들도 감사일기를 쓰면 혈압이 낮아지고 수면의 질이 향상된다는 점을 발견했다. 나는 더 자세히 알고 싶어 마크 리포니스Mark Liponis 박사에게 전화를 걸었다. 그는 유명한 의료 휴양지 캐넌 랜치Canyon Ranch의 의료원장이자 이른바 '통합 의료' 분야의 전문가다. 그는 몸의 모든 부위와 마음을 통합하고 긍정적인 태도를 건강한 삶과 연결하는 접근법을 쓴다. 그는 나와 유쾌한 대화를 나눈 후에 캐넌 랜치로 나를 초대했다. 그리하여 며칠 후 매사추세츠의 레녹스에 있는 캐넌 랜치까지 아름다운 경치를 구경하며 차를 몰고 갔다.

입구에서 경비 요원이 주차할 곳을 알려주었다. 나는 1897년 저택을 복원하여 만들어 스파 시설과 의료 시설을 갖춘 건물로 가기 위해 목가적인 안뜰을 걸어갔다. 새 몇 마리만 지저귈 뿐 주변 광경은 조용하고 고요했다. 테리 천 가운을 입은 두 여성이 화단 옆을 웃으면서 걸어갔다. 완만하게 경사진 풀밭을 걸으며 맑고 신선한 공기를 쐬고 있노라니 토마스 만의 소설 《마의 산》에 나오는 요양원에 우연히 발을 들여놓은 듯한 기분이 들었다(물론 폐렴을 치료하는 곳이라는 느낌은 빼고).

확 트인 테라스 앞에서 발걸음을 멈췄다. 저 멀리 보이는 봉우리들(혹시 토마스 만 소설에 나오는 산?)의 평화로운 광경을 앉아서 음미할수 있도록 의자들이 죽 놓여있었다. 그곳의 평온한 환경은 괴팍하거나 성취에 중독된 사람조차도 마음을 이완하고 광경을 음미할 수 있도록 만들어진 듯했다. 나는 죽지 않고도 감사의 천국에 도착한 기분이 들었다.

저택 안으로 들어가 식당을 살짝 들여다보았다. 양념 두부, 가르반조콩 샐러드, 야채 버거, 글루텐 프리 오트밀, 호박씨 등이 적힌 메뉴를 보기만 해도 건강해지는 기분이 들었다. 메뉴에는 가격이 아닌 칼로리가 적혀있었다. 계단을 올라가니 의료 센터로 연결되었는데, 그곳은 진료하는 곳보다는 기업의 고품격 특별실처럼 느껴졌다.

리포니스 박사는 곧바로 나와 나를 맞았다. 50대 중반인 그는 매력적이고 잘생긴 외모였다. 스포츠 재킷에 넥타이를 매지 않은 셔츠 차림은 평상복과 전문복을 섞어놓은 느낌을 주었다. 그는 나를 개인 사무실로 데려갔다. 그곳에서도 바깥에서 본 광경처럼 아름다운 광경이 보였다.

"감사에 대한 글을 쓰신다니 좋네요." 리포니스 박사가 눈빛을 반짝이며 말했다. "긍정적인 태도를 갖는 것은 건강에 큰 역할을 합니다. 행복하지 않으면 최고의 건강 상태를 유지하지 못하거든요."

리포니스 박사는 레녹스에 있는 캐넌 랜치뿐만 아니라 투손, 마이애미, 라스베이거스의 분점들과 그리고 곧 개원할 동남아시아 분점의 의료원장이다. 리포니스 박사는 걱정을 달고 다니는 사람들을 치료해주었다. 그들은 현재보다 더 건강해지기를 바란다고 했다. 리포니스 박사는 그들이 대개 과거에 일어난 어떤 일 때문에 정신적으로 힘들어하며 우울해 하거나 미래에 대한 걱정으로 불안해한다고 설명했다.

"과거나 앞날을 생각하는 것은 이 세상에 화가 날 수 있는 유일한 두 가지 방법이죠." 리포니스 박사가 말했다.

리포니스 박사는 상담하는 사람에게 '지금 이 순간'의 기분이 어떤지 묻는다. 그리고 그 사람이 불만, 걱정, 좌절감을 술술 늘어놓기 전에 긍정적인 시각을 심어주려 노력한다.

"처음엔 팔다리가 모두 온전하게 붙어있는지 확인하는 데서 시작해요." 리포니스 박사는 예를 들어 보이듯 자신의 팔다리를 여기저기 만지며 말했다. "좋아요, 저한텐 두 팔과 두 다리 모두 있어요. 출발이 좋지요. 전 두 눈으로 볼 수 있고 숨을 쉬고 아픈 곳이 없어요. 오늘 음식을 먹었고 굶지 않았어요. 아, 이 모든 사실만으로도 기분이 아주 좋아지는 것 같아요!"

나는 웃었지만 그러한 접근이 마음에 들었다. 과거 일을 걱정하거나 미래 일을 초조해 하지 않고 현재 자신이 가지고 있는 것을 하나하나 생각해보는 일은 자신에게 호의를 베푸는 행위와 같다. 두 팔과 두 다리와 사물을 볼 수 있는 두 눈(내 경우는 콘택트렌즈를 낀 두 눈이지만) 등을 생각해보는 거다. 그렇다면 긍정적인 시각과 건강 사이에는 어떤 연관성이 있는 걸까?

리포니스 박사는 건강과 관련한 많은 미스터리는 면역체계와 관련이 있다고 설명했다. 지난 수십 년 동안 의학계의 가장 큰 발견은 염증이 심장병, 암, 당뇨, 알츠하이머, 뇌졸중 등과 같은 현대병에서 중추적인 역할을 한다는 사실이다. 염증은 면역체계의 스트레스 반응이다. 백혈구가 문제라고 인식하는 것을 해결하려고 나설 때 염증이 형성된다.

인간의 역사에서 감염은 인간이 직면한 가장 큰 건강 문제였다. 면역체계는 이러한 감염과 싸우기 위해 작동을 하면서 수없이 많은 연습을 거쳤다. 발진티푸스, 파상풍, 디프테리아, 이질을 이겨낸 사람이 살아남아 자신의 유전자를 남길 수 있게 된 때가 그리 오래되지 않았기 때문이다. 반면 이러한 병들을 이겨내지 못한 사람은 살아남지 못했다.

가령, 연쇄상구균 박테리아가 목 안으로 침투하면 흔한 패혈증 인두염이 생긴다. 이때 백혈구가 앞장서 박테리아를 삼키면서 목 부위에 염증이 생기고 빨갛게 부풀어 오른다. 백혈구는 동료들에게 항체 형성을 도와주고 필요한 화학 물질을 배출해달라고 요청한다. 그러면서 목 주위 혈류량이 증가한다. 이때 모이는 백혈구 개수는 믿기 어려울 정도로 엄청나다. 스트레스 상황에서 1,500억 개나 되는 백혈구가 모여든다. 이는 평상시의 세 배 정도 되는 수치다. 이와 함께 화학적 상호 반응이 일어나면서 목 안이 빨갛게 부어오르는데 이때 비단 목만 아픈 것이 아니다. 열이 나고 온몸이 욱신욱신 아플 수 있다. 면역체계가 활발하게 가동될 때 몸의 국소 부위뿐만 아니라 전부위가 반응을 일으키기 때문이다.

백혈구는 감염과 싸우지만, 그 여파로 염증을 남겨놓는다. 그런데 지금 과학자들은 그 염증이 그 자체로 위험할 수 있다는 점을 발견하고 있다. 리포니스 박사는 폐렴으로 입원했던 환자는 감염으로 말미암은 염증 때문에 향후 6주 이내에 심장마비가 발생할 가능성이 두 배 높아진다고 지적했다. "현재 미국인들의 사망 요인들은 80년 전과는 아주 달라요. 이제 사람들은 세균이 아닌 백혈구의 공격으로 죽고 있어요." 리포니스 박사가 말했다.

하지만 굉장히 흥미로운 부분이 있다. 면역체계가 감정에 반응한다는 점이 밝혀진 것이다. 걱정, 분노, 두려움 같은 감정은 백혈구에 순찰을 나가도록 지시한다. 그러면 백혈구는 특별한 공격 대상이 없어도 위험한 염증의 흔적들을 남겨놓는다. 감사를 느끼면 이와 상반된 효과가 나타나 면역체계가 통제력을 잃고 가동되는 것을 막아준다.

"감사, 사랑, 연민을 느낄 때 나오는 호르몬은 걱정, 불안, 두려움을 느낄 때 나오는 호르몬과 매우 달라요. 감사는 그러한 부정적인 반응들에 해독제가 될 수 있어요." 리포니스 박사가 말했다.

하지만 내가 감사일기를 쓰거나 남편에게 감사한다는 점을 내 면역체계가 어떻게 알 수 있을까? 나는 그 작은 백혈구가 "와, 주인이 행복하다! 순찰 나갈 필요 없어!"라고 말하는 장면을 상상했다. 이렇게 화학 물질을 의인화하니 이해가 쏙쏙 잘 되었다. 하지만 다행스럽게도 과학자들은 이를 설명할 근거들을 찾았다.

리포니스 박사는 건강과 감정을 연결하는 일련의 생리적 반응들을 가장 잘 설명한 사람이 캔더스 퍼트Candace Pert라는 신경과학자라고 말했다. 그녀는 존스 홉킨스 대학 연구소의 젊은 대학원생이었을 때 아편 수용체를 처음 발견했다. 아편 수용체는 특정한 뇌세포의 표면으로 특정한 분자만 여기에 결합할 수 있다. 이러한 획기적인 발견으로 엔도르핀에 대한 이해가 이뤄졌다. 퍼트는 엔도르핀을 "신체 자체의 진통제이자 황홀감 유도 물질"이라고 말했다.

퍼트의 연구소 선배는 1978년의 발견물로 흔히 노벨상의 등용문으로 알려진 래스커상Lasker Award을 받았다. 퍼트는 착한 여학생처럼 옆에서 조용히 있지 않고 자신도 인정받을 자격이 있다고 주장하여 파란을 일으켰다. 이후에 퍼트는 국립 정신건강연구소와 조지타운 대학을 포함한 여러 곳에서 중요한 직책을 맡았다. 그러다가 2013년에 겨우 67세의 나이로 작고했다. 내가 그분을 만날 수 있었다면 좋았을 텐데.

엔도르핀과 도파민, 세로토닌, 아드레날린 같은 화학 물질들은 신경 전달 물질로 불린다. 이 물질들이 감정의 메시지를 두뇌에 보내기 때문이다. 하지만 퍼트와 그녀의 동료들은 메신저 세포의 수용체는 두뇌에만 있는 것이 아니라 온몸에 분포한다는 점을 나중에 발견했다. 퍼트는 신체에서 분비되는 펩티드들을 '감정의 분자'라고 묘사했다. 그 펩티드들은 몸을 떠돌아다니며 정보를 공유한다. 여기서 놀라운 점이 있다. 온몸에 분포하는 백혈구는 표면 수용체를 가지고 있기 때문에 돌아다니는 펩티드를 붙잡는다. 만일 내가 화가 나면 백혈구도 결국 그 사실을 알게 되는 것이다. 표면 수용체가 그 메시지를 받기 때문이다. 그러면 백혈구는 행동에 돌입한다.

예전에는 면역체계가 감정에 따라 반응해야 하는 타당한 이유가 있었다. 걱정이나 두려움은 '내가 다칠 위험이 있다고 느낀다'라는 신호를 몸에 보냈다. 그러한 걱정 호르몬이 몸을 돌아다니면 면역체계가 방어 태세에 돌입했다. '다친다'라는 말이 날아오는 창에 맞는다는 의미라면 준비 태세를 시켜주는 이러한 초기 신호는 바람직한 조치이자 생명을 구할 수 있는 조치가 된다. 하지만 가령, 페이스북에서 친구 요청을 거절당했을 때 마음을 다친 거라면 이러한 신호는 그다지 가치 있는 것이 못 된다. 현대인이 느끼는 걱정은(내가 승진을 할까? 내 아들이 대학에 들어갈까?) 경계 태세에 들어간 백혈구의 재빠른 움직임에서 이득을 얻지 못한다. 어쨌든 백혈구는 자기 임무를 충실히 하며 염증이라는 흔적을 남겨놓는다.

감사는 부정적인 감정의 분자들에게 직접적인 해독제 역할을 한다. 바로 이 부분이 감사가 건강 유지에 기여하는 첫째 역할이다. 감사, 사랑, 연민의 호르몬이 몸 안을 돌면 백혈구는 위험 요소가 없고 상황이 좋다는 메시지를 받아들인다. 그러면서 반응을 보이지 않게 된다. "이때 백혈구 수가 줄어들고 염증성 분자의 수도 줄어들면서 사람들의 기분이 좋아지는 겁니다." 리포니스 박사가 말했다.

감사는 면역체계가 불필요한 과열 상태에 들어가지 않게 해준다. 하지만 이러한 감사 호르몬을 체내에 한 번 보내는 것은 큰 효과가 없으므로 감사하는 습관을 들여야 한다. 리포니스 박사가 사랑Love을 비타민 L이라고 언급한 적이 있다. 그래서 나는 이제 감사Gratitude를 비타민 G로 생각하겠다고 그에게 말했다.

"맞아요, 비타민 G! 그 비타민을 규칙적으로 드세요!" 그가 말했다.

CVS(의약품, 화장품, 잡화를 파는 미국의 소매 체인 업체 – 역주) 판매대에는 아직 비타민 G가 놓여있지 않지만 리포니스 박사는 매일 긍정의 알약을 상용한다(은유적인 의미에서 말이다). "어떤 작은 일 때문에 저 자신에게 연민이 느껴질 때는 하던 일을 멈추고 모든 것은 상대적이라는 점을 떠올려요. 그리곤 내가 이 세상에서 가장 운 좋은 사내라고 되뇌어요. 우주에서 가장 운 좋은 사내라고 되뇌죠."

리포니스 박사는 이 사실을 잊어버리지 않으려고 'luckiestguyonearth.com'이라는 도메인의 이메일 주소를 사용한다(이 도메인 주소는 '세상에서 가장 운 좋은 사내'라는 뜻이다 – 역주).

리포니스 박사는 주변 사람들에 의해 자신의 관점이 극적으로 변할 수 있다는 점을 깨달았다. 우리가 만났을 때는 리포니스 박사가 캐넌 랜치의 동남아시아 진출을 위해 싱가포르에 다녀온 지 얼마 안되었을 때였다. 세상에서 가장 운 좋은 이 사내는 '어마어마한 갑부 CEO'들과 시간을 보내고 나니 자신이 왜 그렇게 열심히 일하고도 그들이 소유한 것을 갖지 못했나 하는 생각이 모락모락 피어났다고 한다. "정말 비뚤어진 생각이었죠! 자신이 모든 것을 누릴 자격이 있다고 생각했으니. 그러한 그룹 안에 있으면 그 그룹을 기준으로 삼게 돼버려요."

리포니스 박사는 두 달 전 소아청소년과 의사인 아내와 함께 라오스의 가난한 마을을 찾았던 일을 떠올리며 생각의 초점을 재빨리 바꾸었다고 한다. 두 사람은 의료품을 가져가 을씨년스러운 시멘트방에 진료소를 차리고 아침 일곱 시에서 저녁 일곱 시까지 진료했다.

매일 두 사람을 만나려는 수백 명의 사람들이 줄을 서서 기다렸다. 부모들은 아이들의 진료를 받으려고 먼 곳에서, 심지어 꼬박 하룻밤이 걸리는 거리에서 찾아왔다. 리포니스 박사는 그 광경들이 떠오르는 듯 머리를 흔들며 씁쓸한 미소를 지었다. "우리가 라오스에서 만난 사람들은 옷도 음식도 없고 강물을 마시지만 스스로 행복해지는 방법을 찾았어요. 저는 여기서 살고 가진 것도 많으니 얼마나 운이 좋은지 모릅니다!"

리포니스 박사가 싱가포르에서 부자들과 여행하며 스트레스를 받고 약간의 부러움을 느꼈을 때보다 찢어지게 가난한 라오스에서 감사를 느끼고 자신을 가치 있게 여겼을 때 체내의 염증 형성 정도가 더 낮았을 것이다. "제가 대가를 바라지 않고 베풀고 도와줄 때 그 무엇에도 비할 데 없는 뿌듯함과 만족을 느껴요. 누군가를 도우면 마법 같은 일이 일어나죠." 그가 말했다.

나는 리포니스 박사에게 지금 내게 도움을 주어 정말 감사하다고 말했다. 라오스 사람들이 받았던 그런 도움은 아니지만. 리포니스 박사를 기다리는 환자들이 있었기에 나는 자리에서 일어났다. 그는 나를 꼭 안아주며 필요하면 언제든지 도움을 주겠다고 약속했다. 나는 밖으로 나가 캐넌 랜치의 안뜰을 걸으며 감사와 면역체계 사이의 관련성을 생각했다. 그러고 보니 건강을 바라보는 내 시각이 완전히 뒤바뀌어 있었다. 그동안 나는 병이란 병원균이나 박테리아가 침투하여 몸을 아프게 하는 증상으로 명백하게 설명된다고 여겨왔다. 하지만 백혈구가 우리의 감정에 반응한다는 사실을 이해하자 나의 시각이 완전히 바뀌었다. 만일 나의 면역체계가 나의 감정 상태가 감사와 사랑 쪽인지, 아니면 분노와 두려움 쪽인지를 알고 있다면 (혹은 이러한 감정들에 영향을 받는다면) 감기는 단순한 감기가 아니다.

나는 캔더스 퍼트에 대해 좀 더 알아보고 싶었다. 그래서 집으로 돌아와 퍼트의 책을 내려받았고, 퍼트가 감정의 분자를 주제로 했던 강연들을 찾아보았다. 그러던 중 '치유와 마음Healing and the Mind'이라고 하는, 퍼트가 출연한 PBS(미국 공영 방송망 – 역주) 특집 방송을 우연히 발견했다. 존경받는 기자 빌 모이어스Bill Moyers가 그 방송의 진행자였다.

활기차면서도 따스한 분위기의 퍼트는 모이어스에게 신체의 모든 세포에는 다양한 유형의 수용체가 달렸다고 설명했다. 펩티드는 아미노산 여러 개가 마치 목걸이에 달린 진주 모양처럼 연결되어 있는 화학 물질이다. 이 아미노산이 세포 표면에 있는 수용체를 자극한다. 과학자들은 신경펩티드를 처음엔 두뇌에서 발견했지만, 이제는 신체의 모든 세포에서 발견했다. "우리 몸의 모든 것은 전달 분자를 통해 기능합니다." 퍼트가 설명했다.

모이어스는 정신이 신경펩티드를 통해 몸에게 말을 하는 것이 맞는지 조심스럽게 물었다. 퍼트는 잠시 머뭇거렸다. 과학을 단순하게 설명한다면 모이어스의 말이 틀리지 않았지만, 퍼트는 그러한 표현을 짚고 넘어갔다. "왜 정신을 몸의 영역 밖에서 생각하시나요?" 퍼트가 물었다. 모이어스는 살짝 미소를 짓더니 항상 정신과 몸을 분리해서 생각하도록 배웠다고 인정했다. 퍼트는 과학이라는 영역과 정신, 마음, 의식, 감정이라는 영역 사이의 세력 다툼을(퍼트는 이것이 데카르트와 가톨릭교회로부터 시작되었다고 했다) 끝내야 할 때라고 말했다. 퍼트는 이 부분에 대해 모이어스와 대화를 나누다가 그의 질문을 받자 이렇게 대답했다. "우리는 '나'라고 하는 사람을 말할 때 자신의 머리를 떠올리곤 하죠. 아니면 자신의 몸을 떠올리기도 하고요. 하지만 온전한 '나'는 지능이 담겨 있는 몸이에요. 지능은 몸의 모든 세포에 있어요. 정신은 목 위의 공간에만 한정된 것이 아닙니다. 정신은 두뇌와 몸 전체에 걸쳐 존재하는 것입니다."

퍼트처럼 정신과 몸의 분리를 배제하려면 새로운 사고가 필요했다. 그런데 이 두 가지를 하나로 표현하는 용어는 아직도 존재하지 않는다! 퍼트는 우리가 직감적으로 아는 사실, 즉 몸이 감정에 아주 빠르게 반응한다는 점을 신경 화학의 관점에서 증명하려고 오랫동안 노력을 기울였다. 걱정이 많거나 피곤하거나 스트레스를 받으면 몸이 병에 취약해져서 감기에 걸리는 사람들도 있고 요통을 겪는 사람들도 있다. 또한, 대부분의 위장병은 글루텐뿐만 아니라 불안과도 관련이 있다.

나는 이따금 편두통에 시달렸다. 항상 편두통을 적포도주, 치즈, 초콜릿 같은 전형적인 편두통 유발 음식과 연관 지어 생각했기에 그런 음식들을 피했지만 별 효과는 없었다. 카페인을 섭취하려 노력해보고(원래 커피를 안 마시기 때문에) 카페인을 완전히 끊어보기도 했지만(다이어트 콜라는 마셨다) 별 차이가 없었다. 내가 맨 처음 극심한 편두통을 느꼈을 때는 10년 전 새 소설을 홍보하기 위해 대형 서점에서 발표를 해야 했던 밤이다. 나는 항상 두통은 스트레스를 받을 때 생기는 거라고 내심 믿었다. 하지만 그 생각도 항상 맞진 않았다. 애드빌을 복용하지 않고도 중요한 일을 무사하게 치르는 때도 있었다. 그런가 하면 더할 나위 없이 좋은 날을 보내다가 갑자기 머릿속이 띵해지는 때도 있었다. 그러면서 두통이 밀려오고 눈앞이 가물거리며 서 있기조차 버거워지는 것이다.

감사가 편두통을 치유할 수 있을까? 어찌 보면 허무맹랑한 소리처럼 들리지만 내가 아는 한 마크 리포니스나 캔데스 퍼트가 허무맹랑한 사람들은 아니다. 두 사람 모두 긍정적인 감정이 모든 세포로 침투된다고 믿었다. 나는 다음번에 두통이 밀려들면 눈을 감고 내 안에 감사의 감정을 끌어 모으기로 했다. 내 가족과 내 건강과 그밖에 내 삶에서 모든 좋은 부분에 대한 감사의 감정을. 나는 꼭 그렇게 하리라는 의욕이 충만했다.

그런데 내가 감사하는 습관을 들이면서 이미 두통과는 거리가 먼 생활을 하고 있음을 이내 깨달았다. 강력한 처방 약을 보관해둔 약장에 손을 안댄 지가 몇 개월이나 되었다. 감사 호르몬이 평소에 면역체계의 삼엄한 경계를 풀게 하여 내 몸의 염증 수준을 낮춘 것일까? 내 개인적 경험이 심도 깊은 의학 연구에 비길 바는 못 되지만 나는 몇 달 동안 나의 기분이 예전보다 정말 좋아졌다는 사실이 놀라웠다. 내가 가장 취약해지는 스트레스 지점을 한동안 경험하질 못했다.

마음과 몸에 대한 새로운 통찰력이 생긴 데 흥분한 나는 린다 스톤Linda Stone에게 전화를 걸었다. 린다 스톤은 두 달 전 세계 과학 축제 경축 행사에서 만난 테크놀로지 전문가다. 과학의 장을 뉴욕 거리로 옮겨놓은 이 축제를 시작한 사람은 세간의 찬사를 받는 물리학자 브라이언 그린Brian Greene과 그의 아내이자 수상 경력이 있는 프로듀서인 트레이시 데이Tracy Day다. 두 사람은 과학에 영향력과 화려함과 명성이라는 특징을 부여하는 역할을 했다.

나는 아들 잭이 대학에서 물리학을 전공할 때 그린의 인기도서 《엘러건트 유니버스》를 읽었고 그의 후속 저서도 샀다. 그리고서 이 책들을 침실용 탁자에 두었다. 한동안 다른 책을 읽느라 이 책들에 관심을 두지 못했는데 어느 날 밤 한 권을 집어 들었다. 역시 브라이언 그린은 내가 책을 읽는 동안 복잡한 이론을 이해할 수 있게 하는 저자였다. 끈 이론(여기서 끈은 우주를 떠다니는 작은 바이올린 현이 아니다)에 대한 식견을 넓혀주어 저녁 식사 자리에서 잭과 대화를 나눌 수 있게 해준 그린에게 정말 감사했다.

경축 행사에서 린다와 나는 우연히 같은 테이블에 앉게 되었다. 펜실베이니아 대학의 긍정심리학 교수인 마틴 셀리그먼 박사도 우리와 동석했으니 그 테이블은 분명 좋은 자리였다. 그날 저녁의 수상자는 연구 과학계의 록스타이자 생물학계의 보노(Bono, 세계적인 록 그룹 U2의 작곡가 겸 가수 - 역주)인 유전학자 메리 클레어 킹Mary Claire King 박사였다. 킹 박사는 유방암과 관련 있는 BRCAI 유전자를 발견했고, 인간과 유인원의 유전자가 99퍼센트 같다는 결과를 끌어낸 연구팀의 책임자였다. 그녀는 아르헨티나에서 군사 독재 아래 잃어버린 아이들을 유전체 순서 결정 방법을 이용해 그들의 생물학적 가족과 재회시켜주는 프로젝트를 진행했다.

킹 박사는 브로드웨이 배우들이 자신의 업적을 노래와 춤으로 보여주는 공연을 기쁜 마음으로 지켜보았다. 그녀는 한 인터뷰에서 사실 과학자들은 감사를 잘 느낄 수 없는 사람들임을 인정하면서 감사를 느낄 수 있을 때 그 순간을 누려야 하는 이유를 설명했다. "전 과학자들에게 발견물이 옳은 것으로 나타나면 24분 동안은 행복할 수 있다고 말해요. 지금까지 사람들은 '그건 틀렸어요'라고 말했고 내일이 되면 아마 '우린 그걸 이미 알고 있었어요'라고 말할 겁니다. 그러니 현재를 즐기는 수밖에요."

브라이언 그린과 메리 클레어 킹과 같은 공간에 있는 것은 윔블던(런던 근교의 국제 테니스 선수권 대회 개최지 – 역주)에서 결승전을 보는 일처럼 느껴졌다. 내가 그들처럼 훌륭하게 해내진 못해도 내 경기를 잘 해낼 아이디어를 얻을 수 있다는 점에서 말이다. 두 사람 모두 자신의 과학적 천재성을(이것 외엔 표현할 말이 없다) 바탕으로 대의를 추구했다. 인도주의적 성향이 강한 킹 박사는 아르헨티나에서 사용한 유전자감식의 대상을 그것이 필요한 다른 나라에까지 확대했다. 이러한 행위는 궁극적으로 감사의 표시다. 자신의 탁월한 능력을 이용해 타인에게 더 많이 돌려주고 세상을 더 좋은 곳으로 만들기 때문이다.

그날 저녁 나는 린다와 대화를 나누며 내가 요즘 모든 걸 감사의 렌즈로 보고 있는 것 같다고 말했다.

"감사요? 우리 좀 더 얘기를 나눠야겠는걸요." 린다는 만찬이 차려졌던 재즈 앳 링컨 센터Jazz at Lincoln Center의 화려한 방에서 걸어 나와 후식이 준비된, 역시 화려한 로비로 가며 말했다.

우리는 덮개가 씌워진 긴 의자에 앉았다. 감사에 대한 이야기를 나누는데 뭔가 덜거덕거리는 소리가 났다. 그 소리는 멈추지 않고 계속 났다. 마침내 우리는 그 자리를 떠나 외투를 가지러 휴대품 보관소에 갔는데 우리 두 사람 외투 밖에 남아 있지 않았다.

내가 전화를 걸었을 때, 린다는 다음 주에 뉴욕으로 갈 일이 있다고 했다. 우리는 점심 약속을 잡았다. 다시 만났을 때 나의 제안으로 음식점 옥상 테라스로 갔는데 린다가 그곳이 너무 덥다고 했다. 좀 더 시원한 실내 테이블에 앉자 린다는 웨이터에게 자신의 극심한 음식 알레르기에 대해 차분히 설명해주었다. 그러면서 "좀 도와주시겠어요?"라고 상냥하게 물었다. 린다는 상냥함을 잊지 않았고 웨이터 역시 마찬가지였다. 그렇게 해서 식사를 무난하게 할 수 있었다.

린다는 첨단 기술이 등장한 초기에 애플 컴퓨터와 마이크로소프트의 임원을 지냈고 이후에 멀티미디어와 소셜 미디어 분야에서 선구적인 업적으로 유명해졌다. 린다는 우리가 끊임없이 네트워크에 연결되기를 바랄 때 늘 스위치가 켜져 있는 것 같은 우리의 상태를 설명하기 위해 '끊임없이 단편화된 주의력continuous partial attention'이라는 용어를 만들어냈다. 우리는 어떤 정보라도 놓칠까 두려워 경계 태세를 유지한다. 옛날 사람들은 위기가 닥쳤을 때 이러한 경계 태세에 돌입했는데 말이다(우리의 정신이 가열되면 백혈구도 그렇게 되지 않을까?). 결국 린다는 우리가 테크놀로지를 대할 때 몸에서 어떤 변화가 일어나는지 연구했다. 린다는 '이메일 무호흡증'이라는 표현을 써서 우리가 컴퓨터 앞에 몸을 구부리고 앉아있을 때 호흡이 무의식적으로 일시 중단되는 현상을 설명했다(해결책은 이렇다. 자세와 호흡을 의식하고 적어도 한 시간에 한 번은 자리에서 일어나는 거다).

린다는 자신이 마이크로소프트를 나온 이후 연속적인 불운에 시달렸다고 했다. 시애틀에 있는 집에 불이 나 수많은 물건이 타버렸고 새로 이사 간 아파트에선 살수 소화 장치가 합선되어 물바다가 되었다. 그 가운데 최악은 고통스러운 수술을 여러 번 받아야 했던 광범위한 턱 감염을 포함하여 심각한 건강 문제를 겪었다는 점이다.

"전 심각한 공황 상태에 이르렀어요." 린다가 말했다.

불운을 멈추게 하고 싶었던 린다는 감사일기를 쓰기 시작했다. 하지만 린다는 그것을 '이를 악물고 생각해낸 감사'라고 묘사했다. 매일 밤 무엇인가 끼적이긴 했지만, 감사를 진정으로 느끼진 못했다고 했다.

"머리에서 나오는 감사가 아니라 몸으로, 심장으로, 정신으로 느끼는 감사가 필요했던 거죠." 그녀가 말했다.

리포니스 박사는 현재를 중시하며 지금 자신을 둘러싼 좋은 요소를 인식하는 린다의 접근법을 마음에 들어 했으리라. 린다는 차분하게 집중하며 자신의 몸이 감사를 느끼게 하였고, 그 느낌을 사람들에게 표현했다(그 음식점에서 열심히 일하는 웨이터에게 그랬듯이). 린다는 그것을 '체화된 감사'라고 표현했다. 나는 그 말을 듣는 순간 그 말이 좋아졌다.

린다는 자신이 겪은 건강 문제를 생각하며 첨단 기술을 건강과 안녕을 증진하는 데 사용하는 방법에 초점을 맞추었다. 어느 날 첨단 기술 분야의 경영자들 앞에서 발표하게 되었을 때 린다는 심장박동 변화를 측정하는 실험 장치를 가져갔다. 스트레스 수준이 높아지면 빨간색 불빛이 나오고 마음이 차분할 땐 초록색 불빛이 나오는 장치였다. 린다는 우선 스트레스 수치를 낮추는 호흡법으로 호흡했다. 물론 단순한 방법이긴 했지만, 심호흡을 하고 뒤이어 여러 번 해도 장치에선 고집스럽게 빨간색 불빛만 나왔다.

이제 어떻게 해야 할지 생각해보려 애쓰며 청중을 둘러보았다. 그러고는 자리에 앉아있는 사람들 가운데 대다수가 자신에게 도움을 주었던 사람들이라는 점을 깨달았다. 발표하기에 앞서 감사를 표현하기로 했다. 그런데 유독 한 사람을 보자 감사의 마음이 저절로 흘러나와서 아낌없이 감사를 표현했다.

"갑자기 사람들이 '초록색이에요! 초록색!'하고 소리를 지르기 시작하자 발표를 할 수가 없었어요." 린다는 그때의 경험에 아직도 경외감을 느끼는 듯했다. "감사 표현이 호흡 기법보다 더 본질적이고 더 빠르게 내 신체 반응을 바꾼 거죠!"

자신이 발견한 사실에 매료된 린다는 그것을 타인에게도 적용하기 시작했다. 한번은 마이크로소프트의 한 여성 경영자가 스트레스를 너무 받는데 호흡 기법이 효과가 없다고 린다에게 불평했다. 그러자 린다는 자신이 사랑하거나 감사하는 사람을 생각하는 것도 스트레스 수치를 낮추는 데 도움이 된다고 설명해주었다. 마침 그녀의 남편이 옆에 서 있었기에 린다는 그 장치를 건네주며 한번 시도해보라고 했다. 그녀는 장치를 받아들고 집중했지만 아무런 변화가 없었다. 하지만 잠시 후 갑자기 초록색 불빛이 반짝였다.

린다의 말에 의하면 그 여성은 남편을 바라보며 환하게 웃으며 이렇게 말했다고 한다. "자기야, 미안. 자기를 생각하니 효과가 없어서 우리 고양이를 생각했더니 효과가 있었네!"

우리가 고양이, 남편, 웨이터, 기술자 등 누구에게든 감사하는 시간을 보내면 우리의 몸은 스트레스 수치를 낮추는 방법으로 이에 반응한다. 그러면 건강도 좋아질 가능성이 커진다. 여기서 핵심은 체화된 감사를 온전히 경험할 시간을 보내는 것이다. 린다는 건강 문제로 고통에 시달리는 중에도 자신에게 "안 아프게 느껴지는 몸의 부위는 어딘가요?"라며 주기적으로 물어봐 준 한 의사에게 특별히 감사를 느꼈다. 린다는 긍정적인 면을 찾으면서 절망과 좌절에 빠지지 않을 수 있었다. 자신의 몸에서 제대로 작동하는 부위를 인식하기 시작하자 큰 변화가 생겼다.

"전 온통 뭉뚱그려서 행복으로 접근하는 것이 너무 싫어요. 그건 행복하냐 아니냐 하는 양자택일밖에 안 되기 때문이죠." 후식으로 나온 산딸기류 열매를 야금야금 먹을 때, 린다는 불만을 말했다. "우리가 진정 물어야 할 질문은 '어떻게 하면 지금 이 순간을 누릴 수 있을까? 지금 어떤 점이 기분 좋게 느껴지는가?' 같은 것이죠. 지금 이 순간 우리가 인정하고 감사할 수 있는 긍정적인 측면은 항상 존재하거든요."

나는 린다와 헤어지고 가는 길에 나의 건강한 몸에 감사를 느끼며 잰걸음으로 걸었다. 리포니스 박사의 긍정적인 주문을 떠올렸다. '내 겐 두 팔과 두 다리가 있고 나는 숨을 쉬고 있다. 삶은 아름답다.' 그 주문을 몇 번 되뇌자 미소가 흘러나왔다.

매디슨가에 이르자 내 앞에서 걷고 있는 한 여성이 보였다. 긴 다리에, 긴 머리칼에 모델처럼 마른 여성이었다. 나는 젊었을 때 그러한 여성들을 발견하면(뉴욕에는 그러한 여성들이 굉장히 많다) 즐겨 하던 상상의 게임이 생각났다. 우선 '약간의 마법을 부리면 나의 몸을 그 여성의 몸과 바꿀 수 있겠지?'라고 생각했다. 상상 속에서 거울을 들여다보면 나의 자아는 변하지 않아도 약간 조롱박 같은 내 몸매는 호리호리한 몸매에 늘씬한 엉덩이로 바뀌었다. 꽉 끼는 청바지에 무릎 위로 올라온 부츠를 신었고 살짝 평평한 가슴이 아닌 풍만한 가슴을 가지게 되었다. 정말 확실한 변화 아닌가?

하지만 이번에는 내 마법의 지니를 불러들이는 것을 주저했다. 내 게임의 원칙으로 볼 때 그 순간 나와 내 분신의 모습은 일치했다. 내 몸은 건강했다. 그런데 미지의 무엇인가를 위해 내 건강을 버리겠는가?

매디슨가에서 그 여성의 곁을 지나가며 외모를 자세히 살폈다. 그녀는 굉장히 건강해 보였다. 피부에 윤기가 흐르고 엉덩이가 작은 그녀는 유명 디자이너 의류점 앞에 서 있었다. 그곳에서 자신에게 맞는 옷을 얼마든지 찾을 것이다.

그녀는 내가 미소를 지어 보이자 화답으로 미소를 지었다. 그렇다, 그녀는 유전적 축복을 받아 아름다웠다. 나 역시 그런 축복을 받았다면 삶이 더 순조로웠을 테지만 내가 가지고 있는 것에 감사했다. 나의 지니는 램프 속에 가만히 있었다.

내겐 두 팔과 두 다리가 있고 나는 숨을 쉬고 있다.

리포니스 박사가 언급한 대로 그 자체만으로도 삶은 아름다웠다.

✟ ✟ ✟

집으로 돌아오면서 사람들이 건강에 대해 많이 알지만 모르는 부분도 많다는 생각이 들었다. 모든 병은 마음에서 비롯된다거나 의지만 있으면 병이 낫는다고 말하는 것은 올바르지 않다. 긍정적이지만 젊은 나이에 심각한 병에 걸린 사람들도 많다. 우리는 모든 것을 통제할 수 없다. 하지만 자신에게 최대한 이익이 되게 행동할 수는 있다.

19세기 중반에 루이 파스퇴르Lous Pasteur는 이 세상에 세균을 병의 원인이라고 알렸다. 좀 더 최근에는 인간 게놈 프로젝트로 말미암아 모든 개인의 유전자 청사진을 완성하고 많은 병을 일으키는 특별한 유전자를 판별할 수 있게 되었다. 하지만 병이나 건강은 수학 방정식이 아니다. 어떤 병에 대한 유전자를 가지고 있어도 그 병에 걸리지 않기도 한다. 세균과 바이러스에 노출되어도 무사히 지나가기도 한다. 그 원리가 명확하게 드러나진 않았지만, 감정의 분자가 하는 역할을 간과할 수 없다.

카네기 멜론 대학교의 셸던 코헨Sheldon Cohen 박사는 1990년대에 시작된 한 실험에서 참가자들과 광범위한 인터뷰를 진행하여 그들의 스트레스 수준을 파악했다. 그런 후에 흔한 감기 바이러스를 그들에게 주입했다.* 그 결과 스트레스 수준이 높을수록 감기에 더 잘 걸리는 것으로 나타났다. 이는 마치 부두교 교리처럼 들린다. 하지만 다른 과학자들도 이것이 지금까지 감정과(여기서는 스트레스를 다뤘지만) 건강의 관계를 밝히려고 행해진 실험들 가운데 가장 명쾌하게 입증한 실험이라고 극찬했다.

이러한 연결 관계를 입증한 일은 아주 좋은 시작이었다. 하지만 왜 그런 관계가 있는지 밝혀내는 것은 한층 더 까다로운 일이었다. 코헨 박사는 이를 파악하는 데 매달린 끝에 얼마 전에 그가 생각하는 스트레스와 병의 생리적 기제를 제시했다. 나는 그의 논지가 요약된 의학적 자료들을 피곤한 눈으로 죽 읽었다. 하지만 그 내용을 짧게 설명하면 이렇다. 스트레스는 염증을 통제하는 신체의 능력에 영향을 주며 이로 말미암아 병이 생기거나 진행될 수 있다는 점이다. (그 자료에는 스트레스가 호르몬 코르티솔이 염증 반응을 효과적으로 통제하는 기능을 바꾼다는 내용이 담겨 있다. 이때 면역 세포가 코르티솔의 통제에 저항하게 된다. 하지만 단언컨대 이런 내용을 알 필요는 없다.)

나는 리포니스 박사가 했던 말을 다시 떠올렸다. 감사는 스트레스에 대한 해독제이기 때문에 건강을 유지하게 해준다고 했던 말을. 감사를 느끼면 화, 불안, 걱정 같은 스트레스 증상들이 모두 줄어든

---

* 첫 실험은 영국 감기 연구소에서 진행했다. 친숙한 이름이 붙여진 이곳은 이제 존재하지 않는다.

다. 그러므로 의학적 내용을 간단하게 풀어보면 이렇다. 감사는 스트레스를 줄여준다. 스트레스가 준다는 것은 염증이 준다는 의미다. 그리고 염증이 준다는 것은 병에 걸릴 확률이 낮아진다는 의미다.

나는 나의 편두통에 대해 다시 생각했다. 처음엔 다음에 편두통이 찾아오면 감사일기를 쓰거나 감사한 생각을 하며 두통을 없앨 생각을 했더랬다. 그런데 다행히도 편두통은 아직 복귀를 거부하고 있다. 중요한 점은 바로 그러한 사실이다. 개인적 일화는 과학이 아니기에 나는 그 사실을 의학 잡지에 보고할 생각이 없다. 하지만 여러 달 동안 감사하며 살면서 스트레스 수준, 호르몬, 생리 기능, 염증 수준이 상당히 변화되어 두통이 말끔히 사라진 거라는 확신이 든다. 어쩌면 영원히 사라진 것은 아닐지도 모른다. 하지만 현재로썬 그렇게 생각하기로 했다.

The
GRATITUDE
DIARIES

10장 | 행동을 바꾸면 더 커지는 감사

점점 커지는 감사 속에 자연의 힘을 발견하여 행복하다.

자연 산책로를 걸으며 그것이 내 몸과 마음에 어떤 영향을 주는지 알게 되어 감사하다.

자연이 우리를 감사하게 만든다는 점을 발견하여 뿌듯하다.

백혈구와 염증, 스트레스와 감정 호르몬과 관련해 밝혀진 내용을 접하면서 나는 감사하면 더 건강해진다는 확신을 얻었다. 그런데 그 반대의 등식도 성립하지 않을까 아주 궁금했다. 건강을 위한 활동을 하면 내가 느끼는 감사의 정도가 증가할 수 있을까? 그달에 나는 운동, 명상, 숲 속 산책을 통해 감사의 정도를 높일 수 있는지 알아보기로 했다.

몸과 마음은 양방향으로 작용한다. 그렇기에 때로는 몸이 마음에게 행복해야 하는지, 슬퍼해야 하는지, 감사해야 하는지 지시를 내려준다. 가령, 연구가들은 부작용을 수반하는 프로작(우울증 치료제 – 역주) 없이도 기분을 좋게 하는(비록 일시적이지만) 아주 간단한 방법을 발견했다. 기분이 안 좋다면 연필 한 자루를 이 사이에 수평으로 놓아본다. 이를 살짝 물고서 10초 정도 그대로 있어 본다. 아까보다 기분이 나아졌는가? 연필을 그렇게 물면 얼굴 근육이 미소를 지을 때와 똑같은 상태가 된다. 몸과 마음은 끊임없이 상호작용한다. 그래서 이때 두뇌는 우리가 웃고 있다는 메시지를 받기 때문에 우리가 행복하다고 인지한다.

나는 진짜 행복과 연필을 입에 무는 것을 구분할 정도로 내 두뇌가 똑똑하다고 생각하고 싶었다. 하지만 세계 과학 축제에서 만난 천재들조차도 자신들의 몸과 마음이 주고받는 피드백보다 한 수 앞서지 못한다. 그렇다면 나는 어떻게 이 피드백의 고리를 이용하여 감사의 몫을 늘릴 수 있을까?

나는 삶에서 긍정적인 면을 찾아야 함을 늘 상기하려고 감사일기를 쓰며 밝은 측면을 봐야 한다고 스스로 자주 말한다(사람들이 주변에 없을 때 조용히). 하지만 내가 배웠던 체화된 감사란 머리끝이 아니라 발끝에서 시작되어야 하는지도 모른다. 지금처럼 정신을 집중하는 방법이 효과가 없는 날에는 연필을 입에 무는 행동처럼 몸을 이용한 대안이 필요할 것이다.

나는 몸과 마음의 연관성과 관련하여 찾을 수 있는 책과 자료는 다 읽어보았지만, 감사를 일으키는 신체적 동인을 설명한 사람은 아직 없었다. 좋아, 그렇다면 나를 위해 그것을 파악해내리라. 우선 사회심리학자에 하버드 경영대학원 부교수이자 신체 언어전문가인 에이미 커디Amy Cuddy의 흥미로운 연구를 살펴보았다. 에이미 커디는 나의 신체 언어가 타인이 나를 어떻게 인식하는가와 내가 나를 어떻게 인식하는가에 영향을 준다는 점을 간파했다. 인간과 동물은 다양한 몸짓을 통해 자신의 영향력을 드러낸다. 공작은 꽁지깃을 펼치고 침팬지는 가슴을 활짝 편다. 회의실 테이블에서 발을 편하게 뻗고 팔꿈치를 쫙 펼친 사람은 사장일(혹은 사장이 되고 싶어 할) 가능성이 크다. 반면 다리를 최대한 모으고 앉아 팔을 최대한 공간을 차지하지 않게 테이블 위에 얹어놓고 있는 사람은 자신에게 영향력이 별로 없다는(혹은 아예 없다는) 사실을 보여준다.

하지만 커디는 몸과 마음의 피드백 고리가 이와 다른 방향으로도 작용하는지 궁금했다. 힘을 과시하는 행동을 하면 실제로 영향력이 생길까? 몸이 '나는 영향력이 있다'는 메시지를 보내면 마음이 그 메시지를 들을 수도 있지 않을까.

커디와 그녀의 동료 두 명은 이를 알아내려고 남녀 수십 명을 연구실로 초대해서 무작위로 선택하여 '영향력이 큰 자세(많은 공간을 차지하는 자세)'나 '영향력이 낮은 자세(팔다리를 모으고 위축된 자세)'를 취하게 했다. 연구진은 그 이후에 지배와 밀접한 관련이 있는 테스토스테론을 포함한 다양한 호르몬을 검사했다. 그 결과는 놀라웠다. 2분 동안 영향력 높은 자세를 취한 사람들의 테스토스테론 수치는 20퍼센트나 증가했다. 그리고 스트레스와 관련한 호르몬인 코티솔의 수치는 약 25퍼센트 감소했다.

놀라운 결과였다! 팔의 자세를 어떻게 하냐에 따라 신경 내분비계가 변할 수 있다니! 이뿐만이 아니었다. 영향력이 높은 자세를 취했던 사람들은 자신이 좀 더 강력해진 기분이 들었다고 말했다. 또한,

2달러를 갖거나, 주사위를 던져 두 배로 따거나, 전부 잃는 데 2달러를 거는 간단한 게임에서 모험을 감수하는 경향이 아주 강했다.

커디의 일화는 '할 수 있을 때까지 할 수 있는 척하라'를 넘어서 '온전히 자기 것이 될 때까지 할 수 있는 척하라'로 확장된 그녀의 이론을 뒷받침했다. 커디는 대학생이던 19세에 심각한 교통사고를 당해 다시는 걷지 못할 거라는 말을 의사에게 들었다. 그랬던 그녀가 지금은 굽 높은 구두를 신고 활보하고 다닌다. 교통사고로 뇌 손상도 입었던 커디는 결국 프린스턴 대학교 대학원생이 되었다. 하지만 그 당시에는 자신이 대학원생을 사칭하는, 그곳에 다닐 가치가 없는 존재로 느껴졌다.

결국 커디는 전진할 용기를 얻었고 나중에는 사람들이 자기 자신을 믿는 방법을 찾도록 격려하기 시작했다. 커디는 여성들에게 중요한 회의나 인터뷰 장소에 가기 전에 사람들이 안 보이는 장소에 들러서(여성용 화장실이 가장 좋다) 두 발을 벌리고 두 손을 엉덩이에 올려 '원더우먼' 자세를 취해보라고 말한다. 커디는 '자신을 중요하다고 믿는 것'의 가치와 두 팔을 머리 위로 뻗을 때 생기는 자신감에 대해 말했다. 2012년 TED 국제회의에서 커디가 한 강연을 본 사람들은 매우 많았다. 몸이 어떻게 긍정의 메시지를 마음에 보내는지 알고 싶어 하는 2천만 명의 사람들이 그 강연을 보았다.

나는 영향력과 감사가 본질에서 다르다는 점을 안다. 하지만 특정한 장소, 자세, 위치에서 신체 호르몬의 균형이 바뀐다는 사실에 강한 흥미를 느꼈다. 우리의 몸은 우리가 느끼고 행동하는 방식을 바꾸게 할 메시지를 보낼 수 있다. 그러므로 내가 감사의 고리를 끌어낼 수 있는 신체 상태를 찾으려 하는 것이 올바른 시도처럼 느껴졌다.

만일 감사 호르몬이 있다면 운동을 통해 그것이 분비될 수 있다는 생각이 들었다. 나는 CBS 라디오 방송인으로 사회생활을 시작하여 몇 년 동안 운동과 건강 관련 코너를 진행했다. 대학을 졸업하던 해에 쓴 내 첫 책의 제목이 《여성과 스포츠Women and Sports》인 만큼 어쩌면 내겐 운동의 긍정적인 영향에 대한 뿌리 깊은 편견이 있을지도 몰랐다. 하지만 운동을 집중적으로 하면 혈액에 엔도르핀(체내에서 분비되는 모르핀)이 흘러들어 감정 상태가 바뀐다는 점도 알고 있었다. 흔히 마라톤 선수들은 자신이 느끼는 희열을 '러너스 하이(runner's high, 격렬한 운동 후 맛보는 도취감 - 역주)'로 묘사한다. 나 역시 어떻게 운동이 우울증을 없애고 감정적인 회복 탄력성을 높이는지와 관련하여 많은 기사를 썼다.

감정의 화학적 원인과 결과를 다룬 최근의 연구 결과들도 운동과의 관련성을 보여준다. 스트레스를 받으면 카이뉴레닌이라 불리는 물질이 혈류에서 증가하여 뇌로 전달된다. 그러면서 우울증을 일으키는 해로운 염증이 생길 수 있다. 최근에 스웨덴의 연구자들은 운동을 하면 카이뉴레닌을 없애는 화학 물질이 근육에서 대량으로 방출된다는 사실을 발견했다. (이것은 'PGC-1알파1'로 불리는데 나중에 퀴즈는 안 낼 테니 걱정 마시길) 그러니 근육을 움직이면 우울함을 막아주는 화학적 순환이 형성된다.

오래전부터 과학자들은 달리기하기 전과 후에 두뇌의 움직임이 달라진다고 추정을 해왔다. 실제로 최근에 PET 스캔을 이용해 실험을 하여 달리기를 한 이후에 두뇌가 바뀐다는 사실을 증명했다. 운동을 할 때 혈액에서 증가되는 엔도르핀은 두뇌로 전달된다. 운동할 때 세로토닌이나 도파민 같은 신경 전달 물질들도 활성화되어 우리의 마음에 마법을 부린다.

나는 운동을 하면 감사하는 마음이 증가할 수 있다는 생각에 자극을 받아 헬스장에 다시 나가기 시작했다. 어느 날엔 엘립티컬 머신(elliptical machine, 두 다리로 스텝을 밟으며 양손으로 손잡이를 앞뒤로 젓는 운동 기구 - 역주)을 한 후 자전거 타기와 러닝머신을 했다. 거기에다 아령 운동까지 했다. 약간의 우쭐함을 느끼긴 했으나 바라던 대로 감사의 기분이 몰려들지는 않았다.

엔도르핀이 분비될 만큼 충분히 운동하지 않았거나 헬스장이 감사를 유발하는 분위기가 아니어서 그랬을까. 내 친구 몇 명은 그 헬스장에 매일 나가며 운동을 즐기는 듯했다. 하지만 헬스장에서 운동하는 나의 감정적인 초점은 온통 미래에 맞춰져 있었다. 더 날씬해진다든가 혈압을 낮춘다든가 이두박근을 만든다든가 하는 등의. 지금이 순간 러닝머신 위에서 운동하며 감사를 느낀다? 별로 그러질 못했다.

리포니스 박사는 매일 밤 잠들기 전 10분씩 명상을 한다. 그렇게 하면 마음이 더 집중되고 감사함을 더 느끼게 된다고 말했다. 그는 1960년대에 비틀즈가 그들의 정신적 스승과 어울리면서 '초월 명상'이 열반을 찾는 방법으로 큰 인기를 얻었다고 했다. 하지만 요즘 사람들은 마음을 다스리고 머릿속에서 들리는 스트레스의 목소리를 잠재우려고 명상을 한다. 하루 중 한 번, 해야 할 일이나 잊어버리고 못한 일에 대한 생각에 방해받지 않고 현재에 오롯이 집중할 수 있는 시간에 명상하면 된다.

나는 명상을 해본 적은 없지만, 현재에 집중하는 것이 얼마나 가치 있는 일인지 잘 알고 있었다. 어떤 활동에든 온전히 몰두하고 집중할 수 있다면 잡념이 사라지고 긍정적인 에너지가 흘러나오리라는 생각이 들었다. 문제는 내가 헬스장에서 그렇게 하지 못한다는 점이었다. 헬스장에 있으며 잡음이 사라지는 것이 아니라 더 증가하였다. 비유적인 의미에서도 그렇고 실제로도 그랬다. 텔레비전의 요란한 소리와 쾅쾅 울리는 음악 소리에 정신이 없어지면서 운동이 긴장을 푸는 활동이 아니라 하기 싫은 일처럼 느껴졌다.

그래서 감사가 자연스럽게 밀려드는 육체적 상황을 다시 생각해 보며 목록을 작성했다. 그러다가 곧장 알아차렸다. 목록엔 온통 밖에 나가 자연과 일부가 되는 활동뿐이라는 점을. 신혼 때 남편과 손을 잡고 인적 드문 해변을 거닐었던 어느 날이 떠올랐다. 발밑에 느껴지는 보드라운 모래와 등에 닿는 따스한 햇볕을 느끼자 기쁨이 밀려왔고 사랑하는 남편뿐만 아니라 이 세상과도 연결되어 있다는, 말로 설명할 수 없는 기분이 들었다. 가만히 서서 수평선을 물끄러미 바라보고 있으니 파도가 발에 찰싹찰싹 와 닿았다. 그 순간이 내겐 어떤 깨달음의 순간이었다.

"사람들이 이래서 바닷가에 오나 봐. 우주의 광대함을 느낄 수 있으니까!" 나는 짐짓 시적으로 말했다.

현실적인 남편은 자신이 여류 시인 실비아 플라스와 결혼한 게 아닌가 생각하는 듯 의아한 표정을 지었다. "햇빛과 모래를 좋아하니까 오는 거겠지."

"이렇게 서 있으면 우주의 광대함이 느껴지지 않아?" 나는 그의 말에 설득되지 않고 이렇게 물었다.

"난 햇볕에 타는 것처럼 느껴지는데." 남편이 말했다.

다행히 시적인 아내와 산문적인 남편은 함께 웃었다. 그 후로 '우주의 광대함'이란 표현은 우리 부부의 사적인 농담거리가 되었다.

그날 북받쳐 오른 감정의 일부는 뜨거운(햇볕에 조금 타서 그런 것도 있지만) 남편을 두었다는 사실 때문일 수도 있다. 하지만 햇빛과 풍경과 광대한 바다가 한데 어우러져 우주에 감사하는 마음을 북받쳐 오르게 했던 것이 사실이다. 나는 이 세상에 감사함을 느꼈고 내가 우주에 연결되어 있다는 새로운 기분이 들었다. 자연 속에서 걸으며 내 마음이 자유롭게 떠다닐 수 있다면 그때 우주에 대해 느꼈던 감사를 다시 느낄 것 같았다.

나는 그렇게 해보기로 했다. 그리하여 일주일 후에 코네티컷에 있는 시골집에서 차로 2마일 정도 운전해 후사토닉 강 옆으로 난 오솔길 입구에 차를 세웠다. 나무에 새겨진 흰색 길 표지에는 그곳이 공식적으로 2,200마일인 애팔래치아 산길의 일부라고 나와 있었다. 애팔래치아 산길은 조지아 주에서 메인 주에 이르는, 주변에 바위가 많고 산으로 둘러싸인 산책로다. 내가 간 오솔길은 평평하고 평화로웠다. 다니기가 아주 수월해서 남편은 그곳을 농담 삼아 '할매 길'로 불렀다. 하지만 나는 아름답고 고요한 그곳에 가면 항상 기분이 좋아졌다. 그곳은 자연과 감사의 연관성을 시험해볼 완벽한 장소 같았다.

차에서 내려 걷다가 강가에 서서 발가락을 만져보고 스트레칭을 했다. 나는 밖에서 달리는 것을 좋아하지만 그렇다고 아주 잘 달리지는 못한다. 몇 년 전에 바하마에서 열린 조깅 워크숍에 갔다가 〈뉴욕타임스〉에 그와 관련한 기사를 쓴 적이 있다. 그때 아버지는 내게 전화를 걸어와 그러한 기사를 쓴 내가 자랑스럽다고 하시면서도 내 운동 솜씨가 그것밖에 안 되느냐는 반응을 보이셨다. "1마일을 10분에 달린 것이 네 최고 기록이라는 말을 꼭 썼어야 했냐?" 아버지는 이렇게 물으셨다.

지금은 속도가 더 느려졌다. 하지만 반바지에 운동화 차림으로 밖에 나와 달릴 준비를 하니 행복했다. 팟캐스트를 들으려고 헤드폰을 쓰고서 길을 따라 천천히 달리면서 몸을 풀었다. 그런데 몇 분 달리다 보니 내가 정신을 산만하게 하는 목소리를 '없애고' 싶어 했다는 사실이 떠올랐다. 헤드폰을 빼서 주머니에 넣었다. 앞으로 나아가다 보니 나를 에워싼 공간에서 새들이 다양하게 지저귀는 소리가 들렸다. 그 많은 소리 가운데 내가 분별할 수 있는 것은 개똥지빠귀가 내는 플루트 선율 같은 소리뿐이었다. 그 소리를 듣자 설명할 수 없는 행복감이 솔솔 밀려왔다. 문득 조앤 월시 앵글런드Joan Walsh Anglund 작가가 했던 말이 떠올랐다. '새가 지저귀는 것은 대답하기 위해서가

아니라 할 노래가 있기 때문이다.'*

갑자기 감사 에너지가 내 안에 가득 차오르면서 속도를 내어 달리기 시작했다. 달리면서 내 몸의 느낌에 집중했다. 그러자 제대로 기능하는 근육과 나를 이동시켜주는 발이(살짝 아픈 곳도 있지만) 있으니 나는 운이 좋은 사람이라는 기분이 들었다. 내 옆에서 강물이 반짝거리며 흘렀고 나무들에 달린 초록색 잎들은 내 머리 위에서 캐노피처럼 기분 좋게 우거져 있었다. 햇살이 어룽거리는 그늘 속을 지나가노라니 감사가 북받쳐오는 기분을 느꼈다. 신혼 때 바닷가에 갔던 그날처럼 내가 하늘과 땅과 나를 둘러싼 모든 공간과 연결된 기분이 들었다.

한 시간 정도 계속 달리다가 출발 지점으로 되돌아갔다. 얼굴이 빨갛게 달아올랐고 행복감이 밀려왔다. 숨을 고른 후에 두 손을 엉덩이에 얹고 잠시 강가를 따라 천천히 걸었다. 걸으면서 방금 한 경험이 어찌하여 나의 감정을 이렇게 움직였는지 생각해보았다(내 속도를 고려할 때 지리적으로는 많이 움직이지 못했지만). 내가 느낄 경험의 모든 가능성을 열어두긴 했어도 솔직히 그 오솔길을 달리거나 걸은 후에 아름다운 자연에 감사를 느끼지 못할 거라는 생각은 하지 않았다.

에이미 커디는 원더우먼 자세를 2분만 취해도 테스토스테론 수치

* 이 구절은 시인 마야 안젤루Maya Angelou가 말한 것으로 잘못 알려져 있고, 심지어 안젤루의 초상화와 함께 우표에도 나와 있다. 하지만 이 구절은 원래 앤글런드가 한 말이다. 나는 어렸을 때 앤글런드가 쓴 사랑스러운 책들을 많이 소장했다.

가 올라간다고 했다. 그렇거늘 자연 속을 60분 동안 거닐었을 때 생리적으로 어떤 엄청난 효과가 나타날지 누가 알겠는가? 그 운동으로 긍정적인 화학 물질이 다량 분비되어 내가 모든 소리와 감각에 감사를 느꼈던 것이리라. 미국인에게 사랑받는 자연주의자 헨리 데이비드 소로는 월든 호수에서 지낸 후에 자연의 치유력을 전적으로 이해하게 되었다. 그는 신경 전달 물질이나 스트레스 관련 호르몬 따위를 알진 못해도 이런 결론을 내렸다. "이른 아침의 산책은 하루를 위한 축복이다." 나는 늦은 오후에 달렸지만, 그 역시 축복처럼 느껴졌다. 이것은 내가 감사할 이유였다.

어쩌면 비밀은 단순히 내가 자연 속에 있었다는 데 있는지도 몰랐다. 다음 날 나는 다시 자료들을 찾아보다가 하버드 대학의 유명한 생물학자 E.O. 윌슨E.O. Wilson이 우리가 자연을 접할 때 느끼는 강한 연대감을 '생명애愛'라는 용어로 설명했다는 점을 알게 되었다. 윌슨은 이러한 애착이 생물학적으로 결정되며, 이것을 우리가 다른 생물에 느끼는 본능적이고 진화론적인 유대감이라고 보았다. 윌슨은 우리가 자연환경에 대한 애착을 드러낼 필요가 있다고 강조하면서 그 이유를 "우리의 정신은 자연에서 만들어지고 우리의 희망은 현재의 자연 속에 있기 때문"이라고 말했다.

윌슨이 한 말보다 덜 서정적인 이야기이지만, 여러 연구 결과 자연은 스트레스 완화제 역할을 하며 건강에 큰 도움이 된다는 사실이 밝혀졌다. 산, 숲, 꽃 핀 초원 같은 자연환경 속에 있는 것은 신체 건강과 정신 건강에 좋은 영향을 준다는 사실을 보여주는 연구 결과는 많다. 일본에는 전국에 삼림욕을 위한 자연 산책로가 50곳 정도 된다고 한다. 일본 정부는 이러한 '산림욕 요법'을 지원하여 산책로를 100개 이상 만드는 데 자금을 지원할 계획을 세우고 있다. 그곳을 찾아간 도시인들은 기계에서 벗어나 새소리를 듣고 신선한 공기를 마시고 숲 냄새를 맡으며 자연에 흠뻑 젖는다. 이러한 요법은 자연을 일상에 스며들게 하는 불교와 신도(조상과 자연을 섬기는 일본 종교 - 역주)의 관습에서 생겨났지만, 특별한 정신적 의식은 수반되어 있지 않다. 그저 걸으면서 꽥꽥거리는 오리 소리에 귀를 기울이다가 바위에서 쉬고 초록빛 풍경을 음미하면 된다. 그러한 산책로들을 이용해 의학 연구를 한 과학자들은 '산림욕'이 혈압을 낮추고 우울증을 완화한다는 사실을 발견했다. 단순히 신체 운동 때문에 그런 것은 아니다. 한 연구 결과 도시 환경에서 산책할 때보다 숲에서 산책할 때 스트레스 호르몬인 코르티솔이 훨씬 많이 줄어드는 것으로 나타났기 때문이다.

핀란드와 한국 같은 나라에서는 삼림욕장을 많이 만들었고 그 분야의 의학 연구에도 많은 돈을 투자했다. 헨리 데이비드 소로가 이른 아침의 산책에 대해 깨달은 부분에 이러한 나라들 역시 진지하게 주의를 기울이고 있다. 미시간 대학교에서 전문가들을 대상으로 한 연구 결과 야외에서 시간을 보내면 행복도가 크게 향상된다는 사실이 드러났다. (인정하건대, 책상에서 일할 때 행복감을 느낀다는 결론은 결코 내릴 것 같지 않은, 자연환경 보호단체 시에라 클럽에서 이 연구를 지원하기는 했다.)

텍사스 대학에서 복부 수술을 받은 환자들을 비교한 연구는 익히 알려졌다. 이 비교 연구에서 창문으로 나무가 내다보이는 병실에 있던 환자들은 벽돌담과 마주한 병실에 있던 환자들보다 진통제도 덜 맞았고 퇴원도 더 빨리한 것으로 나타났다. 나는 이 결과에 놀랐다. 그저 초록색 나무를 보는 것만으로도 더 건강해지고 회복력도 더 향상된다니. 한동안 집의 장식품으로 유행했던 살짝 늘어진 뱅갈 고무나무는 각 가정에서 그 역할을 톡톡히 했을 것 같다. 어쨌든 자연과 함께 있을 때 우리는 마음이 좀 더 차분해지고 우리를 둘러싼 세계에 좀 더 감사하게 된다.

╪ ╪ ╪

나는 자연, 인지, 감정 사이의 신경학적 연관성을 연구해온 시카고 대학의 젊은 교수 마크 버먼Marc Berman에게 전화를 걸었다. 마크 버먼은 연구로 상당히 많은 사실을 발견했다. 만일 그의 뒤에 걸려 있는(그가 걸어놓았다) 많은 연구 인증서가 아니었다면 사람들은 그의 업적에 의구심을 품었을지도 모른다. 마크 버먼은 한 연구에서 사람들이 자연에서 50분 걸은 후와 도시에서 50분 걸은 후에 기억력 검사 결과가 어떻게 나오는지 살펴보았다. 그는 속이는 사람이 없도록 위치 확인이 되는 GPS 시계까지 제공했다. 그 결과 자연 속에서 걸었던 사람들은 단기 기억력에서 20퍼센트의 향상을 보였다.

"정말 엄청난 향상이네요!" 나는 그가 연구 결과를 말해주었을 때 이렇게 대답했다.

"자연은 두뇌 생리를 바꾸는 것 같아요." 그는 이렇게 설명했다.

아름다운 자연환경 속에 있을 때 사람들의 기분도 좋아지는 것으로 나타났다. 마크 버먼은 우울증 진단을 받은 사람들에게 자연 속에서 산책을 하게 했다. 그랬더니 그들의 기분과 기억력이 향상되었다. 하지만 흥미롭게도 이러한 두 가지 결과 사이에 연관성은 없었다. 그러니까, 단순히 기분이 좋아졌다고 해서 기억력이 좋아졌다는 의미는 아니다. 여기에는 다른 요소가 더 작용했다.

마크 버먼은 토론토 대학 박사 후 연구원이었을 때 진행한 흥미로운 프로젝트에서 위성 영상을 이용해 도시에서 '녹음이 우거진 정도를 수량화'했다. 그런 후에 당뇨, 심장병, 우울증, 불안 장애 등이 포함된 지역별 건강 보고서를 환경적 측면에서 분석했다.

"이 두 가지 사이에 직접적인 연관성을 도출해낼 수 있었고 나무가 건강 증진에 독자적인 영향을 준다는 사실을 밝혀냈습니다." 마크가 말했다.

자연과 상호작용하면 내가 우주에 속해 있다는 유대감이 증가한다. 숲 속에 있거나 꽃이 소담하게 핀 들판을 거닐면 흥미로움과 심미적 즐거움을 느끼게 될 뿐만 아니라 감각이 자극된다. 그런데 이러한 자극은 텔레비전을 볼 때처럼 너무 강하고 온 정신을 빼앗는 자극이 아니다. 이러한 요소들이 어우러진 자연은 스트레스를 줄이고 감사를 더 느끼게 하는 이상적인 환경 같다.

마크는 도시에서 걸을 때의 문제점은 자연에서 걸을 때처럼 마음이 안정되거나 유대감을 느끼지 못하는 데 있다고 설명했다. 나를 포함하여 많은 사람이 도시를 걸으면서 건축술에 감탄하기도 하고 상점의 상품진열창을 구경하기도 하면서 큰 즐거움을 느낀다. 나는 이따금 밤늦게 좋아하는 뉴욕 거리를 걸어 집에 오면서 건물의 불빛이 별처럼 예쁘게 반짝거리는 광경을 본다. 하지만 도시에는 소음과 사람이 넘쳐나기 때문에 바짝 경계해야 하거나 적어도 조심을 해야 한다. 도시에서는 단순히 길을 건너는 일에도 큰 주의가 필요하다. 극적인 예로 타임스 스퀘어가 있다. 그곳에는 스파이더맨이나 알몸에 카우보이 분장을 한 특이한 사람들은 말할 것도 없고 네온 광고판과 화려한 대형 천막이 넘쳐난다. 그곳을 걸어가면 감사의 마음을 끌어낼 수 있는 안정된 두뇌 상태에 이르기가 어렵다.

나는 마크에게 뉴욕에 살면서 하루에 1에서 2마일 정도 걷는다고 말했다. 그렇게 해서 원하는 장소에 다니긴 했지만, 마크의 말처럼 내 기분이 좋아진 것 같진 않았다. 반면 주말에 숲에서 걸었던 시간 동안 나는 더없는 행복을 느꼈다. 자연이 감사의 감정을 불러일으킨다고 생각한 것은 나의 지나친 확대 해석이었을까?

"당연히 그럴 수 있어요. 자연은 행복을 증진하는데, 감사도 행복의 일부지요." 마크가 말했다.

그 말을 듣자 기분이 한결 좋아졌다. 마크 박사 같은 사람이 내가 뭔가 깊이 있는 생각을 한다고 여겨주었으니 말이다.

부부인 레이첼Rachel과 스티븐 카플란Stephen Kaplan은 미시간 대학교에서 오랫동안 교수로 재직했으며 마크와 함께 대학원에서 연구했다. 이 부부는 수십 년 전에 원기를 회복시키는 자연의 힘을 연구하기 시작했다. 그들은 주의력이 마모될 때 스트레스를 받는다는 설명과 함께 연구를 시작했다. 우리는 너무 많은 방향에 이끌리거나 너무 과도하게 집중을 하는 바람에 고갈 상태가 되어버린다. 자연에서 우리의 마음은 자유롭게 부유하면서 새로운 활력을 얻게 된다. 그들은 우리가 자연 속에 있을 때 마음이 느긋해지고 격한 감정에 휩싸이지 않으며 깊은 생각을 하게 된다고 보았다. 그래서 자연환경은 '부드러운 매력'을 지녔다고 묘사했다. 스티븐 교수는 이렇게 말했다. "구름, 일몰, 눈의 무늬, 산들바람에 살근살근 흔들리는 나뭇잎……. 이런 것들은 사람들의 시선을 쉽게 사로잡지만, 그 방식이 소박합니다."

이는 맞는 말이다. 물론 '소박하다'는 기준은 사람마다 다르지만. 자연은 스트레스를 줄여주고 집중력을 높여준다. 새로운 연구 결과들에 따르면 자연은 창의력도 높여주며, 주의력과 만족 지연 능력에 문제가 있는 아이들에게 도움이 될 수 있다고 한다. 레이첼 교수는 올바른 환경은 긍정적인 시각과 의미를 부여하는 능력을 회복시켜줌으로써 심리적으로 더 건강해지는 데 도움이 된다고 말했다. 레이첼 교수는 초기 연구에서 사무실 창문에서 나무나 자연경관이 보이는 사람들은 그렇지 못한 사람들에 비해 더 건강하고, 자기 일을 더 좋아하며, 삶에 대한 만족도가 더 높다는 사실을 발견했다.

연구실에서 이뤄진 다양한 연구 결과 자연 속에 있으면 전전두엽 피질(집행 기능을 담당하는 부위다)이 휴식을 취하게 된다는 사실이 드러났다. 구름과 나무와 향기로운 꽃 속에 에워싸여 있으면 마음을 진정시키는 파동이 형성되며 이 파동은 자기 자신을 넘어선 더 큰 존재와 자신이 연결된 느낌을 준다.

✢ ✢ ✢

나는 다음 주말에 달리려고 '할매 길'에 또 갔다. 내가 들은 과학적 설명은 내가 느낀 감정과 딱 들어맞았다. 긍정적인 감정이 자연스럽게 흘러나왔기에 나는 그 무엇도 생각할 필요가 없었다. 감사일기를 쓸 때처럼 내가 우주에 연결된 느낌이 들었고 살아있음에 감사를 느꼈다.

강가에 멈추어 서서 한참 동안 가만히 서 있었다. 내 발끝에서 형성된 미미한 소용돌이와 벨벳처럼 바위를 뒤덮은 초록색 이끼에 매료된 채. 그 주 초에 나는 멋진 영화 제작자 루이 슈워츠버그Louie Schwartzberg와 대화를 나눴다. 루이는 지난 30년 동안 매일 자연 속에서 카메라 초점을 맞췄다. 그가 수년 동안 집중적으로 작업한 기간에 저속으로 촬영한 영상들은 경이롭다. 꽃이 피고 버섯이 펼쳐지고 고치에서 나비가 나오고 나무가 하늘을 향해 점점 자라는 영상들이다.

"그 이미지들은 우리를 외부 세계와 연결합니다. 우리는 그걸 보면서 매일의 경이로움에 대해 마음 깊은 곳에서 감사의 파동이 흘러나오는 것을 느끼게 됩니다. 땅속에선 자기 파동이 나오는데 제가 포착하여 사람들과 공유한 영상들은 그보다 더 강한 파동을 만들어내는 것들이죠. 감사의 감정은 두뇌가 인지하기도 전에 본능적으로 발생합니다." 루이가 말했다.

루이는 '윙스 오브 라이프Wings of Life'라는 영상을 제작했다. 벌이 꽃과 상호작용하는 모습을 세밀하게 보여주는 이 영상의 내레이션은 배우 메릴 스트립이 맡았다. "꽃의 수정은 꽃과 벌 사이의 아름다운 러브 스토리죠. 이러한 작은 사건은 하루에도 수없이 많이 발생하는데 만일 그렇지 못했다면 이 지구에서의 삶이 완전히 달라졌을 겁니다. 자연에서 이렇게 밀접한 상호작용이 매 순간 일어나고 그것이 우리에게 감사를 느끼게 하니 마법과도 같은 일이죠." 그가 말했다.

나는 자연의 신비가 고스란히 드러난 루이 슈워츠버그의 작품에 매료되었다. 그의 작품이 아니었다면 너무 미세하거나 너무 빨리 진행되어서 맨눈으로 감지하지 못하는 자연의 신비를 볼 수 없었을 것이다. "사실 우리는 작은 것들에 감사를 느낍니다. 사람들은 자녀나 가족과 함께 보낸 소소한 시간이나 커피 한 잔과 함께 했던 일요일 아침 식사 시간을 소중하게 기억하죠. 그러한 감정들이 감사로 이어지는 겁니다." 그가 말했다.

나는 루이에게 그동안 많은 장면을 보았겠지만 어떤 장면을 보면 여전히 마음 깊은 곳에서 경이로움이 느껴지는지 물었다.

"꽃이 피는 장면이나 벌새와 나비의 슬로모션 촬영 장면은 아무리 봐도 질리지 않아요. 7백 번 정도 본 것도 있는데 지겹지 않은 이유는 마음 깊은 곳에서 우러난 감사를 느끼기 때문이지요. 자연의 아름다움은 감사의 마음을 길러주는 선물입니다."

19세기의 자연주의자 존 뮤어John Muir는 "우주와 연결되는 가장 확실한 방법은 자연 그대로의 숲 속에 있는 것이다"라고 말했다. 내 경우를 봐도 숲에서 걷거나 산 정상에 서 있거나 바다를 바라볼 때 감사라고밖에 이름 붙일 수 없는 어떤 감정이 모락모락 생긴다. 뮤어와 루이는 모두 광대한 우주와 하나가 되는 느낌이 무엇을 뜻하는지 분명히 알고 있으리라.

집에 돌아오자 테라스에 놓인 옥외용 안락의자에 남편이 앉아 산을 바라보고 있었다. 무릎에 아이패드가 있었지만, 그것을 보는 것 같지는 않았다.

"뭘 하고 있어?" 내가 물었다.

"그냥 앉아있지." 평소에 너무 활동적인 남편이 이렇게 말했다.

나는 옆 의자에 털썩 앉으며 "그렇담 나도 여기 앉아야겠네"라고 말했다.

우리는 해가 산 뒤로 넘어가면서 하늘이 휘황한 주황색 띠로 물드는 모양을 지켜보았다. 나는 남편에게 자연 속에 있으면 감사가 생겨난다는 나의 새로운 이론과 나의 달리기에 대해 말해주었다. 우리는 그렇게 그곳에 앉아있음에, 살아있음에 얼마나 감사한지 의식적으로 집중할 필요가 없었다. 자연이 자신의 경이로움을 스스로 드러내었고 우리는 온몸과 정신으로 그것을 속속들이 느꼈기 때문이다.

"내 영혼은 이 세상의 아름다움 없이는 천국에 이르는 계단을 찾지 못하네." 내가 말했다.

"레드 제플린?" 남편이 물었다.

"사실 이건 미켈란젤로가 한 말이야. 미켈란젤로는 시스티나 성당의 천장 벽화를 그리지 않을 땐 한쪽에서 시를 썼대."

"멋지네." 남편이 아이패드를 집어 들었는데 잠시 후 레드 제플린이 부른 명곡의 부드러운 선율이 공기를 그득 채웠다.

"지금 나 놀리는 거야?" 내가 물었다.

"아니. 당신 말이 맞는다는 생각이 들어서. 자연 속에 있는 것이 진정으로 천국에 이르는 길이잖아."

나무들 뒤로 땅거미가 지자 남편이 손을 뻗어 내 손을 잡았다. 나는 사랑에 대한 시와 노래가, 자연의 아름다움에 대한 시와 노래가 얼마나 많이 쓰여 왔을까 생각했다. 우리는 이 두 가지 가운데 어느 하나에라도 사로잡혀있을 때 마음 깊은 곳에서 흘러나오는 감사를 느낀다. 어쩌면 옥시토신이나 엔도르핀 같은 화학 물질이 분비되어 우리를 황홀한 세계와 연결해주는지도 모른다. 어쩌면 우리가 느끼는 즐거움 때문에 감사한 기분이 드는 건지도 모른다. 어쨌든 자연은 우주의 아름다움을 느끼기 위해 우리가 올라서야 하는 계단과 같은 것이다.

11장 | 감사 다이어트

모든 식사에(그리고 간식에) 감사하는 마음이 생겨 감사하다.
내 몸을 음식이 아닌 감사로 채우기 시작하여 행복하다.
감사하면 강인해진다는 사실을 알게 되어 감사하다.

감사로 말미암아 삶의 많은 부분이 개선되면서 나는 여전히 신경이 쓰이는 한 가지에 감사가 어떤 역할을 할 수 있을지 시나브로 궁금해졌다. 그건 다름 아닌 내 몸무게였다. 그동안 나는 몸매가 그럭저럭 봐줄 만했고 아주 날씬한 적도 있었다. 그런데 많은 여성들이 그렇듯 중년에 이른 지금의 내 몸무게는 원하는 무게보다 4.5킬로그램 정도 더 나갔다. 수년 동안 딱 그만큼의 몸무게를 뺐다가 찌기를 수차례 반복했고 실제로든 상상 속에서든 내 몸에 붙은 지방을 생각하는 데 얼마나 많은 시간을 보냈는지 모른다.

남편은 몸무게에 대한 나의 집착을 이해하지 못했다. 남편은 항상 내 몸매가 괜찮다고 했다(당신, 복 받을 거예요). 초콜릿 컵케이크를 봐도 전혀 움찔하지 않을 만큼 마른 남편은 내가 청바지가 꽉 낀다며 투덜대다가도 초콜릿 아이스크림 한 통을 먹는 걸 보면서 당황스러워했다. (물론 저지방 아이스크림이긴 하지만 한 통이란 말이다!) 내 몸무게에 대한 대화를 가능한 한 피하려 하던 남편은 어느 날 아침 내가 방에서 남색 면 니트 원피스를 입고 거울 앞에서 몸을 이리저리 돌아보는 모습을 우연히 보았다.

"이 옷 못 입겠어." 내가 불평했다. "이걸 입으니 엉덩이가 로드아일랜드만 해 보이지 않아?"

"로드아일랜드는 아주 작은 주인데." 남편이 말했다.

나는 남편을 노려보았다. "지금 농담해? 그 말은 적어도 세 개 주에선 이혼 사유가 될 수 있어."

"난 정확하게 짚고 넘어가는 거야. 큰 엉덩이라면 텍사스 주로 비유를 해야지. 거기다 당신 엉덩인 그렇게 크지도 않아."

"그럼 캔자스나 노스다코타 정도? 인구로 따진다면 매사추세츠 정도?" 나는 목소리를 높이지 않으려 애쓰며 말했다.

"내 눈엔 예뻐 보여." 남편은 즐겨하는 후렴구를 차분하게 내뱉었다.

그건 내 문제지 남편의 문제가 아니라는 점을 알았기에 한숨이 나왔다. 이성을 찾으려 애쓰면서 작년에는 그 원피스가 잘 어울렸던 터라 몸무게가 느는 것에 기분이 안 좋다고 설명해주었다.

"작년에는 내가 그 말을 안 들었을 것 같아? 사실 당신이 당신의 외모에 만족하는 모습을 한 번도 본 적이 없어." 남편이 말했다.

나는 반박을 하려 했으나 그럴 수 없었다. 삶의 긍정적인 측면을 보는 법을 배웠을지 몰라도 내 허벅지를 긍정적으로 생각하지는 못했던 것이다. 결혼식 때 허리가 21인치였다는 점을 자랑스러워하시며 언니와 내가 당신 몸매를 안 닮았다고 자주 꾸짖던 어머니 탓을 할 수도 있었다. 하지만 이제 나는 성인 아닌가. 허리에 붙은 약간의 군살을(바지 위로 살이 튀어나올 정도는 아니다) 내가 신경 쓰지만 않는다면 괜찮은 거였다. 하지만 내가 변화를 원한다면 뭔가 해야 할 필요가 있었다.

나는 건강한 몸에(두 팔과 두 다리가 있고 숨을 쉬고 있지 않은가!) 감사해야 한다는 리포니스 박사의 생각에 공감했다. 그러는 한편 몸을 잘 가꾸어야 한다는 생각이 자연스럽게 들었다. 나는 수년 동안 건강과 운동에 대한 글을 쓴 경험이 있기에 영양이나 운동과 관련한 지식은 해박했다. 그러므로 체중을 감량해 날씬해지는데 필요한 정보는 더 이상 필요하지 않았고 그저 올바른 마음가짐이 필요할 뿐이었다. 감사를 통해 그러한 마음가짐이 생길지도 모른다는 생각이 들었다.

어느 날 커피를 마시며 친구 안테아에게 내가 감사를 이용해 4.5킬로그램을 뺄 수 있을지 궁금하다는 말을 했다. 오랫동안 경영자 자리에 있던 친구라 두뇌 회전이 빠르고 문제에 실용적이고 현실적으로 접근하는 안테아는 별일 아니라는 반응을 보였다.

"내 개인 트레이너를 만나봐. 운동하기 전 감사로 시작하거든. 그것도 날씬해지고 건강해지는 데 필요한 과정이라고 생각하는 트레이너야." 안테아가 말했다.

안테아가 너무 태연하게 말했기에 나는 '내가 새로운 트렌드를 발견하게 된 건가?'라는 생각이 들었다. 그러니까, 감사가 새로운 '글루텐 프리' 부류로 떠오른 건가? 나는 그것을 알고 싶어 곧장 약속을 잡아 코네티컷 리치필드로 갔다. 그곳에서 만난 날씬하고 활력 넘치는 젠 애벗은 나를 반갑게 맞이하며 자신의 피트니스 클럽으로 데려갔다. 그곳은 시끄러운 음악과 열띤 에너지가 흐르는 여느 헬스장과는 달리 차분하고 평온한 기운이 감돌았다. 벽에는 '감사하라'와 같은 고무적인 문구들이 금색 필기체로 쓰여 있었다. 한 창문 아래에 양초가 죽 놓인 광경이 눈에 들어왔다. 젠은 자신의 고객들이 운동을 하기 전에 양초를 켜고 운동하는 목적을 생각한다고 설명했다. 잠시 심호흡을 하면서 '마음을 들여다보고 감사를 느끼면' 대개 효과가 훨씬 커진다고 했다.

물리 치료사 정규 교육을 받은 젠은 웰즐리와 매사추세츠에서 수많은 트레이너를 고용하여 사업을 키웠고 고객 수만 해도 엄청나게 많았다. 젠은 항상 눈코 뜰 새 없이 바쁘게 일했고 그러는 와중에 이혼을 하는 바람에 가장이 되어 어린 두 자녀를 혼자 키우게 되었다. "그땐 스트레스를 받은 상태에서 잠자리에 들었고 끔찍한 기분을 느끼며 눈을 떴어요." 젠은 이렇게 고백했다. 하지만 젠은 자신이 잘하고 있다고 믿었다. 어느 날 러닝머신에서 말 그대로 떨어지기 전까지는.

"러닝머신에서 정말로 떨어져버린 거 있죠!" 젠은 그 일을 여전히 놀랍게 여기며 말했다. "그때 다친 이후로 제가 감사와 사랑이 아니라 두려움에 이끌려 살아왔다는 사실을 깨달았어요. 그렇게 해서 침대 위 천장에 '신뢰'와 '믿음', 이렇게 두 단어를 적었어요. 우리 가족이 괜찮을 거라는 신뢰와 내가 가진 것에 감사를 느낄 수 있다는 믿음이 필요했거든요. 바로 그것이 앞으로 전진할 힘을 주었죠."

젠은 두 아들과 함께 자신이 자란 코네티컷의 작은 마을로 이사하여 피트니스 클럽을 열었다. 의자가 아닌 파란색의 커다란 운동용 공에 걸터앉아 그 이야기를 하는 젠은 그 누구보다 안정되어 보였다. 젠은 힘든 시기를 극복하게 해준 감사의 힘에 스스로 놀랐으며 고객들에게도 그러한 선물을 선사하고 싶다고 했다. 젠은 스스로 날씬하지 않거나 예쁘지 않거나 건강하지 않다는 생각에 기분이 저하되는, 이른바 '결핍감'에 젖어 자신을 찾아오는 사람들이 아주 많다는 사실을 알아차렸다. 그러면서 그런 사람들은 아무리 강도 높게 운동하고 끊임없이 복근 운동을 해도 그 문제를 해결하지 못한다고 했다.

"자신을 비난하고 부정적으로 생각하면 더 나쁜 감정만 불러들이게 돼요. 자신을 뚱뚱하고 느리고 피곤을 달고 사는 사람으로 생각한다면 그런 사람밖에 될 수 없어요. 그동안 했던 생각을 멈추고 확 뒤집어 바라봐야 해요. 러닝머신에서 옆 사람은 달리는데 자신은 걷는다는 사실에 스스로 부족하다고 느끼지 말고 자신이 받은 복을 생각해야 해요. '나는 여기 헬스장에 왔고 내겐 여기에 온 동기가 있다! 내겐 나를 이동시켜주는 튼튼한 다리가 있고 잘 기능하는 심장과 폐가 있다! 감사하다, 감사해!' 이렇게 말이죠." 젠은 진지하게 말했다.

고객들이 생각의 방향을 감사 쪽으로 기울이자 그 결과가 즉각 나타났다. 러닝머신 위에서 그들의 속도가 증가했고 약간의 리듬을 타며 발을 움직였다. 그 이후에 소파에 털썩 기대어 초콜릿을 먹고 싶었을 때 그 생각을 뿌리치고 운동을 했다고 말한 고객들이 많았다고 한다. 나는 감사하면 일에서 어떻게 더 동기부여가 되는지 최근에 알게 되었는데, 똑같은 원리가 체중 관리와 운동에도 적용되는 것 같다고 젠에게 말했다. 하지만 왠지 나는 아직도 몸에 대한 감사를 느끼질 못했다. 아마도 늘어난 4.5킬로그램 때문인 듯했다.

"그건 쉽게 뺄 수 있어요. 그만큼 덜 나가는 몸무게였던 적이 있으니까 할 수 있어요." 젠은 나를 격려했다.

"글쎄, 잘 모르겠네요. 제 스키니진을 보면 그걸 다시 입을 수 있을 것 같은 생각이 안 들어요."

"그렇담 그게 제니스 씨의 제일 큰 문제예요! 우선 그렇게 될 수 있다고 믿으세요!"

젠은 내게 카드에 '감사합니다!'라고 써서 침대 옆에 붙여두라고 했다. 아침에 일어나 제일 먼저 그것을 볼 수 있게 말이다.

"누구한테 감사하는 거죠?" 내가 의심스러운 목소리로 물었다.

"자기 자신이요. '오늘 올바른 식사를 할 테니 감사하다. 내가 원하는 대로 날씬해질 테니 감사하다. 책 사인회에 민소매 원피스를 입고 나가 매끄러운 두 팔을 보여줄 테니 감사하다' 이렇게 생각하는 거예요." 젠이 미소를 지었다. "매일 5분씩 이렇게 할 수 있다고 믿고 감사하는 시간을 보내보세요."

젠은 감사 문구를 근처에 붙이는 것을 좋아했다. 그래서 내게도

'감사합니다' 메모를 냉장고에도 붙여서 몸에 좋은 셀러리, 당근, 사과를 먹을 수 있음에 감사해보라고 했다. (이 방법은 예전에 내가 냉장고에 하마 사진을 붙였던 방법보다 더 나았다) 그리고 거울에 '감사합니다' 메모를 붙이면 부정적인 혼잣말을 없애는 데 도움이 된다고 했다.

"살을 빼야 한다는 생각에만 빠져있으면 지금 몸이 건강하고 몸에 좋은 음식을 먹을 수 있고 날씨가 좋아 산책할 수 있다는 사실에 감사해야 한다는 점을 잊어버리게 돼요." 젠이 말했다.

젠은 자기 몸에 대해 부정적인 이미지를 품고 있으면 감사할 수 없다고 믿었다. 스스로 뚱뚱하다 생각하면서 아무도 자기를 좋아하지 않을 거라고 걱정하면, 추리닝 바지를 입고 집에만 있으면서 외로움과 불안감에 음식을 더 먹게 된다고 했다. 이렇게 하면 악순환이 반복되는데, 감사를 통해서 여기서 벗어날 수 있다고 했다.

"마음 깊은 곳에서부터 자신을 사랑해야 해요. 긍정적인 말을 하고 자신을 긍정적으로 바라보기로 했음에 감사해야 하죠! 제니스 씨가 다시 잘 맞게 입고 싶은 청바지를 꺼내서 자신에게 감사하다고 말해보세요! 그렇게 될 거라고 믿고 그렇게 믿을 수 있음에 감사해보세요!"

세상에. 나는 몇 개월 동안 감사에 초점을 맞추고 살았건만 나 자신에게 고마워하고 감사해야 한다는 생각은 전혀 못 했다. 처음에는 젠을 인터뷰할 생각이었지만 고무적인 대화를 나눈 후에 그녀의 수업 시간에 만나기로 약속을 했다.

일주일 후에 젠의 피트니스 클럽을 다시 찾았다. 이번에는 운동화와 운동복 차림으로 갔다. 젠은 내가 운동을 하는 동안 나를 자극할 단어 하나를 생각해보라고 했다. 그것은 일종의 주문이라고 했다. 나의 운동 목표를 아는 젠은 '날씬함'이나 '의지력'이라는 단어를 제안했지만 나는 고개를 절레절레 저었다.

"전 '강인함'이라는 말에 더 끌려요. 제 몸이 강해지고 제 태도 역시 좀 더 강인해졌으면 좋겠어요." 내가 말했다.

"좋아요!" 젠은 열정적으로 말했다. 젠은 나를 양초가 있는 창문으로 데려가 두 눈을 감고 심호흡을 하면서 강인해지는 내 모습을 그려보라고 했다. 나는 노력했으나 약간 어색한 기분이 들었다. 기자 생활을 한 만큼 경험을 직접 하기보단 관찰하는 일이 더 편했고 당장에라도 수첩을 가져오고 싶은 마음이 간절했다. 하지만 그러한 충동을 누르고 그 순간에 집중했다. 젠은 내게 두 팔을 몸 앞에 너무 꽉 붙이고 있다고 지적하면서 어깨를 이완하고 손을 펴라고 했다.

"강인하고 그 청바지가 잘 맞을 정도로 날씬한 모습을 상상해보세요. 그런 후에 강인한 자신의 모습에 감사해보세요. 감사가 안으로 흘러들어오게 하세요. '내가 강인해서 감사하다'고 생각하세요." 젠이 말했다.

나는 중학생처럼 어색하게 굴었다. 그동안 나는 감사를 사실을 바탕으로 과학적으로 접근했던 터라, 젠의 정신적 접근법에 자연스럽게 반응을 하지 못했다. 정말이지 취재용 수첩을 가져오고 싶은 마음이 간절했다.

젠은 이제 자리를 움직여 준비 운동으로 운동용 자전거를 좀 타보라고 했다. 그 이후 45분 동안 본격적으로 운동을 했다. 스쿼트(무릎 관절과 고관절을 동시에 굽혀 쪼그려 앉았다가 일어서는 동작 – 역주), 런지(한쪽 발을 뒤로 뺀 상태에서 다른 쪽 발을 앞으로 내밀고 무릎을 굽혀 몸을 앞으로 움직이는 동작 – 역주), 균형 잡기 같은 기능성 운동, 짐볼 운동, 아령 운동을 했다. 개인적으로 운동을 좋아하기에 운동을 할 때는 기분이 좋았다.

젠은 운동 막바지에 나를 매트 위에 눕혀서 두 팔과 두 다리를 쭉 당기며 다시 감사에 대해 말했다. 마지막으로 메모용 카드와 빨간색 마커 펜을 가져오더니 한쪽에 '강인함'을 다른 한쪽엔 '내가 강인해서 감사하다!'라고 썼다.

"간단한 세 단계예요. 제니스 씨의 주문인 '강인함'이라는 단어를 생각하고 그런 모습을 상상한 후에 감사하다고 말하는 거죠!"

나는 집에 돌아와 그 카드를 부엌 조리대에 올려놓았다. 며칠 동안 그 옆을 지날 때마다 발걸음을 멈추고 미소를 지으며 생각했다. 내가 젠의 가장 친한 친구는 아니지만 젠의 접근법이 내게 큰 영향을 끼치고 있다는 느낌이 들었다. 물론 강인한 내 모습을 그려보는 것은 첫 단계에 불과하다는 사실을 알고 있었다.

"체중 감량은 운동보다는 먹는 것과 더 관련이 있어요." 젠은 이렇게 강조했다.

그래서 내가 생각해낸 방법이 있는데, 바로 감사 다이어트였다.

부엌을 둘러보다가 도처에 음식이 있다는 사실을 깨달았다. 냉장고에는 과일, 야채, 요거트, 계란, 치즈, 겨자, 올리브가 있었고, 보관장에는 쿠키, 크래커, 시리얼, 밀가루, 수프, 토마토소스, 콩, 렌즈콩 외에 많은 식재료가 들어 있었다. 그뿐만 아니라 냉동고는 아이스크림, 치킨, 피자를 비롯해 내용물을 알 수 없는 플라스틱 용기로 가득 차 있었다. 음식과 풍족함에 감사하는 것은 역사적으로 문화와 종교에 기본적인 요소로 스며들어있다. 하지만 나는 쌓여있는 식료품에 감사한 적이 없던 것 같다. 배고프면 편하게 먹을 만한 걸 먹고는 끝이었다.

냉장고에 '감사합니다' 메모를 붙여보라고 했던 젠의 말을 생각하니 그렇게 하는 게 좋을 듯했다. 캐년 랜치에서 리포니스 박사를 만나고 돌아오던 길에 매사추세츠 스톡브리지에 있는 한 미술관에 들렀었다. 화가이자 삽화가인 노먼 록웰Norman Rockwell을 기념하며 만든 미술관이다. 향수를 불러일으키는 미국 관련 문헌에 열광하는 사람이 아니어도(나 역시 아니다) 그의 상징적인 작품 〈궁핍으로부터의 자유〉에 감탄을 보내게 된다. 이 그림은 식탁에 둘러앉은 가족이 추수감사절 칠면조 요리에 기뻐하는 모습을 표현한 작품이다. 할머니와 손자가 시끌벅적하고 비좁은 음식점에서 식전 기도를 올리는 모습을 표현한 〈기도〉는 굉장히 뭉클하게 만드는 작품이다. 이 원본은 2013년에 4천3백만 달러에 팔렸다. 어느 장소에 있든지 감사해야 한다는 메시지에 감동을 받은 사람은 비단 나뿐만이 아닌 것은 분명하다.

최근에 식전 기도의 수준을 한 단계 높여 식사 전에 농작물을 키운 농부와 그것을 만들어낸 자연의 순환에 대해 잠시 생각한다는 유기

농 음식 섭취자들에 대한 이야기를 들었다. 채식주의자인 친구 한 명은 식사 전 항상 농작물이 자라는 땅을 머릿속으로 그려본다고 했다. 나는 타코를 먹기 전 옥수수 밭에 비가 살포시 내리는 장면을 상상하진 못했지만 그 친구의 감사하는 능력에 감탄했다.

우리 앞에 놓인 풍족한 음식에 감사하는 데는 정신적인 이유뿐만 아니라 실용적인 이유도 있다. 샴페인 제조사 뵈브 클리코의 전직 CEO이자 《프랑스 여자는 살찌지 않는다》의 저자인 미레유 길리아노Mireille Guiliano는 프랑스 여성들은 음식을 음미하며 먹기 때문에 살찌지 않는다고 단언했다. 그녀는 아무리 와인, 치즈, 고기 파이처럼 고칼로리 음식이어도 적은 양을 음미하며 먹으면 아무 문제가 없다고 했다. 우리의 위가 두뇌에게 배부르다는 신호를 보내는 데 20분이 걸린다고 한다. 그러니 그녀가 말한 것과 반대로 미국식 스타일로 음식을 꿀꺽꿀꺽 삼키면 괜찮을 리가 없다.

나는 노먼 록웰과 미레유 길리아노에(다이어트와는 전혀 거리가 먼 사람들이지만) 공감하며 내가 먹는 음식에 '감사'하면 더 행복해지고 더 날씬해질 수 있다는 생각을 했다. 이 방법은 아주 간단해 보였고 내가 아는 그 어떤 다이어트 방법보다 효과적일 것 같았다. '건강'에 대한 우리의 인식도 변한다. 밀기울 머핀이 몸에 아주 좋은 음식으로 여겨지던 때를 기억하는가? 지금은 케일과 퀴노아가 좋은 음식으로 여겨진다. 나는 이 음식들을 다 좋아하지만 중요한 것은 음식을 대하는 나의 태도라는 생각이 들었다.

나는 여느 때처럼 조사에 탐닉했다(아이스크림에 탐닉하는 것보단 훨씬 낮지 않은가). 우선, 코넬 대학 교수이자 동 대학 식품 브랜드 연구소 소장인 브라이언 완싱크Brian Wansink가 쓴 《나는 왜 과식 하는가》를 읽었다. 완싱크 박사는 음식과 관련한 외적인 요소를 바꿈으로써 사람들을 더 건강하게 만드는 일에 매진했다. 이는 분명 개인의 바람과 의지에 의존하는 방법보다 더 효과적이었다. 그는 사람들이 먹는 양은 용기의 크기에 따라 달라진다는 사실을 곧바로 알아차렸다. 그러니까 집에서 좀 더 작은 접시를 쓰면 덜 먹게 된다는 것이다. 또한 짧고 넓은 컵보다 길고 좁은 컵을 쓸 때 음료수를 덜 마시게 된다고 한다.

완싱크 박사는 사람들에겐 음식 섭취를 언제 중단해야 하는지 알 수 있는 시각적 단서가 필요하다고 보고 스낵을 100칼로리 단위로 포장 판매하도록 식품 회사들을 설득했다. 덜 먹기 위해 소포장 제품을 돈을 더 주고 사는 사람들이 많았기에 이는 결국 회사 측에 좋은 전략이었다.

완싱크 박사는 인상적인 실험을 한 가지 했다. 그러니까 그가 영화 관람자들에게 공짜 팝콘을 주었는데, 큰 통을 받은 사람들은 중간 크기의 통을 받은 사람들보다 팝콘을 먹은 양이 훨씬 더 많았다. 재미있는 사실은 그 팝콘이 눅눅하고 스티로폼 같아서 아무도 그것을 좋아하지 않았다는 점이다(한 사람은 무료 팝콘이라는 점을 잊어버리고 환불해달라는 말까지 했다). 하지만 어쨌든 그들은 먹었고 (공짜 팝콘이니까!) 나중에 통의 크기가 먹는 양에 영향을 주지 않았다고 주장했다. 완싱크는 엠앤엠즈 초콜릿과 윗틴 크래커, 다른 영화와 극장으로 변화를 주면서 실험을 여러 번 했다. 하지만 결과는 동일했다. 사람들은 더 많이 받으면 더 많이 먹었다.

완싱크 박사는 또 다른 실험을 위해 학생들을 점심에 초대하여 토마토 수프를 주었다. 수프가 담긴 그릇 가운데 일부는 자동으로 수프가 채워지는 그릇이라는 점은 말하지 않았다(탁자 밑으로 눈에 안 보이는 연결 관이 있어서 그러한 마술이 가능했다). 학생들은 위의 느낌으로 판단했다면 그릇에 남은 수프의 양과 상관없이 배가 부를 때 수저를 내려놓았을 것이다. 하지만 마법의 그릇으로 먹었던 학생들은 보통 그릇으로 먹었던 학생들보다 73퍼센트나 더 먹었다.

최근에 완싱크 박사는 기분이 음식을 선택할 때 영향을 주는지 알아보는 실험을 여러 차례 했다. 그리고 '그렇다'는 결론을 내렸다. 행복감과 세상과 내가 하나라는 기분을 느끼면 부엌 조리대에 서서 통에 든 땅콩버터를 퍼먹을 가능성은 낮아진다. 기분이 나쁜지, 감사한 마음이 드는지, 아니면 기분이 그 중간 언저리쯤 되는지에 따라 선택하는 음식은 크게 달라진다. 실제로 완싱크 박사는 감사할 때 더 건강한 음식을 먹을 확률이 77퍼센트 커진다는 사실을 발견했다. 나는 이 수치가 굉장히 크다고 생각했기에 이 부분을 주제로 대화를 나누고자 완싱크 박사에게 전화를 걸었다.

"대부분 어떤 기분 상태에 있느냐와 관련이 있어요." 완싱크 박사는 (그가 발견한 결과에 의하면) 초콜릿보단 브로콜리를 더 좋아하는 긍정적이고 쾌활한 사람처럼 말했다. "기분이 나쁘면 지금 당장 기분을 좋게 만들어줄 뭔가를 원하게 되요. 반면 기분이 좋으면 장기적인 관점에서 자신의 상태에 더 관심을 기울이게 되고요."

기분이 바뀌면 식단이 바뀔 수 있다. 완싱크 박사는 한 실험에서 일부 사람들에게는 음식을 먹기 전에 살면서 가장 행복했던 날을, 다른 사람들에게는 가장 최악이었던 날을 떠올리며 글을 쓰게 했다. 그 영향은 상당했다. '행복한 날'을 떠올린 사람들은 몸에 좀 더 좋은 음식을 선택한 것이다.

대부분의 사람들은 치즈버거와 감자튀김을 주문하기 전에 선택을 바꿀 만한 에세이를 쓰지 않기에 완싱크 박사는 작은 변화를 궁리했다. "저는 사람들이 일상에서 할 수 있는 개입에 대해 항상 생각했어요." 그는 기분을, 그의 표현대로 '오케이OK' 상태에서 '오케이-플러스(OK-plus)' 상태로 바꾸는 가장 간단한 방법은 감사일 거라고 판단했다. 그리하여 점심시간 실험에서 사람들에게 그날 감사한 기분을 들게 한 일 한 가지를 자신에게 말해달라고 요청했다. "점심시간인 만큼 복권에 당첨되었다거나 자녀가 수석 졸업생으로 지명되었다는 등의 얘기를 하는 사람은 없었어요." 그는 쾌활하게 웃으며 말했다. "그저 '오늘 아침엔 시간 맞춰 출근해서 감사해요'라는 식이었죠."

아무리 사소한 것일지라도 감사의 말을 했을 때 그 효과가 상당했다. 감사를 표현한 사람들은 그렇지 않은 사람들에 비해 열량 섭취가 10퍼센트 적었다. 더 중요한 점은 그들이 샐러드를 더 먹고 후식을 덜 먹었다는 사실이다. "전체 음식에서 과일과 야채가 차지하는 비율이 77퍼센트로 더 건강하게 먹었어요." 그가 설명했다.

완싱크 박사는 식사 전에 감사하는 모습은 노먼 록웰의 작품에서 잘 드러난다는 점을 지적했다. 그 작품에는 일반 사람들이 하는 식전 감사 기도의 형태가 나타나 있다. "감사의 말을 하는 것은 종교적인 기도를 한다는 의미가 아닙니다. 누구나 그런 말을 할 수 있는 거고요." 그가 강조했다. 하지만 감사의 말은 다른 사람이 대신해주면 안 되고 자기 자신이 직접 해야 한다. "가족이 식전에 감사 기도를 할 때 이익을 보는 사람은 기도를 한 당사자이지 다른 사람들이 아닙니다." 그가 말했다.

완싱크 박사는 식전 감사를 유도하기 위해 다른 방법도 시도해보았다. 사람들에게 감사해야 할 이유를 한 가지 써서 다른 사람에게 말하거나 스스로 읊조리게 했다. 그랬더니 읊조리는 것도 다른 사람에게 말하는 것만큼 효과적이라는 결과가 나왔다.

"그저 머릿속으로만 감사한 생각을 해도 되나요?" 나는 한발 앞서며 물어보았다.

"구체적으로 표현하는 게 훨씬 좋아요. 다른 사람에게 말할 필요는 없지만 적어도 자신에게는 말해야 합니다. 근육을 많이 움직일수록 더 좋은 법이거든요."

음식점에서 식사를 하기 전 자신에게 낮게 읊조리면 이상하게 보일 수도 있지만, 더 건강한 식사를 하게 된다면야 마다할 이유가 없었다.

그렇다면 간식은 어떨까? 내가 브라우니를 먹기 전 잠시 감사를 표현하면 섭취 열량이 10퍼센트 줄어드는 마법이 일어날까?

"감사 표현은 식사에만 하는 게 효과적입니다." 완싱크 박사가 말했다. 뒤이어 그는 브라우니를 알루미늄 호일에 싸서 눈에 안 보이게 냉동고에 넣어두라는 실용적인 제안을 했다. 감사가 모든 음식에 적용되는 것은 아닌 모양이다.

하지만 체중을 감량하기 위해 열량을 따지는 것보다 감사를 표현하는 것이 내겐 훨씬 쉬운 방법처럼 느껴졌다. 그래서 전화를 끊은 후 다양한 연구 결과들을 종합하여 나만의 식사 계획을 세워보았다. 감사 다이어트에 네 가지 원칙을 정했다. 모두 간단하고 쉬웠지만 효과적일 거라는 생각이 들었다. 완싱크 박사가 제대로 먹는 일은 환경과 마음가짐의 문제라고 믿었으므로 나는 내 다이어트에 인상적인 이름을 붙여주기로 했다. 바로 다음과 같다.

놀라운 감사 다이어트

◇ 식사를 하기 전 잠시 감사하는 시간을 보낸다.

◇ 어떤 일이 있어도 꼭 앉아서 식사한다.

◇ 음식보다는 감사로 몸을 채운다.

◇ 감사를 느끼게 해줄 음식만 먹는다. (양적으로는 기분 좋을 정도만 먹는다)

그리 어려울 것 같진 않았다. 더욱이 이러한 간단한 방법이 내가 더 건강하게 먹는 데 도움이 된다는 증거도 많았다. 그리하여 각 항목을 세밀하게 생각해보았다.

원칙 1 : 식사를 하기 전 잠시 감사하는 시간을 보낸다

나는 얼마나 자주 내가 먹기로 한 음식에 관심을 기울이고 음미를 하면서 먹었는가? 집에서 아침을 먹을 때 대개 이메일을 확인하거나 최신 뉴스피드(news feed, 신문사별 뉴스를 한 곳에 담아놓은 사이트 - 역주)를 읽었다. 그리고 음식점에서는 친구들과 이야기하느라 웨이터가 음식 접시를 내려놓아도 크게 주의를 기울이지 않았다.

이제는 내가 먹을 음식에 좀 더 주의를 기울이고 싶었다. 그런 의미에서 60초 원칙을 정했다. 갓 딴 사과의 장밋빛 빨간색과 신선한 바질의 향기와 연어의 윤기 나고 부드러운 표면을 1분 동안 음미하기로 했다. 잠시 시간을 내 내가 먹는 음식의 질감과 향기를 음미한다면 기름기 있는 머핀과 설탕이 든 달콤한 음식을 선택하지 않을 터였다.

음식점에서 아이폰을 꺼내 나오는 음식마다 사진을 찍어대던 내 친구들은 그야말로 바람직한 행동을 한 셈이다. 호텔 지배인은 성가시게 여길지 모르지만 인스타그램, 페이스북 등에 올리려고 사진을 찍다 보면 음식을 특별한 것으로 보게 되기 때문이다. 나는 사진을 찍진 않아도 내가 먹을 음식을 머릿속에 새기고 감사하기로 했다.

원칙 2 : 어떤 일이 있어도 꼭 앉아서 식사한다

노먼 록웰은 축구 경기장에 있는 자녀를 데리러 가기 위해 운전하는 사이 스콘을 30초 만에 급히 먹는 사람은 절대 그리지 않았다. 하지만 나는 차를 운전하거나 길을 걸을 때 음식을 먹는 때가 많다는 사실을 깨달았다. SUV 차량으로 시속 70킬로미터를 달리면서 먹는 음식에 어찌 감사할 수 있겠는가? 미국인들은 섭취하는 음식의 20퍼센트 정도는 차 안에서 해결하기 때문에 수많은 식사대용 음식이 활동하며 먹을 수 있는 제품으로 바뀌어 판매되고 있다. 예를 들면, 몸에 좋은 요거트는 설탕이 잔뜩 든 짜먹는 요거트로 바뀌었고 시리얼도 더 간편하게 먹을 수 있는 시리얼바로 바뀌었다(애초에 시리얼도 간편한 식품 아니었던가?). 나는 움직이며 먹을 때는 에너지바처럼 한 손에 쥘 수 있는 음식을 선택했다. 만일 간단한 식사라도 테이블에 앉아서 먹는다면 살사 소스를 뿌린 야채나 후무스(병아리콩으로 만드는 소스 - 역주)를 바른 피타빵을 선택할 가능성이 높아지리라. 그리고 먹기 전 감사를 할 것이다.

원칙 3 : 음식보다는 감사로 몸을 채운다

리포니스 박사는 내가 체중 감량에 대한 이야기를 했을 때 흔히 사람들은 음식을 원한다고 생각하지만 실제로는 우정, 사랑, 공감, 고마움의 표시에 목말라 있다는 점을 지적했다. 음식은 나쁜 기분이나 외로운 기분을 달래준다. 자신이 초콜릿에 중독되었다고 말하는 사람들은 (이런 사람이 상당히 많다) 마음을 가라앉히고 진정시키며 좀 더 만족감을 얻고 싶어 한다. 우리는 자신의 욕구를 충족시키는 데 필요한 것이 무엇인지 생각하기보다는 음식을 오독오독 씹거나 우적우적 먹는 편을 택한다.

"외로움이나 만족감 결여가 문제인 경우가 많아요. 친구들이 많고 소중한 사람들이 곁에 있을수록 음식에 의존하지 않게 돼요." 리포니스 박사가 말했다. 그는 여성들이 누군가를 사귀기 시작할 때는 노력을 안 해도 살이 저절로 빠진다는 말을 자주 한다고 했다. "사랑을 느끼면 갈증을 느끼지 않아요. 이따금 고민하는 여성을 볼 때 남자 친구를 찾아주면 체중 문제가 해결될 거라는 생각이 든다니까요!" ('음식이 아닌 배필을 찾아라'는 옛말은 일리가 있는 말이다.)

만일 내가 아침 후 아무것도 안 먹어 점심 때 배고픔이 느껴지면 허기를 채우기 위해 식사를 해야 한다. 하지만 점심을 먹고 한 시간 후에 책상에 앉았는데 문장이 완성되지 않아 좌절감을 느낀다면, 문장을 해결하려 애써야지 부엌으로 가면 안 되는 것이다. 혹은 나의 갈망이 리포니스 박사가 말한 대로 좀 더 본질적인 원인에서 비롯된 거라면 나는 두 눈을 감고 내가 가진 모든 것을 생각하며 세상에 대한 감사로 나를 채워야 할 터였다. 그렇게 해야 초콜릿 칩 쿠키를 먹을 때보다 효과도 더 지속적이고 열량 섭취도 줄어드니 말이다.

원칙 4 : 감사를 느끼게 해줄 음식만 먹는다

내 몸에 감사한다는 것은 손에 쉽게 닿는다는 이유로 흰 밀가루와 설탕으로 만든 음식으로 배를 채우지 않는다는 의미다. 성탄절 바구니에 남은 포장된 쿠키나 오래전에 식료품 저장실에 처박아둔 골드피시(Goldfish, 금붕어 모양 크래커 - 역주) 같은 음식 말이다. 나는 특별히 그런 음식을 좋아하지도 않으며 먹은 후에도 기분이 결코 좋아지지도 않았다.

완싱크 박사는 한 중식 뷔페 음식점에서 사람들을 관찰한 적이 있다. 그 결과 날씬한 사람들은 음식을 담기 전에 먹고 싶은 것이 있나 살펴보려 음식을 죽 둘러보는 반면 살찐 사람들은 곧장 접시를 집어 들어 음식을 담는다는 사실을 발견했다. "그들은 자신이 정말 좋아하는 음식이 있나 살펴보지 않고 싫어하지 않는 음식이라면 몽땅 접시에 담았어요." 그가 설명했다.

감사 다이어트를 하려면 내가 정말 좋아하는 음식만 먹어야 한다. 나는 초가을에 농산물 직판장에서 산 마카운(뛰어난 맛을 자랑하며 9월 말부터 익는 사과 품종 - 역주) 사과로 만든 타르트의 아삭아삭 씹히는 맛을 좋아한다. 하지만 6개월 후 슈퍼마켓에서 냉장실에 보관되어 온 이 사과를 사서 먹으면 테니스 공 같은 맛이 난다. 그래서 사과다운 사과를 사고 테니스 공 같은 사과는 안 사기로 했다. 블루베리는 내가 가장 좋아하는 과일이기에 블루베리가 제철인 여름에 감사 다이어트를 시작한 것은 상당한 활력이 되었다. 블루베리는 몸에 좋고 저열량 식품이므로 내가 원하는 만큼 먹기로 했다. 이건 나만의 원칙이었다.

더 중요한 원칙은 먹는 데 감사함을 느끼게 해줄 음식을 선택한다는 점이다. 이러한 음식을 선택할 때 가장 쉬운 방법은 몸에 좋은 음식을 선택하는 것이다. 누구든지 자신이 좋아하는 신선한 음식으로 목록을 만들 수 있다. 나 역시 목록에서 가공 식품을 뺐다. 가공 식품에 붙은 라벨을 보면 감사를 느낄 수 없기 때문이다. 그렇다면 집 근처의 작은 빵집에서 사온, 방금 구운 더블 초콜릿 쿠키는 어떨까? 나는 이 쿠키를 먹을 때 한입 한입 음미하면서 행복감을 느낀다. 열량을 따지기 위해서가 아니라 감사하기 위해 시작한 일이니 이 쿠키도 목록에 넣었다. 내가 정말 좋아하는 단 하나의 쿠키라면 괜찮았다.

여기까지였다. 이것이 바로 감사 다이어트의 네 가지 원칙이었다.

나는 고단백이나 저지방을, 앳킨스나 사우스비치나 제니크레이그 (세 가지 모두 미국에서 유행한 식이요법의 이름이다 - 역주) 따위를 생각할 필요가 없었다. 그저 내가 먹는 음식에 감사하기로 한다면 나의 선택이 바뀔 것이 분명했다. 무엇을 먹느냐가 아니라 어떻게 먹느냐에 초점을 맞추기로 했다. 그리고 한입 먹을 때마다 감사하기로 했다.

✝ ✝ ✝

다음 날 맨해튼에서 열린 회의에 참석했다. 점심시간 즈음 회의실에서 나와 베이글과 치즈를 사러 지하 식품점에 갔다. 하지만 그때 내가 정한 '원칙 2'가 생각났다. 이동하면서가 아니라 앉아서 음식을 먹어야 했다. 근처에 좀 더 근사한 음식점으로 가서 풍성하게 차려진 샐러드 바 앞에 섰다. 그리곤 감사함을 느끼게 해줄 만한 음식만 접시에 담아(원칙 4) 음식점 안쪽에 급히 갖다놓은 것으로 보이는 작은 테이블에 가서 앉았다. 포크를 집어 들자 식사를 하기 전 음식에 감사한다는 '원칙 1'이 생각났다.

포크를 내려놓고 내 앞에 놓인 접시를 바라보며 매끈한 당근과 검은 참깨가 뿌려진 두부와 다양한 색조의 초록색을 띠는 상추에 감사를 표했다. 이렇게 몸에 좋은 음식을 다양하게 먹을 수 있으니 내가 정말 운 좋은 사람이라는 생각이 들었다. 60초 동안 접시를 보며 감사를 표했다. 1분이라는 시간은 생각보다 길다. 옆 테이블에서 음식을 먹던 두 남자는 거슬린다는 표정으로 나를 여러 번 흘긋거렸다.

"괜찮아요?" 한 남자가 나와 눈이 마주치자 이렇게 물었다.

"아, 물론이죠." 내가 대답했다. 그 남자를 더 놀라게 할 생각은 없었기에 아이스 민트 차의 기분 좋은 향기에 대한 말은 하지 않았다.

음식을 천천히 먹었고 다 먹었을 때는 놀라울 만큼 만족스러웠다. 감사하는 식생활을 시작하고 먹은 첫 점심에서 후식으로 컵케이크를 먹고 싶은 생각이 들지 않았다.

완싱크 박사에 따르면 식이요법을 하는 사람들의 75퍼센트는 한 달 내에 포기하고 39퍼센트는 첫 주를 넘기지 못한다고 한다. 하지만 감사 다이어트에선 포기하게 만들 만한 요소가 없었다. 그저 자리에 앉고, 음식에 주의를 기울이고, 배고플 때 먹고, 내가 정말 좋아하는 음식만 먹는다면 식사를(그리고 간식을) 내 삶의 즐거운 부분으로 만들게 된다. 결핍이나 거부는 존재하지 않는다. 극심한 다이어트를 할 때보다 살은 천천히 빠지겠지만 신경이 날카로워지지도 않을 것이다. 먹으면 살이 찔까 걱정하는 것이 아니라 매 식사가 축복이 될 터였다. 음식을 아무 생각 없이 먹을 때 살이 찐다는 완싱크 박사의 연구 결과는 상당히 설득력이 있었다. 감사 다이어트는 생각을 유도하는 식생활이며 나는 이러한 식생활을 통해 날씬해지기를 바랐다.

＃ ＃ ＃

감사하며 살기로 한 일 년 가운데 세 계절이 지났다. 뒤돌아보니 여름에 추구한 감사 생활로 더 건강해지고 활력이 생겼다. 감사로 말미암아 스트레스를 느끼는 정도가 낮아지고 다행히 두통도 사라졌다. 그리고 자기 몸을 긍정적으로 시각화하라는 젠의 말을 따라 '내가 강인하다는 사실에 감사하다!'라고 적힌 카드를 부엌에 붙여놓았다. 내 몸이 하지 못하는 일을 자책하기보다 몸이 할 수 있는 일을 자랑스러워했다.

그뿐만 아니라 감사 다이어트로 나의 기분이 놀라울 만큼 좋아졌다. 내가 먹는 음식에 더 감사하게 되면서 자신을 통제하게 되었고 먹는 양도 많이 줄어든 것 같았다. 체중은 확인하지 않기로 했다. 내 몸과 내가 먹는 음식에 감사하는 데 초점을 맞추고 싶었기 때문이다.

하지만 비밀을 말하자면 너무 꽉 맞던 청바지가 이제 좀 더 편하게 맞았다. 어쩌면 몇 주 후에는 남색 면 니트 원피스를 다시 입게 될지도 몰랐다.

4부

가을

감사하면 달라지는 순간, 극복·베풂·화해

완전히 폭발한 상태가 아닌 다음에야 감사할 거리는 늘 존재한다.

- 솔 벨로Saul Bellow의 《허조그》에서 -

영원히 살 수 없기 때문에 지금 이 순간 행복해지려 노력해야 한다.

-'뉴스룸(HBO 방송에서 방영한 드라마 - 역주)'에서 -

The
GRATITUDE
DIARIES

역경을
희망으로

감사하면 가장 안 좋은 시기에도
편안함을 느낄 수 있다는 사실을 알게 되어 기쁘다.

직업을 잃는 것에 새로운 시각을 갖게 되어 감사하다.

슬픈 일도 삶에 유익할 수 있다는 사실을 알게 되어 감사하다.

예전에 내 멋진 친구 로즈가 메트로폴리탄 오페라 극장에서 하는 〈나비 부인〉의 관람권을 내게 주었다. 숨 막힐 듯 멋진 연기와 웅장한 노래가 펼쳐진 1막을 보는 동안 황홀했다. 연예계 전문 변호사인 로즈의 고객 명단에는 이 극장도 있었다. 로즈가 1층 무대 앞에서 일곱째 자리를 주었던 터라 나는 오페라를 처음으로 가까이서 자세히 보았고 공연에 몰입했다. 예전에 그 극장에 갔을 땐 무대에서 너무 떨어진 자리에 앉았기에 다른 행성에 온 기분이 들었다. 하지만 가까이서 보니 마치 천국에 와있는 기분이 들었다.

중간 휴식시간에 남편과 나는 레드 카펫이 깔린 계단을 올라가 카페로 들어갔다. 그곳의 웨이터가 우리를 음식이 차려진 우아한 테이블로 안내했다. 나를 위해 초콜릿 무스 케이크와 카푸치노가, 남편을 위해 티라미수와 차가 준비되어 있었다. 우리는 자리에 앉았다. 상당히 융숭한 대접을 받는다는 기분에 웃음을 흘리지 않으려 애썼다.

"로즈라는 그 멋진 친구를 어찌 알게 된 거야?" 남편은 티라미수를 한입 떠먹으며 물었다.

"새로 알게 된 친구야." 나는 모호하게 대답했다.

"그 친구에게 전해줘. 우리가 감사하다고 말이야." 남편이 활짝 웃었다.

나는 다음 날 로즈에게 감사의 표시로 난초를 보냈다(장미를 보냈어야 했나?). 그런데 생각해보니 내가 비단 그날 밤 오페라를 관람한 점에만 감사를 느끼는 것이 아니었다. 로즈는 재미있고 재치 있으며 기발해서 사람들에게 호감을 주고, 함께 있으면 즐거움을 느끼게 하는 유형이다. 하지만 무엇보다 로즈는 내게 인생에서 예상 밖의 일들이 얼마든지 일어난다는 점을 알게 해준 사람이다. 겉으로는 불운처럼 보이는 일도 좋은 결과로 이어질 수 있기 때문에 우리는 매일 감사해야 한다.

내가 비참함을 느낀 것이 시발점이 되어 어찌어찌 하다 보니 오페라 극장에서 멋진 밤을 보내게 되었다. 나는 대형 잡지사에서 나오게 되었고 세상을 불공평하게 여겼다. 이젠 내가 무슨 일을 할 수 있을까? 캘리포니아에 사는 친오빠가 고맙게도 신경을 써주어 과학 기술 분야의 한 프로젝트 일에 다리를 놓아주었다. 내가 그동안 한 번도 안 해본 분야였다. 간단히 말해 앱 전문가로서 나는 한 회의의 강연 자리에 초청을 받았다. 그리고 그곳에서 만난 한 여성이 나중에 나를 한 자선 단체의 조찬회에 초대했다. 그런데 그 조찬회에서 로즈 옆에 앉게 되었고 그 인연으로 한 프로젝트를 같이 진행하면서 친구가 되었다.

이제 파악이 되셨는지? 사실 세부적인 이야기는 그다지 중요하지 않다. 여기서 중요한 점은 내가 잡지사 일을 그만두었을 때 감사할 이유를 전혀 찾지 못했지만 예상치 못한 곳에서 새로운 기회를 발견했다는 점이다. 스티브 잡스는 스탠포드 대학교의 졸업식 연설 도중 이런 말을 했다. "우리는 미래를 내다보며 점을 이을 수 없습니다. 오직 과거를 돌아보며 점을 이을 수 있을 뿐입니다." 그는 자신이 창업한 회사 애플에서 서른 살에 쫓겨났을 때 큰 충격을 받았다고 설명했다. 하지만 그 시기에 자신의 삶에서 가장 많은 창의력을 발휘했고 결국 지금의 아내도 만났으며 픽사와 같은 회사들을 성공 궤도에 올려놓았다. 그리하여 그는 개선장군처럼 애플로 돌아가게 되었다. "때로 인생이 여러분의 뒤통수를 치더라도 결코 믿음을 잃지 마세요." 그는 이렇게 말했다.

나는 올 한해의 많은 시간 동안 지극히 평범한 경험들이 어떻게 감사로 말미암아 진정 만족스러운 경험으로 바뀌는지 목격해왔다. 그뿐만 아니라 감사하면 긍정적인 시각을 갖고 괴로움을 떨쳐내는 데 도움이 되기 때문에 인생에서 부딪히는 문제들에 대한 해결책이 되기도 했다. 거시적 안목으로 볼 때 내가 느끼는 불행이 다른 사람들이 직면한 불행에 비하면 작은 것이라는 점을 알았다. 그러니 반드시 감사해야 했다. 하지만 많은 연구 결과 우리가 어느 한 순간 느끼는 감정은 외부 요인과 관련이 거의 없다는 사실이 드러났다. 좋은 것을 다 가진 사람도 짜증을 내고 불행을 느끼기도 하며, 엄청난 시련에 닥친 사람도 때로는 기분 좋은 감정을 발산하고 즐거움에 들뜨기도 한다. 수년 동안 감사에 대해 가르친 베네딕트회 수도사 데이비드 스테인들-레스트David Steindl-Rast 형제는 다음처럼 간단하게 설명을 했다. "행복이 우리를 감사하게 만드는 것이 아닙니다. 우리는 감사하기 때문에 행복한 것입니다."

우리는 힘든 상황에 처했을 때 자신의 문제가 가장 심각하게 느껴진다. 하지만 나는 어떤 일에든 항상 다른 측면과 다른 관점이 존재한다는 사실을 올 해에 깨달았다. 17세기 시인 존 밀턴John Milton은 그 유명한 서사시 〈실낙원〉에서 '지옥에서 벗어나 광명의 빛에 이르는 길은 멀고도 험난하다'라고 썼다. 나는 그달에 우리가 어둠에서 빛으로 나아가는 데 감사가 어떻게 도움이 되는지 알아보고 싶었다.

나는 한동안 만나지 못했던 예전 동료 로라와 커피를 마시며 대화를 나누게 되었다. 로라에게 나의 감사 프로젝트를 말해주었다. "저와 함께 AA(미국 알코올 중독자 갱생회 - 역주) 모임에 가 봐요. 그 모임에서 주로 다루는 것이 감사라는 주제거든요." 로라가 말했다.

로라가 무심코 그러한 제안을 했기에 나도 그 모임에 간 지 얼마나 되었느냐고 심상하게 물었다. 알고 보니 로라는 술을 끊은 지 20년이 되었고 그 세월 동안 매주 적어도 한 번씩(한 번 이상 가는 때가 많았다) 그 모임에 참석했다. 나는 오래 전에 같은 텔레비전 방송을 맡으면서 로라를 알게 되었다. 당시 나는 엄밀히 따지면 로라의 상사였지만, 재능 있고 재미있으며 상당히 재바른 그녀를 높이 평가했다. 술고래에다가 로라를 술집에 자주 데려가는 것으로 평판이 자자했던 선임 방송 기자를 포함하여 여러 사람이 로라를 좋게 평가했다.

"난 항상 로라 씨에게 술을 먹인다고 그 기자에게 뭐라 했어. 로라 씨는 그때 첫 직장 새내기였잖아." 내가 말했다.

"맞아요, 하지만 제 어머니도 알코올 중독자였던 터라 저 역시 그 선배를 만나기 오래 전부터 중독 증상이 있었어요. 좋은 역할 모델이 주위에 많지 않았던 거죠."

로라는 어느새 자신이 하루에 맥주를 일곱 병에서 여덟 병을 마신다는 사실을 인지하게 되었다고 한다. 그래서 마지막으로 한 병을 마시고 AA 모임에 발을 들여놓았고 그 이후로 모임에 한 번도 빠지지 않았다.

나는 술을 마시지 않는다(이젠 다이어트 콜라도 끊었고 그 대신 물을 마신다). 그런데 로라가 주기적으로 나가는 여러 모임 가운데 한 모임에서 매달 마지막 월요일에 방문자들의 참석을 허용한단다. 우리는 그날 저녁에 만나 이른 저녁을 먹고 길 건너편에 있는 오래된 교회에 갔다. 나는 어떤 예상을 해야 하는지 감이 안 왔다. 어쩌면 〈잃어버린 주말(한 알코올 중독자의 자포자기 삶과 극복 의지를 그린 미국 흑백 영화 – 역주)〉에 나오는 암울한 장면처럼 어둡고 음산한 분위기에, 얼굴이 초췌하고 눈빛이 흐릿한 사람들이 있는 곳인지도 몰랐다. 나는 긴장한 채 로라를 따라 좁은 계단을 올라가 여성용 모임을 위한 작은 방에 들어갔다. 방에 발을 들여놓는 순간 알코올 중독자에 대해 품었던 나의 고정 관념이 싹 사라져버렸다. 가운데 놓인 의자에 앉아있는 여성들은 대부분 머리칼이 길고 날씬한 몸에 스키니 청바지 차림이었으며 젊고 생기가 있었다. 회사 임원으로 보일 정도로 잘 차려입은 여성 몇 명은 휴대 전화기를 숨겨 넣으며 마지막에 급하게 들어왔다.

그주의 모임 운영자는 큰 의자에 다리를 꼬고 편히 앉아있었다. 그녀는 로라처럼 오랫동안 술에 빠져있었다. 하지만 술을 마시면 '뱃속 깊이 영혼을 뚫는 듯한 고통'을 느꼈다고 묘사하면서 이렇게 덧붙였다. "그땐 매일 죽고 싶은 생각이 들었어요." 그녀는 금주를 시작할 때부터 감사 목록을 죽 적어왔다. 그리고 항상 자신에게 '그동안 금주를 성실하게 해온 만큼 이제 감사하는 생활을 성실하게 할 수 있다'고 되뇌었다.

그들은 원 모양으로 앉아서 말을 하고 싶은 사람은 몇 분 동안 말할 수 있게 에그 타이머(달걀 삶는 시간 측정용 시계 – 역주)를 서로 옆 사람에게 건넸다. 몇몇 젊은 여성들은 모임 운영자에게 자극을 주어 고맙다고 말했다. 힘이 되어주는 그러한 모임에 감사를 표하는 여성들도 있었다. 한 여성은 "예전엔 자주 일어났던 일들이 이젠 일어나지 않아 감사해요. 의식을 잃고 아침에 낯선 침대에서 눈을 뜨는 일 같은 것 말이죠"라고 말했다. 그녀는 과거를 지워버리고 싶을 때도 있지만 그저 앞으로 나아간다면서 "미래를 생각하며 열정과 기쁨을 느낄 수 있어 감사하다"고 했다.

그 모임에서 감사가 유일한 주제는 아니었지만 참가자들의 말 속에 감사가 깊이 스며들어있었다. 원 밖에서 나와 앉은 로라는 그들의 말을 경청하며 뜨개질로 스카프를 뜨고 있었다. 일어날 시간이 되었을 때 로라는 내 옆구리를 슬쩍 쳤다. 우리는 함께 손을 잡고 평온을 비는 기도를 했다.

거리로 나왔을 때 로라는 나를 걱정스러운 눈빛으로 보며 말했다. "제가 그 모임에 처음 나갔다고 상상하면서 선배님 눈으로 그 모임을 지켜보려고 했어요."

나는 로라에게 그 여성들의 따뜻하고 친절한 마음과 긍정적인 태도에 감동하였고 감사라는 말이 편안함과 희망과 치료법과 대등한 의미로 쓰여서 고무되었다고 말했다. 모임에 가기 전 AA 관련 자료를 읽었기에 그 단체의 여러 가지 원칙 가운데 '끼친 해에 대한 솔직한 뉘우침, 받은 복에 대한 진정한 감사, 내일 더 나은 행동을 하겠다는 의지'가 있다는 점을 알고는 있었다. 이는 전반적인 삶에 대한 합리적인 계획처럼 보였다. "근데 설명 좀 해줘 봐. 어떻게 해서 감사가 술을 끊는 데 도움이 되었는지 아직 잘 모르겠거든." 나는 이렇게 시인했다.

로라는 고개를 주억거리며 말했다. "좋아요, 두 부분으로 나뉘어요. 초기에는 술을 마시지 않음으로써 얻게 된 이득을 상기시켜줄 감사 목록이란 것을 작성해요." 로라는 매일 맥주 여덟 잔을 그만 마셨더니 빠른 시간에 체중이 줄어 그것에 대한 감사를 적었다. 더욱이 술을 사지 않으니 다른 곳에 쓸 돈이 많아졌다. "새로운 카키색 바지를 구입해 감사하단 내용을 얼마나 많이 적었는지 몰라요." 로라가 농담처럼 말했다.

일단 금주가 습관이 되면 구입한 바지나 줄어든 체중처럼 재미있는 목록이 예전과 같은 의미를 지니지 않게 된다고 했다. "상당한 시간 동안 금주를 해서 그것이 일상이 되면 문제가 찾아와요." 로라가 말했다. (습관화의 문제인가?) "그때부턴 그러한 습관을 당연하게 여기지 않아야 한다는 점을 상기시켜줄 감사 목록을 적어야 해요. 결국 감사하는 알코올 중독자는 술을 마시지 않게 되죠."

로라와 그녀의 AA 모임 친구들은 과거의 일을 바꾸지는 못한다. 하지만 그리스 철학자 에픽테토스의 가르침처럼 정말 중요한 것은 바로 지금 어떻게 반응하느냐다. 외부 사건은 우리의 통제권 밖이거나 운명으로 결정되기도 하지만 그 사건을 바라보는 시각은 우리가 결정할 수 있다. 에픽테토스는 "불행한 자가 있다면 그 사람에게 그 불행의 원인은 오직 자기 자신이라는 점을 알려주어야 한다"고 말했다.

하지만 과거에 일어난 일들이 너무 충격적이어서 감사라고는 생각지도 못하는 상황이라면 어떡할까? 나는 감사에 대한 이야기를 나눠보고자 친구인 재키 핸스에게 전화를 걸었다. 재키는 상상도 못할 비극을 겪었음에도 감사를 주제로 한 대화를 아주 좋아한다. 2009년 당시 각각 8세, 7세, 5세이던 그녀의 사랑스러운 세 딸 엠마, 앨리슨, 케이티가 뉴욕의 타코닉 주립 도로에서 충격적인 자동차 사고로 목숨을 잃었다. 더 충격적인 사실은(이것이 가능한지는 모르지만) 그 차를 몬 사람은 그녀의 시누이며, 시누이의 체내 독성 검사에서 알코올

과 마약 성분이 검출되었다.

정규직으로 일하는 어머니로 너그럽고 삶의 즐거움을 추구하던 재키는 컴컴한 심연으로 떨어졌다. 재키처럼 엄청난 충격에 빠진 그녀의 남편도 아무 도움이 되지 못했다. 재키는 그저 죽음으로 하늘나라에서 세 딸을 만나고 싶은 생각뿐이었다. 독실한 가톨릭 신자인 재키는 하느님이 자신을 이해해줄 거라는 확신을 얻고자 몇몇 신부들을 방문하기까지 했다.

재키를 지상에서 더 오래 살게 하고 싶었던 그녀의 친구들은 계획을 세웠다. 친구들은 적어도 한 명은 재키의 집이나 재키 옆에 항상 있어주기 위해 서로 일정을 짰다. 그들은 요리와 청소를 해주고 재키를 아침 조깅에 데려나가고 치료 전문가에게 데려가주었으며 볼링팀에 등록시키고 함께 쇼핑을 가기도 했다. 친구들의 헌신적인 노력으로 재키는 희망이 없는 심연 속에서 한 줄기 빛을 찾았다.

나는 사고가 발생한 지 18개월 후에 재키를 처음 만났다. 그때 재키는 너무 연약해 보여 금방이라도 주저앉지 않을까 염려스러웠다. 재키의 눈빛이 고통으로 일렁거렸고 목소리는 꺼질 듯 잦아들었다. 그런데 친구들에 대한 이야기를 시작하자 그녀의 태도가 달라졌다.

"제겐 정말 좋은 친구들이 있어요. 친구들을 보면 제가 복 받은 사람이라는 기분이 들어요. 매일 친구들에게 감사해요." 재키가 말했다.

나는 그녀가 그런 큰일을 겪고도 '복 받았다', '감사하다'라는 말을 하는 데 경외심을 느꼈다. 그녀의 마음 그릇이 내가 상상할 수 없을 만큼 크다는 생각을 했다. 재키는 연약한 겉모습 안에 다시 행복해지려고 고군분투하는 강인한 자아를 품고 있었다(하지만 행복할 자격이 자신에게 있는지 걱정하기는 했다). 우리는 감사를 주제로 함께 책을 썼고 그 책은 베스트셀러에도 올랐다(두 사람이 쓴 《I'll See You Again》이 2014년에 출간되었다 – 역주). 재키는 아이들에 대한 이야기를 쓰고 싶어 했다. 그리고 나는 인생은 예측대로 안 되고 살면서 끔찍한 일들도 일어나지만 최악의 상황에서도 앞으로 나가며 감사할 이유를 찾을 수 있다는 메시지를 전하고 싶었다.

나는 재키와 계속 연락하고 지내며 해외에 두 번 나갔을 때 역사적인 교회들을 방문하여 아이들을 위해 세 개의 초에 불을 붙였다. 이는 아이들이 볼 기회가 없던 장소에 내가 그 아이들을 데려가는 나만의 방식이었다. 나는 신앙심이 깊은 사람도 가톨릭 신자도 아니지만, 재키가 매일 잠자리에서 일어난다는 사실만으로도 전해지는 그녀의 용기에 감탄했다. 재키를 움직이는 정신력과 그녀의 삶에 중요한 부분을 차지하는 감사에 대해 생각하는 것이 좋았다.

내가 전화를 걸어 나의 감사 프로젝트에 대한 이야기를 꺼내자 재키는 기회를 잡은 사람처럼 곧장 자신에 대한 이야기를 했다.

"전 요즘도 매일 감사해야 하는 이유를 찾으려 노력해요. 아침에 감사 목록을 써서 하루 종일 가지고 다녀요."

그녀는 대개 새벽에 일어나 친구들과 함께 조깅을 한다면서 6마일 정도를 달리고 돌아오면 항상 기분이 좋아진다고 했다. 집에 6시 30분에 돌아오면 혼자만의 시간을 보낸다고 했다. "그때는 제가 슬픔에 젖게 내버려둬요. 아이들이 생각나서 5분 정도 울죠. 그런 후에 지금 감사하는 것을 적어요." 그녀가 말했다.

달리고 울고 감사하고 일상을 이어가는 재키의 명확한 삶의 패턴을 생각하니 미소가 나왔다. 딸들을 잃은 고통은 사라지지 않을 것이다. 하지만 그녀는 아직은 하늘에서 딸들을 만나지 않기로 다짐했기에 분노와 억울함과 절망에 휩싸이지 않도록 자신과 싸웠다. 재키는 매 순간 감사하는 것의 의미를 내가 아는 그 누구보다 잘 이해하는 사람이다. "지상에 머무르기로 결심한 이상 멋진 삶을 꾸려가고 싶어요." 그녀가 말했다.

재키는 그 사고 이후 오프라 윈프리 쇼(그녀는 오프라의 열혈 팬이다)에 나온 한 치료 전문가의 말을 듣고 감사에 대한 생각을 하기 시작했다. 그 전문가는 감사를 느끼는 순간에는 슬퍼할 겨를이 없다고 말했다. 당시 재키는 컴컴한 심연 속에 너무 깊이 떨어져 있었기에 그곳에서 기어 나올 생각도 못 했다. 재키는 정신과 의사가 이미 항우울제, 수면제, 신경 안정제를 처방해주었기에 감사 목록 작성은 그 효과에 큰 기대를 걸지 않고 가볍게 해볼 만하다는 생각을 했다. 그런데 감사가 여느 약만큼 효과적이라는 사실을 이내 깨달았다. 결국 상당수의 약 복용을 중단했지만 감사 목록 쓰기는 결코 그만두지 않았다.

"이제는 감사하는 마음이 자연스럽게 흘러나오나요?" 내가 물었다.

"아뇨!" 재키는 웃으며 말했다. "그건 매일 결심하고 해야 하는 일과 같아요. 감사 목록 작성은 일종의 할 일이고 그걸 빼먹으면 안 된다고 제 자신에게 늘 상기시켜야 해요. 하지만 감사의 여운은 오래 지속되기 때문에 쓸 가치가 있어요."

재키는 감사함으로써 자신의 삶을 구했다. 사고 이후 절망에 휩싸여 있을 때에도 편지, 선물, 기부금을 보내주는 사람들의(대부분 모르는 사람들이었다) 따스한 마음에 감동하였다. 그들이 들인 시간과 정성에 감사한 마음이 들면서 모두에게 고마움을 표하기로 결심했다. 그녀는 어느 순간 자살을 계획했으나 우선 20통이 넘는 감사 편지부터 써야 했다고 고백했다. "자살하고픈 생각은 들었지만 전 무례한 사람이 아니거든요." 그녀는 나중에 이렇게 말했다.

재키가 다시 임신했을 때 감사하는 마음이 더 커졌다. 임신은 그녀가 상상도 못했던 일이다. 케이티를 출산한 후 불임 수술을 했고 시험관 아기 시술은 너무 비싸 엄두도 못 냈다. 그래서 임신을 포기하고 있었는데 제브 로젠왁스Zev Rosenwaks라는 의사가 무료로 의학적 도움을 주겠다고 제안했다.

"그분께 어떻게 감사를 표할 수 있을까요? 샴페인 한 병으로는 안 될 것 같아요." 재키는 임신하게 되었을 때 반은 농담 삼아 이렇게 말했다.

그녀는 자신이 생각해낼 수 있는 가장 진심 어린 선물을 결정했다. 그래서 기적처럼 찾아온 아기의 이름을 로젠왁스 박사의 이름 가운데 글자 'rose'를 따서 케이시 로즈Kasey Rose로 지었다. (케이시에도 특별한 의미가 있다. 잃은 세 딸의 각 이름 첫 글자가 다 들어가 있기 때문이다.)

이제 재키는 매일 감사 목록을 적을 때 케이시에 대한 것만 쓰면 안 된다는 점을 알고 있다며 우스갯소리도 할 줄 알았다.

"요즘은 무엇에 감사를 느껴요?" 내가 물었다.

"글쎄요. 때론 해가 떠서 얼굴에 내리쬘 때의 좋은 기분처럼 소소한 것에 감사를 느껴요. 어떤 날엔 제 두 다리에 감사하고요. 두 다리에 감사할 사람은 없겠죠? 하지만 두 다리는 제겐 강력한 도구와 같아요. 제가 달릴 수 없었다면 어떻게 되었을까 싶어요."

재키처럼 감사하는 사람들은 긍정의 분위기를 풍기기 때문에 상대방을 곧장 그에 응답하고 싶게 만든다. 재키는 오프라가 시청자들에게 '부정적 에너지'를 풍기는 사람과 가까이 지내지 말라고 권하는 소리를 들었을 때, 친구 자닌에게 전화를 걸어 자신도 그런 부류에 속하느냐고 물었다.

"아니, 네가 아주 힘든 시간을 보내긴 했지만 우린 네 안에 있는 긍정적인 측면을 느낀다니까." 자닌은 이렇게 말해주었다.

재키는 그러한 말을 들었지만 아직 자신에게 남아있는 부정성을 모두 없애기 위해 노력하겠다고 약속했다. 좋은 에너지를 앗아가는 사람이 아니라 불러일으키는 사람이 되고 싶었다. 재키와 같은 상황에 처한 사람들 가운데 자신이 너무 부정적인 분위기를 풍기지 않을까 걱정하는 사람이 얼마나 될까? 이런 생각을 하며 나는 재키에게 감탄했다. 재키가 남은 생애 동안 울며 소리치며 이 세상에서 가장 슬픈 여자처럼 군다한들 그녀를 이해하지 못할 사람은 없으리라.

재키는 나와 전화 통화를 한 지 얼마 안 되었을 때, 살았다면 열세 살 생일을 맞았을 딸 앨리슨에게 쓴 장문의 편지를 내게 보내주었다. (재키는 생일과 명절에 딸들에게 항상 편지를 썼고 때로는 선물도 준비했다) 엄마가 앨리슨을 정말 그리워하며 지금 바로 옆에서 축하해주고 싶다는 내용이 담긴 감동적인 편지였다. 재키는 편지에서 어느 부모나 다 그렇겠지만 자식을 잃는다는 것이 얼마나 고통스러운지 모르며 때로는 눈물이 멈추지 않는다고 썼다. 그리고 뒤이어 그 편지의 핵심과도 같은 내용을 담았다.

'올 해 엄마가 주는 선물은 네가 하늘나라로 간 후 엄마가 감사할 줄 알게 된 것들을 적은 목록이란다.'

재키는 딸들을 통해 진정한 사랑이 무엇인지 깨닫게 된 점, 자신의 믿음, 사람들이 베풀어준 소소한 일들에 대한 감사를 적었다. '기도를 해주고, 카드를 보내주고, 커피를 가지고 들러주거나, 케이시를 한 시간 정도 데려가 놀아주는 친구(친구는 즐겁겠지만 케이시와 떨어진 엄만 슬프단다)……. 이 모든 것이 엄마에겐 아주 소중하단다.' 이런 식으로 감사하는 이유 여덟 가지를 죽 나열했다.

편지를 읽는 내 눈에 눈물이 그렁그렁 맺혔다. 재키는 그토록 많은 걸 잃었지만 아직 남아있는 것에 감사하는 방법을 찾았다.

✝ ✝ ✝

나는 재키, 로라와 대화를 나눈 후에 어떻게 감사가 힘든 상황과 밀접한 관계가 있는지 생각하게 되었다. 재키는 자신의 삶을 산산조각 낸 상실을 경험한 것에 감사하지는 못했다. 그녀에겐 받아들이기 어려운 일일 것이다. 하지만 재키는 로라처럼 행복과 비슷한 그 무엇인가를 다시 원했고 내가 이름 붙인 '의도적인 감사'를 통해 원하는 것을 이루었다. 이 두 사람은 감사 목록을 계속 썼고 이 세상에 감사해야 할 이유를 의식적으로 찾았다.

대학 시절 알고 지낸 전설적인 존재 제이미 맥큐언이라는 선배가 떠올랐다. 제이미는 한동안 휴학을 하고 올림픽 출전을 위해 훈련에 집중했으며 그 결과 카누 슬랄롬(급류에 기문을 세워 만든 코스를 차례로 통과하는 카누 조정 경기 - 역주)에서 3위를 차지했다. 제이미는 그 경기에서 미국인으로는 처음으로 메달을 땄다. 그는 학교로 돌아와 레슬링 팀에 들어갔다. 나는 그를 취재하여 학교 신문에 실었다. 잘생기고 힘이 세고 상당히 똑똑하며 거만한 눈빛을 반짝이는 그를 보는 것이 좋았다. 그는 80킬로그램 급으로 레슬링을 했다. 이를 기억하는 이유는 그가 근육이 너무 단단해 살빼기가 힘들어 75킬로그램 급으로 바꾸지 못했던 사실이 떠올랐기 때문이다.

제이미는 동창인 산드라 보인턴과 결혼했다. 산드라는 재치 넘치는 동화와 축하 카드로 유명했다. 나는 그 부부와 간간이 연락을 주고받을 뿐이었다. 그래도 그 부부가 코네티컷 레이크빌의 넓은 땅에 큰 집을 짓고 네 자녀와 개 여러 마리를 키우며, 제이미가 근처 강을 카약 슬랄롬 코스로 바꾸었다는 소식을 들었다. 그야말로 완벽한 부부의 완벽한 삶이었다.

그랬기에 몇 년 전 제이미가 혈액암인 다발성 골수종 판정을 받았다는 소식을 접했을 때 충격을 받았다. 그 당시 우리 부부와 제이미 부부가 도시에 있는 한 음식점에서 저녁을 같이 했다. 그 후 나는 제이미가 힘든 치료 과정을 겪는 동안 그와 좀 더 주기적으로 연락해 대화를 나누었다.

일 년 전에 차를 몰고 레이크빌에 있는 제이미 집에 찾아갔다. 그렇게 힘이 넘치던 제이미는 병 때문에 야위었고 키도 몇 인치 줄어들었지만 쾌활한 성격은 그대로였다. 제이미는 산드라가 그들의 부지에 지은 미국 음식점을 흐뭇한 표정으로 보여주었다. 그곳의 물품들은 주로 이베이(eBay, 인터넷 경매 사이트 - 역주)에서 건졌다고 했다. 점심을 먹으러 갔을 때에도 제이미의 눈빛은 여전히 반짝거렸고 목소리에선 단호함이 묻어났다. 그는 그동안 여러 가지 약을 써봤지만 아무런 효과를 못 보았다. 그는 감사에 대한 이야기가 나오자 그 특유의 한쪽 입매만 들어 올린 미소를 지으며 말했다.

"감사라고? 헐, 여기서 더 감사할 게 뭐가 있어?"

제이미는 아내와 아이들을 끔찍하게 사랑했고 여전히 아이들과 스키를 타러 가고 여행을 할 수 있음에 감사했다. 예전에는 아들 데빈과 카약 타기 경주를 했지만 이제는 강물로 나갈 때 노 대신 스톱워치를 가지고 갔다. 하지만 아들을 바라보는 것만으로도 행복했다. 우리는 모든 것을 하지 못할 때는 '할 수 있는' 일에 감사해야 한다는 점을 늘 상기해야 한다.

물론 제이미도 혼자 있을 때는 절망감에도 빠졌을 것이다(안 그럴 리가 있었을까?). 하지만 사람들 앞에서만은 긍정적이고 활발한 태도를 잃지 않았다. 제이미는 블로그를 운영하며 자신의 치료 일지를 기록했다. 줄기 세포 이식을 받아 꼬박 2주 동안 병실에서 보낸 후에는 살아있다는 사실이 엄청난 선물처럼 느껴졌다고 했다. '어제 오후 침실에서 퉁기듯 일어나 밖으로 나갔다. 쌩쌩한 기운으로 걸어 다니며 5월의 꽃들을 찾아보았다. 그런데 이 터프가이의 눈에 눈물이 맺혔다.' 그는 블로그에 이렇게 썼다.

제이미와 나는 다시 만날 약속을 했다. "선배 이야기가 책 한 장章을 다 채워야 해요." 나는 장난스럽게 말했다. 제이미가 감사할 줄 알았다면 우리에겐 감사하지 못할 이유가 없다. 나는 제이미에게 그의 비밀을 알려달라고 했다. 하지만 그는 방법은 간단하다고 말했다. 그저 감사가 절망을 이긴다는 사실을 인정하고 그렇게 살면 된다는 거였다.

나는 제이미를 다시 만나지 못했다. 그가 눈을 감았다는 소식을 들었을 때 엄청난 충격에 빠졌다. 그의 긍정적인 태도가 그를 영원히 살렸어야 했건만 암은, 인생은, 신은 그리고 다윈은 그러한 바람을 이루어주지 못했다. 그는 세상 사람들에게 미소를 보냈고, 주어진 삶이 어떤 것이었든지 간에 그 삶에 감사했다. 우리는 앞으로 남은 생이 얼마나 되는지 알 수 없기에 그저 매 순간을 소중히 여기는 수밖에 없다. 제이미 역시 그렇게 했기에. 나는 제이미를 알고 지냈다는 사실에 감사할 따름이다.

‡ ‡ ‡

제이미를 생각하며 베스트셀러 소설가 제인 그린과 커피 한잔 하자는 약속을 잡았다. 예전에 제인 그린에게 잡지에 실을 표지 기사를 위해 배우 휴 그랜트를 인터뷰해달라고 요청한 적이 있는데 그때 그녀를 처음 만났다. 과묵하기로 유명한 그랜트에게 예쁜 영국인 여성을 보낸 것은 탁월한 결정이었다. 두 사람은 함께 저녁을 만들며 짧은 시간에 친구가 되었다. (그렇게 해서 아주 근사한 표지 기사가 탄생되었다) 사실 최근에 제인이 악성 흑색종 진단을 받았다는 소식을 접했다. 하지만 제인은 자리에 앉자마자 수술이 성공적으로 끝났다고 말해주었다. 제인은 암 세포를 제거하여 감사하지만 수술을 받기 전 남편, 삶, 가족, 친구를 생각했을 때 물밀 듯 밀려오던 감사를 생각하면 지금도 전율을 느낀다고 말했다.

"판정을 받고 수술하기까지의 기간이 가장 힘든 시간일 텐데 제 경우 그러지 않았어요." 제인은 곱슬곱슬하고 풍성한 머리칼을 뒤로 넘기며 말했다. "그때 전 놀라운 감사의 세계에 빠져들었어요. 모든 것이 더 긍정적으로 느껴졌고 더 아름답게 보였어요. 저도 그럴 거라곤 상상하지 못했어요. 삶이 얼마 남지 않을 수도 있음을 알게 되면 지금 가진 것에 무한한 감사를 느끼게 되는 것 같아요."

제인은 악성 흑색종 진단을 받기 얼마 전부터 삶이 허물어진 한 친구가 보내는 문자를 받기 시작했다. 그 친구는 아내가 자신을 떠나버리자 끔찍한 아파트로 이사해야 했다. 자녀를 보기 위해 고군분투해야 했으며 직장도 잃고 말았다. 하지만 매일 감사 목록을 적어 그것을 제인에게 보냈다. 제인은 그가 고통스러운 상황에 놓였지만 매일 아침 일어나 의식적으로 감사 거리를 찾는다는 사실에 감명을 받았다.

"감사의 효과를 목격하면 감사로 사람이 얼마나 변화되는지 깨닫게 되요." 제인이 말했다. 불행한 상황에 놓인 제인은 자신도 그 친구처럼 하기로 다짐했다. 원인도 알 수 없는 병을 진단받았지만 긍정적인 태도를 갖추려고 의식적으로 상당히 노력했다. 수술을 받기 전 두려움에 빠져들 때마다 감사해야 할 세 가지 이유를 생각하며 마음을 가다듬었다.

"의식적으로 그렇게 했어요. 누구든 감사하면 휘청거리지 않는다는 생각이 들었거든요." 제인은 웃으면서 말했다. "하지만 계속 그렇게 하다 보면 감사가 자연스럽게 배요." 제인은 그 암의 결과를 예측하거나 바꾸지 못한다는 사실을 알았기에 현실을 받아들이고 감사하려 애썼다. "뭔가가 자신이 원하는 대로 되지 않는다고 분노하는 건 정신적 에너지가 엄청 소모되는 일이에요. 삶에서 전투적인 자세는 문제를 일으키죠. 삶을 있는 그대로 받아들이면 어느 정도의 평온을 얻게 되요. 그러지 않았을 때는 놓쳤을 평온이죠." 그녀가 말했다.

제인은 수술을 받기 전 기도를 많이 했다면서 이렇게 말했다. "기도를 하면 결과가 바뀔 거라고 생각하진 않았기 때문에 낫게 해달라는 기도는 하지 않았어요. 그 대신 어떤 결과가 나오든지 잘 받아들일 수 있는 강인함과 아량을 달라고 기도했어요."

재키, 제이미, 로라 그리고 제인은 모두 힘든 상황에 처했지만 무너지거나 포기하지 않았고 난관을 헤쳐가기 위해 감사를 선택했다. 그들은 감사 목록이나 감사일기를 쓰면서 의식적으로 감사 거리를 찾았다. 우리 역시 상황이 어떠하든 이러한 방법을 쓸 수 있다. 그들은 어둠에서 나와 빛줄기를 찾으려 혼신의 노력을 기울였다. 그리고 그러한 노력을 한 번이 아닌 매일, 끊임없이 기울였다. 그들이 감사하려고 그렇게 애쓴 노력은 헛되지 않았다.

나는 어려운 상황에서 감사를 찾은 사람들을 더 찾아보다가 감옥에 있는 사람들을 알게 되었다. 그들은 흉악범은 아니고 폭행이나 금융사기 등으로 유죄를 선고받은 사람들이었다. 수감자 대부분은 감옥을 자신이 상상할 수 있는 최악의 장소라고 설명했다. 그런데 한 운동선수는 감옥을 "정말 좋은 곳"이라고 묘사하면서, 철창생활을 하면서 다시 훈련받고 싶은 갈망이 생겼기에 "일종의 감사를 느낀다"고 말했다. 징역형을 살고 나온 한 정치인은 예전보다 더 나은 사람, 더 좋은 아버지가 되어 감사를 느낀다고 했다. 담보 사기로 감옥에 있다 나온 한 패션 디자이너는 새로운 목표와 새로운 삶을 얻게 되어 감사하다고 했다. 리얼리티 프로그램에 출연했던 한 연예인은 감옥에서 15개월 살다 나왔다. 그녀는 자신이 감옥에 있을 때 남편과 네 자녀의 관계가 돈독해졌다면서 "바로 그 부분에 감사함을 느껴요"라고 말했다.*

이들은 어떤 연유로 대부분의 사람들이 어떻게 해서든 기피하려고 하는 상황에 감사를 느꼈을까? 물론 감옥에 가는 것이 멋진 경험이

---

* 여기서 언급한, 감사를 느낀 재소자들은 UFC 파이터 제레미 스티븐스Jeremy Stephens, 신발업계 거물인 스티브 매든Steve Madden, '리얼 하우스와이프 오브 뉴저지'에 출연했던 테레사 쥬디스Teresa Giudice 등이다. 하지만 이 외에도 더 많다.

될 수는 없다. 묘하게도 이들은 재키나 로라나 제이미와 달리 나쁜 상황에도 '불구하고' 감사를 느낀 것이 아니라 그 나쁜 상황 '때문에' 감사를 느꼈다. 그러므로 나는 이를 내 친구들이 보인 '의도적인 감사'와 대조적으로 '반응적인 감사'라고 이름 붙였다. 이는 난관 그 자체를 보상하게 만들어줄 가치를 찾는 무의식적인 반응이다. 하버드 대학 심리학자인 대니얼 길버트Daniel Gibert는 우리가 뭔가를 바꾸지 못할 때 '심리 면역체계'가 가동된다고 설명했다. 아플 때 몸을 회복 시켜주는 신체 면역체계와 마찬가지로 이 심리 면역체계는 좌절감을 털고 일어나는 데 필요한 회복 탄력성을 제공한다.

사람들은 충격적인 사건을 접하면 자신이 전혀 예상하지 못했던 방식으로 반응한다. 가령, 어떤 사람이 감옥에 안 가려고 고군분투 했지만 역외 탈세로 결국 주황색 점프 슈트(미국의 죄수복을 말한다 – 역주)를 입게 되었다고 해보자. 그렇다면 그 사람은 그 경험을 만회 할 방법을 기를 쓰고 찾는다. 누군가는 그 주황색 옷이 자신에게 잘 어울리는 데 착안하여 고급스러운 스타일의 새 점프 슈트를 선보여 야겠다는 생각을 할 수도 있다. 1700년대 중반에 계몽주의 철학자 볼테르는 피카레스크 소설(미천한 환경에서 태어나 의지할 곳 없는 주인공 이 가정이나 사회를 떠나 여러 가지 모험을 하는 내용이 담긴 소설 – 역주)《캉 디드》를 썼다. 한 젊은 남자가 세상을 방랑하며 연이은 역경을 겪는 내용이다. (나중에 레너드 번스타인Leonard Bernstein은 이 소설을 지금도 인기 있는 오페레타로 만들었다.) 하지만 그가 역경을 겪을 때마다 그의 스승 인 팡글로스는 "그 모든 것이 결국 최상의 세상에서 최상의 결과를 위해 존재한다"고 말해준다.

볼테르는 풍자 소설을 쓴 것이지만 이 최상의 세상에 감사하는 우리는 팡글로스를 어느 정도 닮았다. 길버트 박사는 충격적인 사건을 견뎌낸 사람들의 상당수가 사건으로 말미암아 삶이 더 공고해졌다고 느낀다는 사실을 발견했다. "이 말이 무슨 컨트리 송 제목처럼 들린다는 걸 나도 잘 안다. 하지만 대부분의 사람들이 상황이 아주 안 좋을 때에 잘 견뎌내는 게 사실이다." 길버트는 자신의 책《행복에 걸려 비틀거리다》에서 이렇게 썼다.

감사 목록 작성이나 AA 모임은 긍정적인 측면을 찾으려는 바람과 의식적인 주의가 필요한 활동이다. 반면 반응적인 감사는 의식적으로 주의를 기울이지 않아도 발생한다. 길버트 박사는 사람의 마음이 '사실을 가지고 요리를 한다'고 보았다. 그리하여 안 좋은 상황을 겪는 사람은 그 상황을 바깥세상에서 예상하는 것보다 덜 끔찍하게 받아들이게 된다고 보았다. 그는 변심한 약혼자 때문에 결혼식 제단에 홀로 남겨진 상대편 약혼자를 예로 들어 설명한다. 이는 대부분의 사람들이 끔찍하게 여기는 상황이다.

하지만 길버트 박사는 이렇게 말한다. "가족, 친구, 플로리스트 앞에서 일단 비통함과 창피함을 느끼고 나면 사람의 두뇌는 덜 비참해 보이는 모양새를 찾기 시작한다……. 그리고…… 사람의 두뇌는 이런 것을 찾는 데 뛰어나다." 버림받은 신부가 좋은 남편감이라고 생각한 사람이 실제론 나쁜 놈임을 지금이라도 알게 되어 감사하다고 말하는 장면을 우리는 쉽게 상상할 수 있다. 혹은 버림받은 신랑이

실은 자기가 정말 좋아했던 신부 들러리와 데이트를 할 수 있어 감사하다고 말하는 장면도 쉽게 상상할 수 있다.

우리는 마음이 우리를 보호하기 위해 어떻게 기능하는지 알지 못하기 때문에 안 좋은 일을 실제 겪을 때보다 상상할 때 더 끔찍하게 여긴다. 길버트 박사는 사람들에게 만일 직장이나 사랑하는 사람을 잃거나, 시험에 떨어지거나, 면접을 망쳤다면 기분이 어떨지 물었다. 그런 후에 실제로 그러한 일을 겪은 사람들을 살펴보았다. 그 결과 사람들이 '자신이 얼마나 많이 괴로워할지, 얼마나 오래 괴로워할지를 과대평가한다'는 사실을 발견했다.

일단 불행한 일이 발생하면 그 상황을 좀 더 견디기 쉽게 만들어주기 위해 심리 면역체계가 열심히 가동된다. 그런데 우리는 나쁜 상황을 상상할 때 이러한 사실을 인지하지 못한다.

감사 목록을 작성한다든가 선행을 베풀 계획을 세우는 식으로 의도적인 감사를 연습하는 사람은 스스로 심리적 면역력을 더 키우는 셈이다. 마사 스튜어트Martha Stewart는 2004년에 수사관에게 거짓 진술을 한 혐의로 재판을 받을 때 처음에는 불공정한 체계에 격분하고 비난을 쏟아냈다. 하지만 형이 선고되어 감옥행을 피할 수 없게 되자 '이 생활이 그렇게 나쁘진 않을 것이다'라고 마음먹었다. 그녀의 마음이 반응적 감사 쪽으로 작용한 것이다. 스튜어트는 자신이 가장 좋아하는 명절인 추수 감사절이 되었을 때 팬들에게 자신은 건강하게 잘 있다는 메시지를 보냈다. "여러분의 호의와 지지가 제겐 무엇과도 바꿀 수 없는 소중한 것이며 이에 영원히 감사드립니다." 스튜어트는 여기서 한 단계 더 나갔고 이는 그녀의 평판을 아주 좋게 해주었다. 그러니까, 성탄절에 50달러 예산으로 감방을 꾸민 후 다른 수감자들을 모아 자신이 받은 수많은 카드에서 몇 개를 뽑아 읽어준 것이다. 자신을 생각해주는 사람이 없다고 여기는 수감자들과 성탄절 기분을 나누고 싶었기에 그렇게 했다. 스튜어트는 감옥을 떠날 때 그곳의 여성들을 만나 다른 삶을 이해하게 되어 감사하다고 말했다.

철학자 에픽테토스는 이렇게 말했다. '우리가 통제할 수 있는 것은 최대한 활용해야 하고 통제하지 못하는 것은 그 본성에 맞게 활용해야 한다.'

자신을 불행하게 만드는 요소를 바꿀 수 있다면 적극적으로 바꾸어야 한다. 하지만 이미 지나가 버린 일이거나 불가피한 일이라면, 삶이 안겨주는 일들에 감사하는 것만큼 자신을 위한 멋진 선물은 또 없을 것이다.

✢ ✢ ✢

직장을 잃는 일은 사고, 비극, 감옥행, 질병과 같은 영역에 속하진 않지만 암울한 기분을 느끼게 할 수 있다. 이제 나는 안 좋은 상황에서 감사가 얼마나 도움이 되는지 잘 안다. 그러므로 지금은 몇 년 전 잡지사를 나오게 된 일을 (상당히 에둘러서) 로즈를 만나고 그 덕에 멋진 오페라를 구경하게 된 계기이자 그밖에 많은 것을 경험하게 해준 사건으로 기억하고 있다. 〈퍼레이드〉가 잘 팔리고 좋은 평판을 얻으면서 나는 이 잡지의 편집자로서 최고 자리까지 올라갔다. 우리는 획기적인 기사와 대단한 명성과 훌륭한 집필가라는 삼박자를 갖추고 있었다. 그런데 20여 년 동안 그 잡지사를 이끌어오며 CEO 자리까지 오른 월터 앤더슨이 은퇴를 선언했다. 우리는 훌륭한 사장이 그 자리를 맡을 거라고 예상했지만 외부 인사가 그 자리로 영입된다는 사실을 알았을 때 놀라움을 감추지 못했다. 그는 괜찮은 사람이고 존경할 만한 광고인이었지만 큰 회사를 운영할 만한 인물은 아니었다. 그가 자신의 팀을 끌어오기 위해 유능한 사람들을 해고하기 시작하자 월터가 내게 전화를 걸어 안심을 시켜주었다.

"자넨 걱정할 것 없네. 미치지 않고서야 자네를 해고하겠나."

신임 CEO는 미친 사람이었던 모양이다. 일반적으로 사람은 자신이 일을 그만두어야 할 때를 안다. 하지만 나는 그렇게 일을 그만두게 되리라고는 상상도 하지 못했다. 물론 다른 동료들도 그랬을 터다. 나중에 나의 절친 수잔은 이런 말을 했다. "그때는 마치 네가 전장에서 기세등등하게 승리를 거둔 장군이었는데 얼마 후 네 수장이 뜯겨져나간 것 같은 상황이었어. 정말 말도 안 되는 일이었지."

그 당시에는 모든 것이 변칙적이고 불공평하게 굴러간다는 생각이 들었다. 나는 일과 삶에서 너무 많은 부분이 제멋대로 돌아간다고 비난을 쏟아냈다. 나의 미래가 내가 거둔 성과가 아니라 잘못된 타이밍과 잘못 들어온 실세와 누군가의 오만에 의하여 결정되었다고 비난했다. 나는 최근에 월터를 만났다. 우리는 그가 쓴 연극의 공연이 끝나고 극장 뒷좌석에 같이 앉아 뜻밖의 기회에 대한 이야기를 나눴다. 우리는 둘 다 행복하게 길을 만들어가는 중이었고 (그는 연극으로, 나는 책으로) 그 새로운 길을 마음에 들어 했다. 현명하고 유능한 CEO가 회사를 떠나고 나 역시 회사를 나오면서 그 회사의 상황이 점차 기울었다. 그동안 큰 수익을 내던 회사가 갑자기 적자를 내기 시작했다. 그리고 몇 년 후에 이 잡지사는 다른 곳에 매각됐다.

"그때 자네가 그곳을 떠난 건 정말 잘된 일이라고 생각하지 않나?" 월터가 물었다. 내가 놀란 표정으로 바라보자 월터는 말을 이었다. "그 당시에는 불행하다는 생각이 들었겠지만, 경영을 잘 못하는 그 사람 밑에서 계속 있었다면 비참한 상황에 처했을 것 아닌가."

때로는 간단한 말이 새로운 시각을 안겨준다. 월터는 신임 CEO가 '퍼레이드' 호를 빙산 쪽으로 운전해 갔지만 나는 이미 구조선에 올라탄 모양새였다고 생각했다.

"거기서 탈출했으니 감사해야 하는 건가요?" 내가 물었다.

"그렇지, 마땅히 감사해야지." 월터가 눈빛을 반짝이며 말했다.

나는 때로는 뒤로 떠밀리는 것처럼 보이는 일이 실제로는 새로운 도약이 된다는 생각을 하며 극장을 나왔다. 그 잡지의 슬픈 운명에 대해서는 감사할 수 없었다. 제대로 된 사람이 월터의 자리를 이어받고 우리도 계속 건재했다면 모두에게 좋았을 것이다. 하지만 이미 지나간 일은 받아들이고 그 상태에서 다시 시작해야 한다.

웬일인지 셰익스피어의 《좋으실 대로》에 나온 대사가 갑자기 생각났다. 궁전에서 추방된 공작은 머리끝까지 분개하는 대신 숲 속을 돌아다니며 이런 말을 한다. "흐르는 개울을 책으로 삼고, 돌멩이의 설교를 듣고, 온갖 것에서 선함을 본다네."

감사는 온갖 것에서 선함을 찾는 한 방법이다.

나는 그 잡지사를 나온 후 흥미로운 프로젝트를 진행했고 멋진 사람들을 만났으며 새로운 경험을 즐겼다. 또한, 흐르는 개울을 책으로 삼았다. 과거가 아닌 앞쪽을 볼 때 깊은 감사를 느끼기 마련이지만 나는 스티브 잡스의 조언을 따라 과거를 돌아보며 감사의 점을 이어보고 싶었다. 그래서 집에 돌아왔을 때 종이 한 장과 큰 펠트 펜 한 자루를 꺼내어 감사 목록을 적어보았다.

1. 수잔이라는 친구가 있어 정말 감사하다

절친 수잔은 내가 전화를 건 이후 내 사무실에 나타났다. 수잔은 내가 상자에 짐을 싸고 동료들에게 작별 편지를 쓰고 마음을 가다듬는 데 도움을 주었다. 수잔은 내게 자신이 필요할 때 늘 내 곁에 있어줄 거라는 확신을 주었다.

2. 오빠가 다리를 놓아주어 감사하다

내 오빠 밥과 나는 그동안 각자 하는 일에 간섭을 한 적이 없었다. 하지만 오빠는 이번엔 내게 도움이 필요하다고 느낀 듯했다. 오빠는 나를 실리콘밸리에 있는 한 첨단 기술 미디어업체의 임원과 연결시켜 주었다. 그렇게 해서 나는 응용 프로그램과 관련하여 아주 재미있게 컨설팅 일을 했고 새로운 인맥을 많이 쌓았다. 그 일은 재미있었고 적절한 때에 내게 들어왔다. 하지만 무엇보다 내게 신경을 써준 오빠에게 감사하다.

3. 분개했던 남편에게 감사하다

내가 회사를 떠난 지 일주일 후에 신임 CEO가 내게 부탁할 게 있다면서(제 정신인가?) 커피 한잔 하자고 했다. 친절하고 관대하고 비폭력적이며 욕이라곤 절대 하지 않는 남편은 자기 아내가 죽 경멸당한 것을 보더니 커피숍에 청부업자를 보내든가 물총을 가져가 위협해서 쫓아내 버리라고 욕설을 섞어 말했다. 나는 그의 분개에 묘한 감동을 받았다. 어떤 싸움을 하든 내겐 나를 실망시키지 않을 든든한 지원군이 있다.

4. 나를 이해해준 사람들에게 감사하다

아주 유명한 미디어업체의 한 경영자가 내게 곧장 이런 이메일을 보냈다. '당신은 최고예요, 그들은 미쳤나 봐요, 우리 회사로 와요.' 결국 그 업체로 가진 않았지만 이메일을 보자 웃음이 나왔다. 또 다른 동료가 전화를 걸어와 마이클스에서 점심을 먹자고 했다. 이곳은 뉴욕 미디어업계의 거물들이 많이 모여드는 음식점이다. 나는 그녀에게 내가 이미 그 업계를 떠났다는 사실을 상기시켜주며 그녀를 어색하게 만들고 싶지 않다고 했다. 그래도 그 동료는 끈질기게 가자고 했다. 음식점 명과 이름이 같은 주인은 우리에게 귀빈용 테이블을 주었다. 자리에 앉을 때 그는 내게 "다들 이해하고 있답니다"라고 속삭였다. 나는 그때 살면서 유일하게 콥 샐러드(Cobb salad, 재료를 작게 썬 샐러드 – 역주)에 감사를 느꼈다.

그 목록을 보노라니 몇 장을 더 쓸 수도 있다는 생각이 들었다. 이러한 감사 목록을 몇 년 전에 썼더라면 내게 도움이 되었을 텐데. 그래도 다행히 내겐 애초에 감사 본능이 있었던 것 같다. 직장을 잃고 집으로 걸어오던 날 나도 모르게 지나온 내 삶을 반추했다. 그러다 48번가와 3번로 사이에 멈추어 서서 그날을 다른 시각으로 보며 혼잣말을 했다. 아마 내 심리적 면역체계가 가동되었던 모양이다. "네 삶은 변하지 않았어. 여전히 남편과 아이들이 있고 건강하잖아. 네가 잃은 건 직장뿐이야." 내 옆을 지나가던 사람들이 나를 흘긋흘긋 쳐다보았으니 그때 내가 제정신이 아니었던 건지도 모르겠다.

한쪽 문이 닫히면 다른 쪽 문이 열린다는 유명한 말이 있다. 이 말의 출처는 알렉산더 그레이엄 벨Alexander Graham Bell로도, 헬렌 켈러로도, 성경으로도 알려져 있다. 하지만 이 말이 실제로 성경에 담겨있진 않다. 이 말의 뒷부분은 이런 내용이다. '우리는 흔히 유감스러워하며 닫힌 문을 너무 오래 바라보기 때문에 우리를 위해 열려있는 다른 문을 보지 못한다.' 그 당시의 내게도 새로운 문과 열린 창문이 많았다. 그리하여 마침내 나는 신선한 공기에 감사했다.

＃ ＃ ＃

감사와 역경의 관계를 조사하는 동안 바이올린 연주자 이작 펄만

Itzhak Perlman과 그가 뉴욕에서 했던 연주회에 대한 기사를 여러 번 접했다. 이작 펄만은 무대에 올라 박수갈채를 받은 후 목발을 짚고 절뚝거리며 자기 의자 쪽으로 천천히 걸어갔다. 그는 어린 시절의 소아마비로 다리를 절게 되었다. 마침내 자리에 앉은 그는 바이올린을 어깨에 올려 연주를 시작했다. 그런데 몇 소절이 연주된 후 그곳의 모든 사람은 줄 하나가 '탁'하며 끊어지는 소리를 들었다. 그는 눈을 감았다. 그러더니 새 바이올린을 요청하는 대신 지휘자에게 다시 시작하라는 신호를 보냈다.

2001년에 〈휴스턴 크로니클(Houston Chronicle, 미국 휴스턴에서 발행하는 일간 신문 - 역주)〉에 난 기사에 따르면 세 개의 줄로 교향곡을 연주하는 것은 거의 불가능한데 그날 밤 펄만은 해냈다. 기사에는 '펄만이 머릿속으로 조바꿈을 하여 곡을 재구성하는 것이 고스란히 느껴졌다'고 쓰여 있었다. 연주가 끝나자 엄청난 환호성이 쏟아졌다. 펄만은 미소를 짓더니 이마의 땀을 닦아내고 활을 들어올렸다. 그러더니 사색이 묻어나는 어투로 이렇게 말했다. "때로는 지금 주어진 것만으로 음악을 얼마나 만들 수 있는지 알아내는 일이 음악가의 과제입니다."

감동적인 일화다. 몸이 불편하고 악기 줄이 끊어졌건만 주어진 것으로 음악을 만들 수 있음에 감사하는 음악가라니. 문제는 그런 일이 있었다는 사실이 잘 믿어지지 않는다는 점이다. 그 당시엔 그 일을 언급한 음악 평론가가 아무도 없었고 〈휴스턴 크로니클〉에 난 기사는 실제 뉴스라기보다 전설처럼 느껴졌다.

하지만 그 이야기가 사람들에게 어떻게 전해졌든지 간에 마음에 오래 남았을 것이다. 바로 심금을 울리는 내용이기 때문이다. 우리는 삶이 곧 역경이 될 수 있다는 점을 잘 안다. 몸이 망가지고 악기 줄이 끊어지며, 자녀를 비극적으로 잃고, 직장에서 불공평하게 쫓겨날 수 있는 것이 삶이다. 이러한 일들은 대부분 받아들이기 힘들다. 하지만 감사는 이러한 혼돈 속에서 의미와 일종의 자족을 찾는 데 도움이 된다.

The
GRATITUDE
DIARIES

13 장 | 삶에 대한 이타적인 접근법

감사를 단순히 감정이 아닌 행동의 측면으로 볼 수 있어서 감사하다.

타인에게 베풀 때 자기만족을 느낀다는 점을 알게 되어 감사하다.

스펠링이야 어찌되었든 도처에서
'Grattitude'를 보게 되어 기쁘다.

나는 '써클 인 더 스퀘어'라고 하는 친숙한 브로드웨이 극장에서 A 줄에 앉았다. 바로 내 앞에 있는 무대 위에 배우 휴 잭맨이 서 있었다. 〈더 리버The River〉라는 연극은 잔잔하면서도 강한 여운을 주었고 절제된 연기를 하는 잭맨은 눈을 못 떼게 하는 존재감을 풍겼다.

연극이 끝나자 많지 않은 출연진이 고개 숙여 인사를 하고 다시 무대에 섰다.

"브로드웨이 공연을 처음 보신 분 계시나요?" 잭맨은 연극에서 보여주던 절제된 인물에서 벗어나 원래의 매력적이고 당당한 모습으로 돌아가 이렇게 물었다. 나란히 앉은 젊은 여성 두 명이 손을 들자 잭맨은 다른 사람은 다 알아도 '브로드웨이 처녀'는 다음에 뭐가 이어지는지 모른다며 농담을 했다. 해마다 그 시기가 되면 배우들이 공연

을 끝내고 에이즈 예방을 위한 브로드웨이 배우 조합Broadway Cares/
Equity Fights AIDS을 위해 기금을 모았다. 이곳은 수많은 멋진 배우들이
직접 기금을 마련한다는 이점을 자랑하는 중요한 자선 단체다. 잭맨
은 관중에게 낼 수 있는 만큼의 돈을 극장 밖에 있는 통에 넣어달라
고 하면서 출연진이 사인한 〈더 리버〉 포스터도 백 달러에 판매하니
많이 이용해 달라고 부탁했다.

잭맨은 그 말끝에 매력적인 미소를 살짝 날리더니 기금을 더 모으
기 위해 출연진이 입었던 뭔가를 팔겠다고 했다. 그러면서 같이 공연
한 여배우의 빨간 드레스는 물론 아니라고 강조했다. (그녀는 당황스
럽다는 듯 미소를 지었다) 그는 극 마지막 장면에서 입었던 자신의 상의
를 가리켰다.

"좋은 일을 위해 뻔뻔함을 무릅쓰겠습니다! 제가 입고 있는 이 젖
은 티셔츠를 경매에 붙일게요. 낙찰 받으신 분은 무대 뒤로 저와 같
이 가시는 겁니다!" 잭맨은 무대 뒤에 침대가 있다며 농담을 했다(연
극에서 주인공들은 눈에 안 보이는 침실로 자주 자리를 떴다). 그러더니 무대
에서 '와인' 소품이었던 병을 집어 들고 "그리고 저와 함께 2007년 포
도 주스도 마실 겁니다!"라고 말했다.

잭맨은 입찰을 시작했고 가격은 빠르게 올라갔다. "지금 입찰에
임하는 게 아니라면 여기서 머리를 매만지시면 안 됩니다!" 잭맨은 손
을 반쯤 올려든 여성에게 장난스럽게 말했다. 최고의 입찰 가격(그 시
점에 6천 달러였다)을 제시한 사람에게는 다른 티셔츠를 더 준다고 했
다. 공연에 초대된 그의 팬들은 무대에 올라가 사진을 찍는 데 2천

달러를 기꺼이 기부하겠다고 했다. 잭맨이 워낙 매력적인 남자인지라 내 뒤에서 여자들이 "돼지 저금통이라도 깨야 하는 거 아니야"라고 속삭이는 소리가 들렸다.

잭맨이 입고 있던 셔츠를 판매한 일은 그때가 처음이 아니었다. 잭맨은 2011년에 10주간 상연되어 전회 매진된 '휴 잭맨, 백 온 브로드웨이Hugh Jackman, Back on Broadway'에 출연했을 때 땀에 흥건히 젖은 흰색 셔츠를 벗어 최고의 입찰가를 제시한 관객에게 주면서 공연을 마무리했다. 셔츠에 사인을 해주기도 했다. 어느 날 밤에는 두 사람이 각각 2만5천 달러를 제시했다. 잭맨은 공연 기간 에이즈 예방을 위한 브로드웨이 배우 조합을 위해 180만 달러에 달하는 기금을 모았다.

자선 단체에 기부하는 경우가 아니라면 잭맨의 헌 옷에 그만큼의 돈을 지불할 사람이 있을까? 어쩌면 있을지도 모르겠다. 잭맨이라면 사족을 못 쓰는 사람도 있을 테니까. 하지만 땀에 젖은 티셔츠를 사고파는 일은 선의를 위한 경매였기에 흉하게 보이지 않았다. 잭맨은 이러한 경매를 통해 자신이 우상화되는 광적인 경험에 일종의 가치를 부여할 수 있었다. 대부분의 스타들은 자신에게 돈과 명성을 주는 열광적인 팬들에게 감사하려 애쓰지만 동시에 경계를 한다. 아무리 인기가 많더라도 자신이 입고 있는 옷을 가지려고 안달이 난 팬들을 마냥 받아줄 수는 없는 노릇이다. 사회에 도움이 되는 방식으로 팬들의 사랑에 대한 감사를 표현했다는 점에서 잭맨의 기발함이 엿보인다. 나는 그를 멋진 배우와 카리스마 있는 스타로서 좋아하지만 내가 보아온 그 어떤 모습보다 선행을 위한 경매를 했던 모습을 더 높이 평가한다.

그날 밤 집에 돌아왔을 때 잭맨이 보여준 것처럼 감사의 나눔에서 즐거움을 찾는 일을 그달의 목표로 삼기로 결정했다. 그의 정신을 닮고 싶었다. 물론 그의 카리스마와 재능은 결코 따라잡을 수 없는 것이지만. (어디 그 뿐이랴. 그의 근육질 팔, 멋진 복근, 호리호리한 몸매, 반짝이는 눈, 기품 있는 동작……, 더 나열해야 하나?) 무엇이 감사를 나눔으로 승화시키는지 알 수 있다면 더 가치 있는 목표를 즐겁게 발견할 것 같았다.

✝ ✝ ✝

아이디어를 얻기 위해 헨리 팀스Henry Timms를 만났다. 헨리는 비영리 단체업계에서는 휴 잭맨 급 스타이며 대부분의 사람들이 일주일에(혹은 평생) 생각해내는 것보다 더 많은 아이디어를 한 시간에 생각해내는 사람이다. 굉장할 정도로 키가 크고 어깨도 넓은 헨리는 영국 상류층 악센트로 말을 빠르게 해서 미국인들 눈에는 지적으로 보인다. 그는 마치 영국 기숙학교의 컴퓨터 동아리 회장이자 럭비 팀 주장으로 보였다.

헨리는 런던에서 자랐다. 그의 아버지는 영국인 고고학자였고 어머니는 텍사스 출신이었다. "어머니가 안목이 있으셔서 영국인 남자와 결혼하셨죠. 전 모든 여성에게 그렇게 하라고 권하고 있어요." 우리가 92Y(뉴욕의 유명한 건물 이름 - 역주)에 소재한 그의 사무실에 앉을 때 그가 말했다. 그곳에서 그의 직함은 전무였다.

30대 후반인 헨리는 결혼을 하여 어린 자녀 두 명을 두었으며, 자선 활동과 기술을 결합하여 세상을 변화시킨다는 계획을 세워놓았다. 헨리는 어렸을 적 매해 명절 때 외갓집에 가기 위해 미국에 왔던 때가 기억난다고 했다. "미국은 모든 것이 활기 넘치고 역동적이고, 놀라울 정도로 관대한 곳처럼 느껴졌어요. 텍사스 주 오스틴에 있는 구세군을 방문했는데 코트 드라이브(coat drive, 겨울 코트를 기부 받아 필요한 사람들에게 나눠주는 캠페인 -역주)를 하고 있더라고요. 그때 미국은 배려와 관대함의 나라라는 생각이 들었어요."

헨리는 몇 년 전 추수 감사절에 기막힌 생각이 떠올랐다고 했다. 아내와 식탁에 앉은 헨리는 '감사'와 '나눔'을 위해 시작된 추수감사절 연휴에 사람들은 왜 이러한 의미에 관심을 기울이지 않는지 의아했다. 사람들은 그보다는 온통 구매와 관련된 블랙 프라이데이Black Friday와 사이버 먼데이(Cyber Monday, 추수감사절 연휴 이후 첫 월요일로, 온라인 쇼핑몰의 판매량이 급증하는 날이다 - 역주)에 열을 올린다. 그리하여 기빙 튜즈데이Giving Tuesday가 탄생했다.

내가 헨리를 안 지는 몇 년이 되었는데 우리 둘 다 처음에 어떻게 만나게 되었는지 기억을 못 했다. 헨리는 사람들을 끌어당기는 힘이 있는 사람 가운데 하나였고, 나는 어쩌다 보니 기빙 튜즈데이와 관련하여 그가 열었던 초기 모임에 여러 번 참석하게 되었다. 그는 배경이 각기 다른 사람들을 한곳에 모아놓고 누구나 공감할 만한 생각을 제시한 후에 그 결과를 지켜보는 것을 좋아했다.

헨리가 기빙 튜즈데이를 제안한 지 2년 만에 수천 곳의 기업과 비영리 단체가 이 운동에 동참하게 되었다. 나는 예전에 헨리에게 그의 제안이 그렇게 장족의 발전을 이룬 것에 자부심을 크게 느껴도 된다는 말을 해주었다. 그는 한 사람의 생각이 이 세상에 엄청난 영향력을 발휘할 수 있음을 잘 보여준 인물이다.

헨리는 내가 그의 업적에 대한 말을 다시 꺼내자 이렇게 대답했다. "제가 무슨 영웅처럼 묘사되는 건 싫어요. 역동적인 리더가 부엌 테이블에서 좋은 아이디어를 떠올렸다는 게 흥미로운 이야기라는 건 저도 알아요. 하지만 사실은 그렇지 않거든요."

"저는 식당 테이블로 기억하고 있는데요." 내가 장난스럽게 말했다.

헨리는 그 운동에서 자신이 주목할 인물로 떠오르는 것이 내키지 않는 듯 고개를 저었다. 헨리는 그러한 현상이 '구식 영향력', 그러니까 어떤 한 사람이 계획을 내놓으면 다른 사람들이 그걸 받아들이고 따르는 연쇄 관계로 설명된다고 보았다. 그는 상의하달이 아니라 의견을 공유하는 사람들의 커뮤니티를 통해 좋은 제안이 퍼지는 '신식 영향력'의 본보기가 되기를 바랐다. "우리는 사람들이 가치를 공유할 수 있는 공간을 만들고 싶어요. 그렇게 해야 좋은 제안이 묻히지 않거든요." 그가 말했다.

여기서 말하는 공유된 가치의 핵심은 감사와 나눔이다. 이 둘 사이의 연결고리를 만드는 일은 (바라건대) 끊임없는 선순환으로 이어진다. 나눔으로써 감사를 보여주게 되고 그러면서 더 많은 감사를 느끼게 된다.

"감사는 단순히 좋은 감정을 일컫는 게 아니에요. 감사를 표현하는 가장 좋은 방법은 행동이에요. 그러니까, 감사란 단순한 느낌보다는 행동과 관련한 것이죠. 미국인들은 이러한 부분을 아주 잘해요." 헨리가 말했다.

미국인들이 아주 잘하는 것이 또 있다면 바로 자아도취에 빠지는 일이다. 이는 자신의 전화기로 자기 사진을 찍는 사람들이 급증했다는 사실에서 드러난다. 2013년 옥스퍼드 사전에서 선정한 올해의 단어는 바로 '셀피(selfie, 스마트폰 등으로 자신의 사진을 찍어 SNS에 올리는 행위 - 역주)'였다. 같은 해에 기빙 튜즈데이 행사에서 '언셀피unselfie' 운동이 유행하였다. 셀피가 '온전히 나 중심적인 행동'이라면 언셀피는 '내가 타인을 배려하는 행동'을 의미한다. 이 운동의 일부는 사람들이 지지하는 대의나 세상에 어떤 도움을 주고 싶은지 적은 종이를 든 자기 사진을 단순히 트위터, 페이스북, 인스타그램에 올리는 정도로 진행되었다. 〈허핑턴 포스트The Huffington Post〉에는 언셀피를 '소셜 미디어의 자기중심적 측면과 반대되는 특성'이라고 설명한 내용이 실렸다.

소셜 미디어가 불화를 일으키거나 유해할 수도 있지만 전파가 빠르다는 특징 때문에 감사와 연민을 불러일으키기가 굉장히 쉽다는 이점도 있다. "우리가 인간으로서 지닌 최고의 미덕을 널리 알리기 위해 소셜 미디어를 활용할 방법들은 존재해요. 언셀피 운동은 감사하는 사람의 스냅 사진을 보여주는 것과 같아요." 헨리가 말했다.

헨리는 감사를 우리가 몸을 구부리는 데 필요한 근육으로 묘사했다. 그래서 나는 감사하며 살기로 한 나의 한 해에 대한 이야기를 하면서 내가 얼마나 변했는지 말해주었다. 헨리는 생각에 잠긴 표정으로 고개를 끄덕였다. 나는 그의 마음에서 어떤 생각들이 샘솟고 있다는 기분이 들었다.

"책의 마지막을 위해선 어떤 극적인 변화가 필요할 것 같아요. 일년 내내 감사한다는 건 뭔가 큰 사건이 필요해요. 그건 영화의 엔딩과 같은 느낌이어야 해요. 수녀가 될 필요가 있을지도 모를 걸요?"

나는 잠시 헨리에게 감탄했고 그의 말을 잠시 진지하게 생각했다. 하지만 그건 안 될 일. 내겐 남편과 두 아들이 있으니. 수녀는 나와 맞지 않을 듯했다.

"생각해보니 그러한 발상은 마음에 들지만 순결 서약 같은 것과 관련이 없는 변화가 더 나을 듯한데요."

우리는 함께 웃음을 터뜨렸다. 나는 아주 가벼운 발걸음으로 사무실을 나왔다. 여러 달 동안 감사를 추구하면서 일과 친구뿐만 아니라 아이들과 남편에게도 예전보다 더 큰 만족감을 느꼈다. 감사는 나와 적지 않은 수의 내 주변 사람들을 변화시켰지만 그 영향력은 어쩌면 이보다 더 클지 몰랐다. 감사하면 일상에 '언셀피'식으로 접근하게 되어 카메라 렌즈의 초점을 나 자신이 아니라 바깥 세상에 맞추게 되었다. 그렇게 하여 세상에 감사를 느끼면서 세상을 더 좋은 곳으로 만드는 데 도움이 되고 싶다는 갈망이 생겨났다.

***

나는 타인에게 베풂으로써 감사의 근육을 움직여야 한다고 한 헨리의 생각이 마음에 들었다. 하지만 그 방법을 아는 것이 그렇게 쉬운 일은 아니었다. 기원전 350년경에 아리스토텔레스는 '베푸는 사람이 감사를 느낀다'는 점을 지적했다. 또한 그의 유명한 윤리론에서 '올바로 베푸는 행위에 수반되는 다른 모든 조건과 함께, 올바른 사람에게 올바른 때에 올바른 양을 베푸는 일'은 고결하고 숭고한 것이라고 조언했다. 그 당시에는 '올바른' 정도를 아는 일이 지금보다 수월했을지도 모르겠다.

아리스토텔레스 시대 이후 다른 철학자들은 어려움에 처한 사람들을 도와야 하는 합리적이고 적절한 이유를 제시했다(이러한 이유는 상당히 많았다). 하지만 심리학자들과 대부분의 기금 모금자들은 이러한 도덕적 원칙이 실제로 사람들이 기부하는 이유와 큰 상관이 없다는 사실을 알고 있다. 한 실험에서 사람들은 아프리카에서 3백만 명의 사람들이 영양실조라거나 수백만 명의 사람들이 자기 집을 떠나야 한다는 등의 애석한 상황들에 대한 이야기를 들은 후 얼마나 기부를 할 수 있는지 질문을 받았다. 그런 후에 불행에 처한 어떤 개인의 이야기를 들었다. 그 결과 일반적으로 난관에 처한 개인에게 기부한 돈이 비극적인 글로벌 문제를 해결하는 데 기부한 돈보다 세 배 많았다. 이것의 의미를 풀이한 많은 설명 가운데 내가 가장 간단하다고 생각한 설명은 바로 이렇다. 즉, 우리는 다른 사람을 일대일로 대면할 때 자신에게 주어진 행운을 인식하며 무작위로 향하는 운명의 화살표가 어느 방향으로든 쉽게 돌아갈 수 있다는 사실을 인지한다. 그러니 감사해야 한다고? 당연한 말이다.

18세기 후반에 애덤 스미스는 《국부론》에서 사람들은 자기의 이익에 동기부여가 된다고 썼고 이때부터 근대 경제학이 시작되었다. 애덤 스미스는 상인(정육점 주인, 양조업자, 빵집 주인 등)에게 무엇인가를 원한다면 '상인에게 자신의 필요를 말하지 말고 상인이 얻을 이익을 말해야 한다'고 설명했다. 실제로 그렇게 하는 것이 옳았다. 개인의 이익을 추구하는 것이 결국 사회에 이익이 되었다.

보수적인 정치인들은 자유 시장이 모두에게 이익이 된다고 본 애덤 스미스의 말을 자주 인용한다. 그런데 알고 보니 애덤 스미스는 감사할 줄도 아는 사람이었다. 애덤 스미스는 처음엔 윤리학자였다. 그의 첫 저서 《도덕 감정론》에서 사회적 관계와 도덕적인 삶을 살아가게 만드는 동인에 초점을 맞추었다. 그는 우리에겐 동정과 친절함이라는 타고난 성향이 있으며 우리는 타인의 행복에 관심을 기울인다고 주장했다. 그리고 인간의 가장 나쁜 본성은 분개이고 가장 좋은 본성은 감사라고 정의했다.

애덤 스미스는 18세기에 쓴 우아한 산문에서 감사를 인간의 가장 존경스러운 본성을 드러내도록 자극하는 감정으로 묘사했다. 그는 우리가 타인의 도움을 받을 때 '감사의 애정'을 느끼기 때문에 은혜를 갚고 싶어 하고 타인에게 도움을 주고 싶어 한다고 말했다. 또한, 우리는 관찰자로서 도움을 주는 사람들을 존경하며(그는 그들이 '우리 앞에 가장 매력적이고 정감어린 빛으로 서 있다'고 썼다) 베풀고 고마워하고 감사하는 모든 행위가 좀 더 나은 사회를 만든다고 말했다. '우리로 하여금 보답을 하도록 가장 빠르고 직접적으로 자극하는 감정은 감사다.' 그는 이렇게 썼다.

지금 생각해보니 위대한 애덤 스미스가 어떻게 한편으론 감사와 베푸는 일을 다른 한편으론 자기 이익을 강조했는지 이해가 된다. 때로는 이러한 것들이 하나로 통하기 때문이다. 남에게 베풀면 기분이 좋아지고 이는 궁극적으로 자신에게 이익이 되는 일이다.

나는 NPR(미국 공영 라디오 방송 – 역주)의 유명한 쇼 〈웨이트, 웨이트...돈 텔미!Wait, Wait...Don't Tell Me!〉의 사회자인 피터 세걸Peter Sagal에게 연락했다. 우리는 예전에 이야기를 나눈 적이 있었는데 나는 항상 세걸이 방송에서뿐만 아니라 현실에서도 재빠르고 재미있는 사람이라는 생각을 했다. 하지만 세걸은 진지하고 사려 깊은 측면도 있었다.

최근에 나는 세걸이 비극적인 폭발이 일어나던 해에 보스턴 마라톤에서 겪었던 경험과 관련한 감동적인 이야기를 하는 것을 들었다. 열렬한 달리기 주자였던 세걸은 결승선을 넘었을 때 첫 폭발이 일어난 지점에서 약 90미터 떨어진 곳에 서 있었다. 마라톤을 4시간 9분 뛰었을 때 폭발이 일어났는데 사실 세걸은 평소에 그보다 한 시간 더 빨리 결승선을 넘었다. 평소 같았다면 사고 지점에서 훨씬 먼 곳에 있었을 것이다. 그런데 그 해에 세걸은 자신의 최고 기록을 위해 달리지 않고 자원해서 맹인 달리기 주자를 보좌하며 달렸다.

세걸은 그날 드라마 같은 일을 겪었지만 다음 해에도 자원봉사

주자로 달렸으며 다시 할 계획을 세웠다고 말했다. 그러면서 타인을 돕는 일에 시간을 가치 있게 써서 행복하다고 했다. "달리기란 굉장히 자기중심적인 활동입니다. 여타 많은 활동과 마찬가지로 일단 정한 목표를 달성하면 그것이 그리 중요하게 여겨지질 않지요. 사실 제가 스스로의 깨달음으로 마라톤 가이드가 되어야겠다는 생각을 했다는 점을 말해주고 싶어요. 그런데 때마침 그런 부탁이 담긴 이메일을 받았지요. 그러자 저 자신에게 다시 동기를 부여할 수 있는 좋은 기회라는 생각이 들더군요." 세결이 말했다. 그렇게 한 것이 효과가 있었다. 보스턴 마라톤은 세결이 참여한 열 번째 대회이자 결승선에 가장 늦게 들어간 대회였다. 그뿐만 아니라 그때까지 세결이 가장 행복감을 느꼈던 대회였다.

세결은 그가 진행하는 라디오 쇼가 큰 인기를 끌면서 시카고뿐만 아니라 미 전역의 NPR 청취자들 사이에서 유명 인사가 되었다. 나는 그가 자원봉사 주자로 뛰는 것이 지역 사회에 대한 페이 잇 포워드 (pay-it-forward, 다른 사람한테 호의를 받은 후 또 다른 사람에게 호의를 베푼다는 뜻 - 역주) 정신에서 비롯된 것인지 물었다. 그가 코를 찡그리는 것이 전화기 너머 내게로 고스란히 전해졌다.

"전 페이 잇 포워드란 말이 왠지 모르게 거슬려요. 물론 내가 누군가로부터 무엇인가를 받았으니 이제 내가 누군가에게 베푼다는 것은 훌륭한 일이죠. 그런데 뭔가 거래하는 듯한 느낌이 들어요. 전 그저 뭔가를 기대하지 않고 제가 도움이 될 수 있다는 사실이 기쁠 뿐이에요. 대가를 바라지 않고 베풀 때 정말 큰 보람을 느끼거든요. 그

러니 제가 그 일을 하는 건 지극히 저 자신을 위한 것이죠! 이상하게
도 그건 달리기와 많이 닮았어요. 그 일을 하는 게 제 기분이 좋아지
기 때문이라는 점에서 말이죠."

나는 그것이 전혀 이상해 보이지 않았기에 웃음을 지었다. 몇 세기
전에 애덤 스미스도 주는 것이 나를 위한 것이라는 점을 간파하고
있었다(물론 그가 마라톤을 하지는 않았지만).

"제가 살면서 다른 사람들에게 도움을 주었을 땐, 물론 많이 주었
다고 할 수 없지만요, 다른 데서 느끼지 못하는 엄청난 만족감을 느
꼈어요." 세걸은 이 말 끝에 이렇게 덧붙여 말했다. "많이 주었다고
할 수 없었다'는 말 들으신 거죠? 그 부분도 꼭 기재해주세요."

아마 애덤 스미스는 세걸이 맹인 달리기 주자를 도운 일을 '선행'
의 범주에 넣어 그것이 감사와 보상을 받을 가치가 있다고 여겼을
것이다. 세걸이 그 일을 자기만족을 위해서 했든 훈련의 어려운 고비
를 넘기 위해서 했든 그에게 갈채를 보내고 싶다. 다른 사람을 도우
면 자신의 기분이 좋아진다는 깨달음은 다른 사람에게도 전달되어
같은 행동을 불러올 수 있다. 자기 이익을 위하는 일? 그것도 좋은
일이다.

타인에게 일대일로 도움을 주는 사람들을 더 만나고 싶다는 생각
에 앤드류 자코노Andrew Jacono 박사를 만나러 기차에 올라탔다. 성
형외과 의사인 자코노 박사는 가정 폭력 피해자들에게 공짜로 재건
수술을 해주고 있다. 그는 이러한 도움을 주면서 피해자들의 광대뼈
뿐만 아니라 자존감도 치유하고 있다. 그뿐만 아니라 일 년 중 몇 주

동안 다른 나라에 가서 가난한 아이들에게 구개열 수술을 해준다.

나는 자코노 박사의 배경을 알지 못했더라면 그를 감사와 베풂의 본보기로 여기지 못했을 것이다. 숱 많은 짙은 색 머리에 하얀 치아와 매끈하고 팽팽한 피부를 지닌 40대 초반의 자코노 박사는 리얼리티 TV 쇼에 나오는 사람처럼 보였다. 하지만 그가 거둔 성공은 겉모습 그 이상의 것이었다. 그는 롱아일랜드의 좋은 동네에 면적이 12,000제곱피트에 이르는 성형외과와 스파 시설을 지었다. 중국, 싱가포르, 파리, 스페인을 비롯한 세계 각지에서 손님들이 그를 만나러 그곳에 간다.

"이렇게 잘될 거라곤 상상도 못했어요." 자코노 박사는 나와 함께 우아한 사무실에 앉았을 때 이렇게 말했다.

자코노 박사는 그 직업을 선택하기로 마음먹었을 때가 3학년 시절 통학 버스에서 구개열이 있는 여자아이 옆에 앉았을 때였다고 했다. 그는 친절하게 대하려고 애를 썼지만 다른 친구들은 비열하게도 그 아이 얼굴에 껌을 뱉고 욕을 했다고 한다. 이후에 그 여자아이가 수술을 받자 모든 것이 변했다. 사람들은 그 아이를 좋아했다. 괴롭힘도 멈췄다. 그는 운명을 바꾸는 마법을 부리는 의사가 되는 꿈을 꾸었다.

하지만 자코노 박사는 부유한 가정에서 자라지 못했고 많은 사람이 꿈꾸는 성형외과 의사가 되는 일은 불가능하게만 보였다. 사람들은 의대에 들어가기가 굉장히 어렵다거나 개인 병원을 개업하는 것은 무모한 짓이라거나 개인 병원을 지으면 파산할 거라는 말로 사사건

건 의욕을 꺾었다. 하지만 자코노 박사는 그 모든 일을 해냈다. "사람들은 자신을 성공으로 이끈 요인이 자신의 재능 때문이라고 생각하기 쉬워요. 하지만 제 생각엔 열정과 목표를 갖고 자신에게 중요한 것을 끈질기게 추구하는 것이 더 중요한 것 같아요." 그가 말했다.

자코노 박사는 자신이 자수성가하기 위해 얼마나 고군분투했든지 간에 사람들의 예상을 뒤엎고 성공을 거두고 타인에게 도움을 줄 수 있어서 감사하다고 했다.

"저는 우리가 모두 연결되어 있고 삶에서 내가 더 많이 베풀수록 더 많이 돌려받는다고 믿어요." 그가 말했다. 그는 매일 하는 일을 사랑하지만 자원 봉사 활동은 자신의 정신을 지탱해주는 힘이 된다고 했다(그렇다고 돈을 지불하는 고객들을 폄하하는 것은 아니라고 했다).

"제가 거둔 경제적 성공은 사실 제가 예전에 상상했던 수준을 뛰어넘어요. 하지만 제가 저 자신을 넘어선 뭔가 더 큰 세계의 일원이라고 생각할 때 찾아오는 평온함과 행복감을 통해 진정한 감사를 느껴요." 그가 말했다.

자코노 박사는 제3세계에서 자원봉사를 하면서 그곳 사람들은 얼굴 기형을 의학적 문제가 아닌 악마의 저주로 여겨 두려워한다는 점을 발견했다. 어느 날 아침에는 어떤 망연자실한 어머니가 괴로워하는 6개월 된 아기를 그에게 건넸다. 그리고 한 시간 후 그는 건강하고 평범한 외모로 돌아간 아기를 어머니 품에 안겨주었다. 그 어머니는 감사하다며 눈물을 흘렸다. "간단한 수술로 저주가 사라진 셈이었고 온 가족의 삶이 변하게 되었죠." 그는 감정에 북받치는지 갈라지는 목소리로 말했다. 그러더니 마음을 가라앉히려는 듯 겸연쩍은 표정으로 안경을 벗더니 눈물을 닦았다.

"제가 이렇게 감정적인 줄은 예전엔 몰랐어요. 어쨌든 전 운이 아주 좋다고 생각해요. 그리고 제 삶의 의미와 목적을 안겨주는 그러한 순간들에 정말 감사해요."

자코노 박사는 최근에 열여섯 살 난 아들과 함께 킬리만자로 산을 등반하고 왔다. 그는 그 등반을 상징적 의미로 생각했다. "죽을 것 같았지만 포기하지 않고 올라가 정상에 다다랐을 때의 기분을 잊을 수가 없어요. 아들에게 이렇게 말했죠. 어느 누구도 네가 삶에서 원하는 것을 이룰 수 없다는 말을 하게 내버려두지 말라고 말이죠."

나는 큰 감동을 품고 자코노 박사의 사무실을 떠났다. 그는 어렵게 성취한 성공을 자랑스러워하는 한편 자신이 이룬 모든 것을 감사하게 여겼고 타인과 나누고 싶어 했다. 자신을 아름답다고 느끼려면 보톡스를 맞기보다 이것이 훨씬 좋은 방법이다.

나의 새로운 시각 때문인지 추수감사절 분위기 때문인지는 몰라도 도처에서 감사의 표시를 보게 되었다. 한 번은 진짜 표시판을 보았다. 한 친구가 맨해튼으로 이어지는, 안개 끼고 차로 가득 찬 고속도로에서 보이는 두 개의 광고판을 찍은 사진을 보냈다. 하나는 북쪽으로 이어지는 도로에, 다른 하나는 남쪽으로 이어지는 도로에 놓인 두 광고판에는 'GRATTITUDE'라고만 쓰여 있었다.

"이게 뭔지 알아?" 친구가 물었다.

나는 알지 못했다. 감사를 뜻하는 'GRATTITUDE'에서 'T'가 하나 더 쓰인 광고판에는 다른 설명이 나와 있지 않았다. 무엇인가를 광고하기 위한 용도로 보이지 않았고 누가 광고판에 그것을 걸어놓았는지도 알 수 없었다. 나는 호기심을 느끼며 조사를 한 결과 피터 튜니Peter Tunney라는 화가가 했다는 사실을 알게 되었다. 피터 튜니와 연락이 닿고자 하는 마음에 그의 작품이 전시된 화랑에 이메일을 보냈지만 답장이 없었다. 그러다 뉴욕에서 그의 전화번호를 알게 되었고 어느 날 아침 충동적으로 전화를 걸었다. 그가 전화를 곧장 받았다.

"안녕하세요, 제가 누군지 모르시겠지만 감사에 대해 대화를 좀 나눠보고 싶습니다." 내가 말했다.

피터 튜니가 대화를 활기차게 이어갔기 때문에 그가 나를 아는지 모르는지는 아무 문제가 안 되었다. 그는 지금 작업실로 가기 위해 운전 중에 전화를 받았으며 주말 즈음에는 미술전을 위해 마이애미로 떠난다고 했다. 하지만 지금 말해줄 수 있는 것은 감사가 그 무엇보다 중요하다는 점이라고 했다. "오늘 감사 표지판을 5천 개 걸 수만 있다면 그렇게 하고 싶어요. 그런데 이 얘기를 전화상으로 할까요, 아니면 제 작업실에서 만나서 할까요?" 그가 말했다.

다음 날 나는 지하철을 타고 로어 맨해튼에 있는 프랭클린가로 가서 기이하고 열정적인 피터 튜니의 세계에 발을 들여놓았다. 캔버스가 벽에도 걸려있고 바닥에도 저 안쪽까지 죽 세워져 있었다. 대부분의 캔버스에는 잘라낸 신문 조각을 콜라주처럼 이어서 만든 'Gratitude', 'City of Dreams', 'The Time Is Always Now(항상 지금이 중요하다 - 역주)' 같은 말들이 붙어있었다. 배경이 콜라주로 표현되어 있고 그 위에 긍정적인 글귀를 물감으로 쓴 캔버스들도 있었다.

"제니스 씨인가요?" 피터는 안쪽 어느 어름에 있는 책상에서 마치 우리가 오래된 친구라도 되는 양 소리쳤다.

나는 'GRATTITUDE'라는 콜라주가 붙은 빨간색 서핑보드를 지나 그 화가를 만났다. 금발에 가슴이 넓은 피터는 전직 운동선수 같았다. 청바지에는 물감 얼룩이 예술적으로 여기저기 묻어있는 걸 보니 작품과 패션이 조화를 잘 이뤘다.

그 드넓은 공간의 위층은 화랑이고 아래층은 사무실과 작업실이었다. 보조원 두 명이 고객들과 이야기를 나누기도 하고 피터가 콜라주를 위해 모아놓은 수많은 재료들을 정리하기도 했다. 피터의 모든 그림에는 긍정적인 메시지가 담겨있었다. 피터는 내게 그림을 보여주면서 각 그림마다 열정적인 설명을 늘어놓았다.

"지금은 로스앤젤레스에서 'Choose Happy(행복을 선택하세요 - 역주)'라고 쓰인 광고판을 만들고 있어요. 물론 제가 틀릴 수도 있고 구시대적인 방향으로 가고 있는 건지도 몰라요. 그래도 긍정적으로 생각해요. 다른 쪽으로는 믿지 않거든요. 전 우리가 괴로워하고 서로를 넘어뜨리고 독설을 내뱉기 위해 이 세상에 왔다고 생각하지 않아요. 그건 어리석은 시간 낭비처럼 보여요."

피터는 인신매매나 무고한 사람의 감옥행과 같은, 자신이 유감을 느끼는 이 세상의 큰 문제들에 대한 이야기를 몇 분 동안 주섬주섬 늘어놓았다. "하지만 지금 캐시미어 스웨터를 입고 제니스 씨와 이야기를 나누는 저는, 행복하고 건강하고, 53세로서 제 삶의 가장 생산적인 시간 속에 있어요. 설령 제가 길거리를 활기와 환희에 넘친 표정으로 활보하지 못한다 한들 그게 무슨 문제가 될까요?"

피터의 콜라주 작품 가운데 상당수는 죽음과 파괴의 이미지가 담긴 배경 위에 긍정적인 단어들이 표현되어 있다. 그가 전하는 메시지는 분명하다. 즉, 우리는 이 세상의 문제를 보고 불행을 느끼거나 그와 상반된 방향을 선택하거나 둘 중 하나라는 점이다.

"사람들은 도시에서 운전하다 보면 콜라를 마시고, 스트립쇼에 가고, 약을 복용하라고 광고하는 수많은 광고판을 보게 되죠. 물론 그런 광고 중에 제가 좋아하는 것도 몇 개 있을 수 있어요. 하지만 제 비전은 이 세상은 괜찮다 혹은 당신이 그렇게 만들 수 있다는 메시지를 대대적으로 전하는 거였어요." 'Grattitude'나 'The Time Is Always Now' 같은 메시지가 담긴 광고판을 거는 것은 그에게 개인적인 임무가 되었다. 피터는 언젠가 부자 사업가와 점심을 먹은 일을 말해주었다. "제가 그분께 말했어요. '사장님께서는 10억 달러가 있지만 전 통장에 11,000달러만 갖고 있어요. 그런데 왜 제가 광고판을 걸어놓을까요? 이 세상에 긍정의 메시지를 전할 생각을 하는 사람은 비단 저뿐인 걸까요?'라고요."

이제 피터의 메시지가 담긴 광고판은 미국 곳곳과 토론토, 밴쿠버, 몬트리올에서 볼 수 있다. 피터는 조만간 필라델피아, 디트로이트, 로스앤젤레스에서도 광고판을 볼 수 있기를 희망하며 지금도 아시아와 유럽에서 프로젝트 제의를 받고 있다. 프랭클린가에 있는 그의 작업실은 앤디 워홀의 분위기를 풍기는 공장 같은 곳이 되었다.

"저는 살아있고 호소력 있는 감사의 그림을 그리고 있는 거예요. 이건 정말 멋진 주제예요. 저 피터 튜니에게 이보다 더 멋진 주제는 없어요. 전 '감사'나 '항상 지금이 중요하다'는 메시지를 남은 생애 동안 그림으로 표현할 겁니다."

긍정성을 대표하는 인물로 볼 수 있는 피터는 지금과 다른 명성을 얻은 적이 있었다. 그는 아프리카 야생 동물 촬영과 모델 셰릴 티그스Cheryl Tiegs와의 결혼으로 유명한 피터 비어드Peter Beard와 10년 동안 함께 작업을 했다.

"아프리카에서 보낸 기간은 어땠어요?" 내가 물었다.

"파리에서 파티를 하듯 지냈지요." 피터가 웃음을 지었다.

그는 다양한 경험을 하고 싶어 했다.

"간단히 말하면 13세 때 파티에 갔다가 43세에 집에 돌아왔다고 볼 수 있어요. 그 기간에 온갖 종류의 사람들을 만났고 온갖 곳을 가보았는데 죽을 뻔했던 적도 있어요. 그 전엔 이 세상을 몹시 어두운 시각으로 보았고 감사라곤 몰랐어요. 그런데 그거 다 무의미해요. 다시 그때로 돌아가고 싶진 않아요. 부정적으로 살아봤자 아무런 도움이 안 돼요. 지금 이 문을 열고 밖으로 나갔을 때 무슨 일이 일어날지 아무도 모르는 게 인생이니까요."

피터는 13세 때 자전거를 타다가 자동차에 치였다. 몹시 충격적이면서도 역설적이게도 그가 긍정적 시각을 갖게 된 계기가 된 사고였다. "부모님은 차가 머리를 치지 않았으니 하나님께 감사해야 한다고 하셨어요. 온몸의 뼈가 망가졌지만 머리만은 온전했죠. 그리고 점차 회복되었어요." 피터는 다른 환자들이 "왜 나야, 왜 이런 일이 내게 일어난 거야?"라고 신음하는 소리를 들었다. 하지만 그는 피해의식을 갖지 않으려 했다. "자동차에 치인 건 불운이지만 그 사고가 아니었다면 제가 또 어떻게 되었을지는 모르는 일이잖아요? 어쩌면 고등학교에서 스포츠 영웅이 되었다가 술 먹고 운전해 사고로 죽었을지 누가 알아요."

피터는 그 사고에서 긍정적인 측면을 더 찾아내었다. 가령, 일 년 동안 병원 침대에 누워 있다가 학교에 돌아갔을 때 느꼈던 즐거움 같은 거였다. "그 교과서의 느낌이란! 와우! 그 파란 하늘은 또 어떻고요. 나뭇잎 냄새를 맡아본 적 있나요? 모든 걸 잃고 나서야 느낄 수 있게 되었어요. 사람들은 모든 일이 잘 돌아갈 때 감사를 표현하는 거라고 생각하죠. 하지만 실제론 모든 것이 힘든 상황일 때 감사를 느낄 수 있는 거예요."

지금 피터는 자신의 그림과 광고판을 이용해 모든 사람에게 확신을 심어주고 싶어 한다. 인생은 예측할 수 없기 때문에 그저 올바른 일을 하며 전진하고 어떤 일이 일어나든지 최대한 극복해야 한다는 확신을 말이다.

"전 '결과가 아니라 방안을 계획하라'는 말을 좋아해요. 한때는 제가 이 세상에 영향력을 끼칠 수 있다고 생각했어요. 하지만 그건 너무 힘든 일이었고 제대로 해내지도 못했고 아무도 제 말에 귀 기울이지 않았죠. 지금 제가 좌지우지할 수 있는 건 제 정신적인 자아일 뿐이에요. 하루하루 저의 임무는 쾌활하고 즐겁게 지내는 거예요. 전 비꼬거나 빈정댈 의도로 그 광고판을 만들지 않았어요. 제 진심을 담아 만든 거예요. 그러니 그러한 광고판을 걸어놓고 고개를 푹 숙인 채 거리를 다닐 수는 없는 거죠."

피터는 뉴욕에서 광고판과 관련하여 수년 째 수백만 달러 규모의 소송에 걸려있으며(비단 그의 광고판만 연계된 것은 아니다) 그로 말미암아 대부분의 광고판이 치워졌다고 말했다. 차를 운전해 한 방향으로 맨해튼에 가다 보면 지평선에서 유일하게 보이는 광고판이 바로 피터의 광고판이다. "이 도시가 저를 상대로 싸우고 있는 것 같아요. '감사' 광고를 내리고 무얼 걸겠다는 거죠? 바이코딘(Vicodin, 마약성 진통제 - 역주)을 사라는 광고요? 허슬러 클럽(Hustler Club, 스트립쇼를 하는 나이트클럽 - 역주)에 가라는 광고요? 비유적으로 한 말이 아니에요. 사람들이 그런 광고를 매일 보니까요. 도대체 사람들은 자신들에게 어떤 메시지를 보내고 있는 거죠?"

아웃도어 제품을 판매하는 큰 업체의 부자 사장이 피터에게 그의 메시지를 전파하는 데 어떤 도움을 주면 되는지 물었다고 한다. "전 이렇게 말했죠. '50억 달러를 갖고 계세요? 그렇다면 5억 달러만 가지시고 그 돈으로 집 몇 채든 비행기든 원하는 대로 쓰시는 게 어때요? 그리고 나머지 45억 달러를 우리가 향후 10년 동안 '감사' 광고판을 내거는 일에 쓰게 해주시고 말입니다. 인생에서 그보다 더 값진 계획이 있다면 제게 말해주세요. 하지만 제 생각엔 없을 것 같습니다' 라고 말이죠."

피터는 농담으로 한 말이 아니었다. 피터는 이 지구상에 이렇게 살아있다는 사실에 감사했다. 그는 내가 긍정성을 유지하는 데 도움이 될, 그의 작품집 두 권을 선물해주었다. 나는 벌써 즐거운 기분이 들었다. 온통 이 세상의 좋은 점을 나타낸 미술 작품들 속에 몇 시간 동안 에워싸여 있었더니 그 영향이 나타난 모양이었다.

우리가 작별의 인사를 하고 문 쪽으로 걸어가는 중간에 나는 멈추어 섰다.

"참, 물어본다는 걸 깜박 잊었네요. 왜 'T'가 하나 더 붙어 있는 거예요?"

피터의 얼굴에 잔잔한 미소가 번졌다. "태도를 뜻하는 'attitude'를 함께 나타낸 거예요." 피터는 헤어짐의 포옹을 하며 덧붙여 말했다. "attitude에요, 알겠어요? 감사란 곧 태도이니까요."

❦ ❦ ❦

추수 감사절이 다가오자 갑자기 감사가 단순히 광고판에 붙은 문구가 아니라 시대정신의 일부처럼 느껴졌다. 인스타그램과 페이스북과 텔레비전 아침 방송을 보다 보니 11월이 온 나라가 일 년에 한 번 감사해야 할 이유에 초점을 맞추는 달이 된 것 같았다. 일 년 내내 그렇게 하면 좋으련만. 지금의 추수 감사절은 필그림이 지냈던 원래의 추수 감사절에서(1620년에 종교의 자유를 찾아 신대륙에 도착한 필그림 청교도들로부터 추수 감사절이 시작되었다 - 역주) 변형된 것 같다. 최초의 추수 감사절은 이야기책에 나오는 것보다 훨씬 엄격하고 엄숙했다. 나는 유치원 선생님들이 아이들에게 아메리카 원주민들이 이 명절을 축하하며 쓰던 머리 장식물을 만들고 손바닥에 물감을 묻혀 찍어서 종이 칠면조를 만들게 하는 대신 감사 목록을 적는 활동을 시키면 좋겠다.

나는 추수 감사절 요리책을 꺼냈다. 오랫동안 사용한 터라 낡아 있었다. 두 아들은 실험적인 요리를 좋아했지만 명절에는 예외였다. 그때만은 가족의 전통을 지키는 데 단호했다. 다만 수프 요리에 약간의 재량을 발휘하는 것은 허용했는데 그것도 애호박 수프나 으깬 사과 수프 정도에 한했다. 그 외에는 빵과 버섯을 속에 넣고 구운 칠면조 요리, 고구마 수플레, 방울 양배추 구이 그리고 수많은 파이를 만들어 먹었다. 수년 동안 만들다 보니 이제는 아주 손쉽게 요리할 수 있는 수준이 되었다. 남편은 항상 축배를 들기 전 감사와 관련한 재미있고 감동적인 이야기를 해주었는데 이번에는 말하기를 주저했다.

"왜 아무 말 안 해?" 내가 물었다.

"당신이 감사 전문가잖아. 난 의사고. 내가 감사에 대한 축배를 들면 당신이 새로운 당뇨병 치료법을 언급해줄 거야?"

나는 웃음을 터뜨렸다. "아니. 내가 의학을 빨리 배울 순 없지만 누구나 감사하는 법을 배울 수 있어."

긍정적인 분으로 항상 내게 귀감이 되시는 시어머니를 포함한 가족과 친구들과 함께 교외에 있는 우리 시골집에 모두 모여 앉았다.

나는 꽃병과 다양한 크기의 양초와 밝은 색 냅킨과 고급스럽고 깔끔한 무늬의 그릇들로 식탁을 꾸미면서 즐거움을 느꼈다. 그동안의 경험으로 수프가 항상 식는 걸 알았기에 남편이 축배를 들기 전에 수프를 내오지 않았다. 우리는 샴페인과 사과주를 따랐다. 남편은 손에 잔을 쥐고 일어나 따스한 말투로 자신이 감사하는 모든 것을 말하며 축배의 인사를 올렸다. 테이블에 앉은 사람들의 이름을 하나하나 부르며 그 사람이 자신에게 해주었던 특별한 일에 대해 이야기했다. 그리고 아내인 내게는 올 한 해 온 가족을 좀 더 긍정적으로 만들어주어 고맙다고 했다.

"그 부분이 감사해요. 그런데 전 제가 감사를 느끼는 대상을 좀 더 곰곰이 생각하기 시작했어요." 남편은 말을 잠시 멈추고 미소를 지었다. "어쩌면 우리를 위해 이 모든 것을 준비해주신 분이 정말 하늘나라에 있을지도 몰라요. 아니면 제가 받은 복이 단순히 우주의 임의성에서 비롯된 것인지도 모르고요. 어느 쪽이 되었든지 간에 전 우주가 제게 미소를 짓고 있다는 것을 알고 있어요. 그리고 저 역시 아주 감사해 하며 미소로 화답하고 있고요."

여기저기서 감탄의 소리가 나왔다. 서로 잔을 부딪칠 때 나는 칠면조 요리가 식어도 걱정할 필요가 없다는 생각이 들었다. 추수 감사절에서 정말로 중요한 것을 이미 나누었으니까 말이다.

나는 그날 밤 늦게, 먹고 남은 많은 음식을 타파웨어에 담아 냉장고에 넣어두고서 메모지를 꺼냈다. 그리고 헨리 팀스가 했던 말을 거기에 써넣었다. '감사를 표현하는 가장 좋은 방법은 행동이다.'

감사에서 비롯된 수많은 행동이 이 세상을 더 나은 곳으로 만든다. 휴 잭맨은 자신의 티셔츠를 경매로 팔았고 피터 세걸은 맹인 마라톤 선수와 함께 달렸다. 앤드류 자코노는 삶을 바꿔줄 수술을 해주었고 캐넌 랜치의 마크 리포니스는 라오스의 가난한 지역을 찾아가 일주일 동안 진료소를 운영했다. 화가 피터 튜니는 긍정의 메시지가 담긴 광고판을 내걸었고 헨리 팀스는 세계적으로 베풂의 날을 만들었다. 그리고 의사인 나의 남편은 사람들에게 도움을 주고 병을 낫게 해주었다.

  그렇다면 나는? 일 년 동안 감사하며 살았지만 좀 더 큰 의미에서 실제로 무엇을 했는가? 물론 자선 단체 두 곳에 참여를 했고 매해 남편과 기부를 해왔다. 하지만 세상을 바꾸고 세상을 깜짝 놀라게 하는 기부에 비하면 내가 한 일은 비교 거리도 안 되었다.

  이제 내 삶과 가족의 삶을 바꾸기 위해 내가 무엇을 할 수 있는지 생각할 시간이 한 달 남았다. 나는 감사가 우리 모두에게 일 년이 아닌 더 오랜 기간 동안 영향을 줄 수 있는지 알고 싶었다.

14
장

매 순간을
누린다는 것

지나간 안 좋은 일을 곱씹는 습관을 버리게 되어 감사하다.

언니와 케일과 초콜릿을 먹으며 새로운 우정을 다짐해 정말 행복하다.

삶의 매 순간을 감사할 줄 아는 옛 사람들과
요즘의 사람들 모두에게 감사하다.

이달에는 어떤 감사의 주제를 정할까 생각하며 책상에 올려둔 머그잔을 망연하게 만지작거렸다. 그러다 손에서 놓친 머그잔이 달그락거리며 구르는 소리를 냈다. 머그잔을 집으려 손을 뻗는 순간 처음에 내가 그것을 책상에 둔 이유가 무엇인지 문득 생각났다. 몇 달 전에 머그잔을 계속 보려는 생각으로 책상에 두었는데 언젠가부터 눈길을 안 주었으니 얼마나 모순적인지. 가족에게 감사하면 절망 속에서도 기쁨과 평온을 느낄 수 있다는 사실을 상기하려고 놓아둔 머그잔이었다.

머그잔을 두 손으로 그러쥐고 일본 판화의 영향을 받아 그려진 섬세한 흰 꽃들이 아름다운 파란 하늘을 배경으로 피어있는 그림을 보았다. 우아하고 매력 있는 그 그림을 보는 사람이라면 화가가 어떤 사람일지 쉽게 상상하게 될 것 같다. 그런데 그 화가가 자기 귀를 자르고 정신병원 생활을 했던, 번뇌하는 천재였다는 점은 상상이 잘 안 될 것이다. 하지만 실제로 그랬다니. 빈센트 반 고흐는 깊은 고통 속에 있을 때 〈꽃 피는 아몬드 나무 Almond Blossom〉를 그렸다.

두 달 전에 남편과 함께 암스테르담을 방문했을 때 처음으로 그 그림을 직접 보았다. 우리의 휴가 중 하루가 바로 네덜란드의 킹스 데이 King's Day였다. 이 국경일은 미국의 독립 기념일과 비슷한데 다만 빨간색, 흰색, 파란색이 아닌 주황색(네덜란드의 상징 색이다)으로 물든다는 점이 다르다. 도시는 맥주를 마시며 흥청대는 사람들, 길거리에서 축하하는 사람들, 운하에서 파티 보트를 타는 사람들로 넘쳐났다. 남편과 나는 한동안 재미있게 구경했지만 떠들썩하게 노는 것은 우리 취향이 아니었다. 나는 몇 주에 걸쳐 그 여행을 계획했으면서도 네덜란드에서 가장 시끌벅적한 휴일이 여행 기간에 포함된다는 점을 알지 못했다는 사실에 살짝 당혹감을 느꼈다.

우리는 한 가닥 희망을 품고 엄청난 인파를 지나 반 고흐 미술관으로 향했다. 평일에도 사람들로 분비는 것으로 유명한 곳이지만 모두가 밖에서 파티를 하느라 그곳에 들어가는 사람이 안 보였다. 야호! 미술관엔 사람들이 없었다. 작품들이 특별히 우리를 위해 전시된 듯한 기분이 들었다.

"내가 날짜를 확인 안 하고 킹스 데이에 휴가를 잡은 것이 무척 감사하네." 나는 웃음을 띠며 남편에게 말했다.

우리는 전시실을 돌아다니며 예전에 포스터로만 보았던 유명한 작품들을 가까이서 경외감을 느끼며 바라보았다. 일본식 불교의 느낌이 나는 〈꽃 피는 아몬드 나무〉 (내 머그잔 그림이기도 하다) 작품은 위층에 전시되어 있었다. 반 고흐는 1890년, 그의 인생 말년에 이 그림을 그렸다. 벽에 걸린 그 아름다운 그림을 보았을 때 내심 놀랐다. 그 고상하고 우아한 그림이 외로움과 불안이 가득 묻어나는 두 그림 사이에 있었기 때문이다. 반 고흐는 같은 시기에 번뇌에 찬 상태로 이 두 그림을 그렸다. 하나는 수확하는 사람이 있는 밀밭을 표현한 작품이고, 다른 하나는 요양원 정원에서 번개에 맞아 쓰러진 삐죽삐죽한 나무들을 강렬한 빨강으로 표현한 작품이었다. ('화났다'는 뜻을 지닌 〈seeing red〉는 반 고흐에겐 불안을 나타내는 은유였으리라)

반 고흐는 삶의 유한성, 고독, 절망에 대한 우울한 생각에 빠져 있을 때 아름다울 만큼 고요하고 삶을 긍정하는 그림을 그릴 방법을 찾았다. 이와 관련한 일화가 있다. 반 고흐의 남동생 테오 부부가 출산한 아기의 이름을 그의 이름을 따라 빈센트로 지었다. 반 고흐는 우울증으로 괴로워했지만 동생 부부가 자기 이름을 따서 아기 이름을 지은 데 감동 받아 자신의 감사를 표현하고 싶어 했다. 그리하여 희망과 고마움의 표시로 꽃을 그렸다.

나는 기념품점에서 반 고흐가 감사의 표현으로 말미암아 정신적 고통에 (짧으나마) 돌파구를 마련했다는 사실에 다시 한 번 감동을 느꼈다. 그래서 감정을 바꿔주는 감사의 힘을 상기하기 위해 그 머그잔을 사기로 했다.

"온 집 안을 저 메시지로 장식하지 그래." 남편은 '꽃 피는 아몬드

나무' 그림이 새겨진 냅킨, 플라스틱 접시, 연필, 에스프레소 컵, 공책, 안경 거치대, 마우스패드, 소금통과 후추통이 놓인 곳을 가리키며 말했다. 대부분의 사람들은 그 예쁜 디자인에 끌릴 테지만 나는 그 그림이 지금까지 쓰인 가장 아름다운 감사 편지처럼 느껴졌다.

그 여행에서 겪은 또 다른 일이 있다. 다음 날 우리는 멋진 하루를 보내고 도시가 다시 조용해진 밤이 되었을 때 운하 옆의 아름다운 거리를 걸었다.

그날 딱 한 가지 안 좋았던 점은 웨이터가 음식을 내오는 데 엄청 오래 걸려 그저 그랬던 저녁이었다. 나는 세 음식점을 선택 목록에 두고 예약을 여러 번 취소해가며 그곳을 선택했다. 남편에겐 잘못 선택해 미안하다고 했다. 남편은 신경 쓰지 말라고 했지만 나는 그럴 수가 없었다. 완벽한 하루를 만들지 못했다는 생각에 기분이 점점 나빠졌다. "호텔 안내원이 추천한 곳으로 가는 거였는데." 나는 불평하듯 말했다. 남편은 다시 한 번 나를 다독이는 말을 하더니 잠시 후 발걸음을 멈추었다.

"이봐요, 감사 부인." 남편은 웃음을 띠며 말했다. "우린 지금 네덜란드의 멋진 밤에 이렇게 두 손을 잡고 운하 옆을 걷고 있잖아. 당신은 이걸 감사할 거야, 아니면 음식점 때문에 불평할 거야?"

나는 남편 말이 옳았기에 웃음을 짓고 말았다. 안 좋은 일을 혼자서 곱씹는 것은 (이는 내가 좋아하는 취미와 같았다) 감사하는 생활과 맞지 않았다. 이제 그런 습관을 버려야 할 때가 되었다. 나는 "~했어야 했는데"라는 말을 달고 사시던 어머니에게 그러한 습관을 나도 모르게 물려받았다. 내가 조금 컸을 때는 어머니가 '~했어야제'로 줄여 말씀하셨다. 나는 열여덟 살이 되도록 그것이 표준어인줄 알았다. 아버지는 어머니가 과거 일을 한탄할 때면 화를 내셨다. "그 놈의 한탄! 그만 좀 할래?" 아버지는 소리를 지르셨다. 어머니는 그만두지 못하셨다(일부러 그만두지 않으셨는지도 모르지만). 하지만 이제 나는 안 좋았던 과거를 곱씹는 습관을 완전히 버려야 할 필요가 있었다. 올한 해 나는 감사가 제대로 된 사건이나 결정이 아닌 내가 그것을 어떻게 받아들이는가와 관련이 있다는 알게 되지 않았는가. 감사하면 마음을 다스릴 수 있다. 완벽한 음식점을(혹은 호텔이나 비행기 좌석을) 선택하지 못했어도 휴가를 즐기고 내가 그곳에 있음에 감사할 수 있었다.

스워스모어 칼리지의 심리학자 배리 슈와르츠Barry Schwartz는 선택안이 너무 많으면 행복을 느끼지 못한다는 점을 증명하려는 연구를 시행한 것으로 유명하다. 슈와르츠에 따르면 우리는 너무 많은 가능성이 주어지거나(그래서 음식점 예약을 그렇게 자주 바꾸었던 거다) 기대감이 너무 클 때('그렇게 많은 암스테르담 음식점 중에 내가 최고를 선택한 거야!') 좌절감을 느낀다고 한다. 일단 어떤 선택을 내리면 생각보다 만족감을 못 느낀다고 한다. '다른 선택안이 더 나을 뻔했나?'라고 생각하기 때문이다. 그 당시 내가 문제를 해결할 유일한 방법은 나의 선택에 감사하는 일이었다. 그래서 남편을 꼭 안아준 후 새로운 기분으로 길을 계속 걸었다. 식사를 망쳤다는 이유로 그날 밤을 망치고 싶진 않았다. 그저 지금 이 순간 운하 옆에 남편과 함께 있음에 감사하면 되었고, 내일 저녁엔 음식이 나오는 데 세 시간이나 걸리지 않는 음식점을 찾으면 되는 거였다.

⁜ ⁜ ⁜

나는 암스테르담을 떠난 후에도 계속 반 고흐를 생각했고 감사하면 정말 (짧은 기간이나마) 우울증과 절망이 약화되는지 생각을 해보았다. 나의 증거 자료라고는 미술관 벽에 한데 걸려 있던 세 점의 작품과 그걸 바라보는 나의 해석뿐이었다. 그래서 나는 매사추세츠 종합병원의 정신과 의사인 제프리 허프먼Jeffrey Huffman 박사와 이야기를 나누었다. 허프먼 박사는 우울증이 있고 절망감과 자살 충동을 느끼는 환자들에게 시행한 다양한 치료의 효과를 연구해왔다.

"긍정성을 유도하는 데 감사 편지를 쓰는 것이 가장 효과적인 방법이었어요." 허프먼 박사가 말했다. (그들은 '그림'으로 된 감사 편지를 아직 못 본 듯했다) 허프먼 박사는 그 이유가 절망감을 느끼면 외로움을 느끼고 온전히 자기중심적으로 되기 때문이라고 보았다. 하지만 감사하면 자신을 생각해주는 사람들이 있다는(가령 자신의 이름을 따서 조카 이름을 지어주는 경우처럼) 사실을 상기하면서 나 아닌 바깥 세상에 관심을 기울이게 된다.

"누군가 나를 위해 친절한 행동을 했다는 사실을 알게 되면 기분 좋은 감정들이 발산되지요!" 허프만 박사가 말했다. "내가 거기에 감사를 느낀다면 나는 다른 사람의 관심을 받을 만한 가치가 있는 사람인 거예요. 이 세상에 나를 생각해주는 사람이 있다면 나는 혼자가 아닌 겁니다. 자신이 외롭고 무가치하다고 느끼는 사람에게 감사의 감정은 기분을 상승시키는 데 큰 효과가 있어요."

나는 머그잔을 두 손에 쥐고 빈센트 반 고흐를 생각했다. 남동생 테오에게 감사를 표현함으로써 짧은 기간이나마 우울증이 완화되었던 그를. 나는 반 고흐의 편지들이 수록된 책을 찾았다. 편지들 대부분은 캔버스, 물감, 돈을 보내준 테오에게 고마워하는 내용이다. "아무리 성공작이어도 그림은 돈이 되지 않는다." 반 고흐는 애석하게도 이렇게 썼다. 1890년 초에 반 고흐는 테오의 아이가 태어났을 때 기쁨을 나누었다. "오늘 네가 마침내 아버지가 되었다는 좋은 소식을 들었다⋯⋯. 말로 표현할 수 없을 만큼 즐겁고 기쁘구나." 반 고흐는 이렇게 썼다. 그리고 곧장 아기의 방에 걸어둘 〈꽃 피는 아몬드 나무〉를 그리기 시작했다. 이 그림은 반 고흐의 삶과 희망과 감사의 표현이었다. 그는 고통을 겪고 있었지만 사랑하는 가족을 위해 오래 지속될 작품을 만들어냈다.

물론 대부분의 사람들은 고마움을 표현하겠다고 명작을 만들어내지는 못한다. 어쨌든 그 미술관 벽에 걸려있던 그림 세 점은 감사하면 기분이 바뀌는 효과가 있다는 사실을 여실히 보여주었다. 양쪽에 불안과 고뇌와 광기를 담은 그림 두 점과 가운데에 즐거움과 아름다움이 담긴 그림 한 점 말이다. 반 고흐는 가족에 대한 감사를 느끼자 요양원 생활 중에 한 줌의 평온을 느꼈다. 반 고흐가 겪었던 것과는 다른 종류의 격정을 일상에서 겪는 우리들도 감사하면 어떤 변화가 생길지 생각해볼 일이다.

† † †

가족은 화와 짜증과 감정 소모의 원천이기도 하지만 크나큰 기쁨
의 원천이기도 하다. 아기는 주변에 있는 사람들이 현재에 집중하게
만든다. 이렇게 현재에 집중하는 상태를 요즘에 이른바 '마음 챙김
mindfulness'으로 부른다. 3개월 된 아기가 소리를 지르면 부모는 아기
가 젖병을 달라는 건지 안아달라는 건지 기저귀를 갈아달라는 건지,
그것만 생각하게 된다. 미래를 계획하거나 과거를 애석해 할 여유란
없다. 마음 챙김과 감사는 동전의 양면과 같다. 현재에 오롯이 집중
하면 현재에 감사할 수 있기 때문이다.

　큰 아들 잭이 아기였을 때 나는 나보다 윗세대 사람들이 '시간이
쏜살같이 흐른다'라며 애석해 하는 소리를 들었다. 그 당시에는 시간
이 내 삶에서 가장 길게 느껴졌지만 (분유를 먹이려 새벽 네 시에 일어났으
니 말이다) 언젠가 과거를 되돌아볼 때 시간이 빨리 흘러갔다고 느끼
리라는 것을 직감으로 알았다. 어느 날 밤 내가 부엌 한쪽에 쌓인 옷
을 세탁기 겸용 건조기로 세탁한 후 남편이 옷을 개는 일을 도왔다.
남편은 큰 손으로 잭의 러닝셔츠를 집어 들더니 놀라운 눈빛으로 쳐
다보았다.

　"사랑스러운 우리 아들, 러닝셔츠도 사랑스럽네." 남편이 말했다.

　우리는 감사함과 경외감을 느끼며 서로의 얼굴을 보다가 다시 아

들의 작은 옷들을 바라보았다. 우리는 잠도 제대로 못 잤고 아기에게 필요한 것이 끝도 없이 많다고 느꼈지만 그러한 사랑의 감정이 모든 것을 덮어주었다.

"나는 나중에 시간을 되돌아볼 때 우리가 매 순간을 누리지 못했다는 후회를 하기 싫어." 나는 힘주어 말했다.

우리 부부는 아이들이 어렸을 때 '지금' 일어나는 일을 즐기는 것에 늘 초점을 맞추었다. 시어머니께서는 "아이들이 행복해 하면 다른 것은 걱정하지 말아라"며 조언을 해주셨다. 물론 삶의 모든 순간을 감사하는 일은 불가능할 것이다. 나 역시 짜증나거나 걱정하거나 초조해하던 순간들이 얼마나 많은지 과거로 돌아가 그 순간들을 다시 살아보고 싶은 마음도 든다. 하지만 아이를 출산하면서 지금 이 순간에 감사할 줄 알게 되었다. 나는 프루스트가 "진정한 천국은 잃어버린 천국이다"라고 한 말을 믿지 않는다. 진정한 천국은 우리가 살았고 감사했던 순간들이어야 한다.

나의 감사 프로젝트를 알던 많은 사람이 자신의 이야기를 나와 나누기 시작했다. 나는 몇 년 전에 함께 일했고 새롭게 엄마가 된 샤론 쿤즈의 이야기를 듣고 기뻤다. 유능하고 똑똑하지만 너무 말라서 모두 걱정했던 샤론은 요리사와 사랑에 빠졌고 결혼 후 임신을 했다. 샤론은 결국 남편과 함께 뉴헤이븐으로 이사를 갔고, 흥미로운 직업을 갖게 된 후 출산을 했다. 샤론은 3개월 된 아이작이 완벽한 아기지만 (왜 아니겠는가!) 밤낮으로 보채며 힘들어했다고 했다. 샤론은 아이작이 무슨 이유에서인지 밤새 소리를 지르고 낮에는 피곤해하며 칭얼거렸다고 했다. 어느 일요일 저녁에 여느 때처럼 아이작의 비명이 시작되었고 월요일이 되자 샤론은 너무 힘들고 슬슬 절망감을 느꼈다고 했다. 그러다가 화요일이 되었다.

"아침 여덟 시 경에 아이작과 보드 책이 쌓여있는 침대로 올라가 서로 안고서 책을 30분 정도 읽었어요. 완벽한 행복의 순간이었고 감사를 느끼니 부정적이던 기분을 극복하게 되더라고요. 그날 그런 순간은 더 있었어요. 동네 단골 커피숍에서 커피를 마셨고 은행에 다녀오는 길에 아이작이 유모차에서 쌔근쌔근 자는 모습을 보았어요. 그날 밤 아이작을 침대에 눕히고 소파에 몸을 웅크리고 앉아 아이작에게 그 멋진 하루에 대해 감사하다는 내용을 편지로 썼어요."

나는 스트레스를 받는 시간을 행복한 시간으로 바꾼 샤론의 능력에 감탄했다. 하지만 아기들은 이러한 이야기에 아름다운 결말을 제공하는 대본에 동참하지 않는 법. 아이작은 엄마가 자신에 대한 감사 편지를 쓰는 동안 깨어나서는 소리를 질러댔다. "3주가 지나도록 그 편지는 75퍼센트밖에 완성되지 못했어요. 하지만 그렇게 힘든 날을 보냈기에 육아가 수월해졌을 때 더 감사할 수 있었던 것 같아요. 대체로 삶이 그렇지 않나요? 제 경험상 힘든 일을 겪을수록 작은 것에도 더 감사하게 되더라고요. 물론 그러한 작은 것들이 모여 결국 인생이 되고요." 샤론이 말했다.

아이작은 좋은 엄마를 만났다. 나는 샤론이 그 감사 편지를 완성할 거라고 믿어 의심치 않았다. 아이작이 언젠가 그 편지를 읽게 될 여부는 중요하지 않다. 샤론은 즐거움과 감사를 느끼게 해주는 아이와의 시간을 그저 기록하고 기억하고 싶었을 뿐이다. 그러한 순간들에 초점을 맞추면 예민해지는 밤 시간을 잘 견디기가 (그리고 결국 잊어버리기가) 더 수월해질 것이다. 나는 작은 것들이 모여 인생이 된다는 샤론의 생각에도 깊은 인상을 받았다. 사랑의 감정이 충만한 가운데 아이와 침대에 누워 꼭 껴안거나 아이의 내의를 개던 순간은 간직할 가치가 있는 추억이다.

감사함으로써 마음의 평정을 유지하면 자라나는 자녀들과의 관계에도 변화를 줄 수 있다. 인류학자 마거릿 미드Margaret Mead는 이런 말을 했다. "자매는 가족 내에서 가장 경쟁적인 관계이지만 성인이 되면 가장 공고한 관계가 된다." 내 언니 낸시와 나는 그 '경쟁적인' 관계에 고착되어버린 듯했다. 우리는 그러한 관계에 이제 변화를 주고 싶었다.

우주의 묘한 작용인지는 몰라도 내가 감사에 새롭게 초점을 맞추는 시기에 언니는 이른바 마음 챙김에 집중했다. 야심 많고 성공을 거둔 사업가인 언니는 요가를 배우고 매일 밤 명상을 하기 시작했다. 심지어 마음 챙김 리더십에 초점을 맞춘 컨설팅 회사도 새롭게 차렸다. 좀 더 긍정적인 렌즈로 세상을 바라보려 노력한 언니와 나는 그러한 렌즈로 말미암아 우리 두 사람의 관계도 변할 수 없을까 곰곰이 생각했다. 그리하여 우리는 서로 대화하고 공유하고 관심을 기울이는 자매가 되도록 노력해보자는 이야기를 나누었다. 그달은 그러한 노력의 수준을 한 단계 높이는 데 좋은 시간이 될 것 같았다.

11월 초 어느 금요일에 '자매 주말'을 위해 워싱턴 D.C.로 가는 기차를 탔다. '자매 주말'이라는 말은 리히터 규모(지진의 규모를 나타내는 척도로 8 이상일 때 거대한 지진을 나타낸다 – 역주) 8에 해당되는, 개인적으로 엄청난 걱정을 자아내는 표현이었다. 재미있게 놀기 위해 밖에 나간다? 우리가 마지막으로 그렇게 했을 때가 언니가 아홉 살 내가 다섯 살이던 것으로 기억한다. 그 후로 많은 다리 아래로 수없이 많은 강물이 흘렀고 서로에게 대한 적의와 불쾌함이 쌓여갔다. 우리는 서로가 잘못한 일을 목록으로 만들 수 있을 정도였다. 하지만 과거의 문제에 초점을 맞추어봤자 아무 도움도 안 될뿐더러 서로를 긍정적이고 고맙게 여기려 노력한다 해도 손해 볼 일은 없었다. 여기서 수확을 얻는다면 그동안 그토록 원했던, 서로 지지하는 자매 관계가 될지도 몰랐다.

뉴욕에서 늦은 오후에 출발하기로 예정된 기차는 한 시간이나 연착되었다. 나는 언니에게 여러 번 문자를 보내며 그때그때 상황을 알렸다. 언니가 기차역에서 기다린다는 사실을 알았기에 목적지에 가까워질수록 (그것도 천천히) 마음이 초조해졌다. 자매 주말의 잘못된 출발이라니!

'마음을 가라앉히려 애쓰고 있어. 그래서 창문으로 아름다운 일몰을 바라보고 있어. 언니도 한번 봐봐.' 나는 이렇게 문자를 보냈다.

'정말 그러네! 하늘은 여전히 파란데 태양이 붉게 물드네. 흔치 않은 광경이야.' 언니가 답장을 보냈다.

'내가 늦어서 다행이지 않아? 안 그랬으면 이 광경을 놓쳤을 거 아니야.'

'그래 다행이네. 그렇게 순간을 즐기면서 와.'

'그리고 감사한 마음으로 갈게.'

나는 전화기를 내려놓고 미소를 지었다. 몇 년 전이었더라면 기차가 늦었을 경우 둘 다 스트레스를 받고 신경을 곤두세우고 퉁명스럽게 말했을 것이다. 하지만 스위스로(그곳은 기차가 항상 정시에 온다) 이사를 가지 않는 한 우리는 새로운 태도를 유지해야 했다. 그러니까, 현재에 집중하고(마음 챙김) 아름다운 일몰을 음미하는(감사) 태도가 필요했다. 그렇게 하니 짜증이 날 수 있는 상황이 그리 나쁘게 여겨지지 않았다.

역에 도착했을 때 우리는 서로를 꼭 껴안고 언니의 장성한 두 딸과 함께 저녁을 먹으러 갔다.

"오시는 데 아주 오래 걸렸다면서요." 다 같이 초밥을 먹으려고 앉았을 때 조카 에밀리가 말했다.

"오래 걸리긴 했지……." 나는 말을 멈추었다. 기차가 늦게 왔다는 세세한 이야기를 늘어놓으며 시간을 낭비할 필요가 있을까? 나는 미소를 지으며 어깨를 으쓱였다. "하지만 여기에 이렇게 왔고 너희와 있어서 너무 기뻐. 그 사실이 중요한 거지."

"저희 엄마처럼 말씀하시네요." 에밀리는 평소의 쾌활한 목소리로 말했다. "엄만 이제 안 좋은 일에 대한 얘긴 안 하세요. 그냥 '바로 지금이 중요해!'라고만 하세요."

언니가 안 좋은 일에 대한 이야기를 하지 않는다는 사실은 내가 그런 말을 안 한다는 사실 만큼 놀라웠다. 허프먼 박사는 내게 삶에 감사하는 사람이 있는가 하면 삶을 힘들게 여기는 사람도 있다고 말했다. 그러면서 감사할수록 "정신 건강과 관련된 삶의 질이 높아진다"고 말했다. 여기에는 활력이 더 높아지고, 사회관계가 더 좋아지며, 기분이 더 행복해지는 것 등이 포함된다. 그는 한 조사 연구에서 감사 지수가 높은 사람을 빨간색으로 낮은 사람을 파란색으로 기록했다. 그런 후에 긍정적인 행동과 긍정적인 정신 건강의 수준을 표시해보니 빨간색 군이 페이지의 맨 위를, 파란색 군이 아래쪽을 차지했다. "우리는 파란색 군을 빨간색 군으로 바꾸고 싶어요." 그가 말했다. 그는 민주주의자인 자신이 그런 말을 하게 될 줄은 몰랐다며 농담을 했다.

나는 언니와 내가 (어쩌면 우리 오빠 밥까지도) 파란색 군에 속했다가 빨간색 군에 속하려고 최선을 다해 노력하는 것이 아닐까 하는 생각이 들었다. 우리는 부정적인 어머니 밑에서 자랐기 때문에 감사가 자연스럽게 몸에 익지 않았다. 하지만 그러한 상태를 각자의 방식으로 바꾸길 원했던 거다.

그 주말에 우리에게 각인된 메시지는 이렇다. 바로, 지나간 일에 안달하지 말고 지금 누리는 좋은 것에 감사하자는 것이다. 언니는 명상을 통해 예전과 다른 평온함을 얻은 터라 나와 그것을 공유하고 싶어 했다. 그래서 토요일 아침에 언니가 받는 명상 수업에 같이 갔다. 쾌적한 방에서 열두 명 정도의 사람들이 편안한 매트와 쿠션 위에서 두 눈을 감고 몸을 이완시키며 편안히 앉아 있었다. 나는 사근사근한 강사가 마음에 들었지만 강사가 말하는 대로 마음이 따라

가지 못했다. 명상의 핵심을 이해했지만 왠지 피식 웃음이 터져 나올 것만 같았다. 웬일인지 초등학교 4학년 때의 자아가 내 안에서 고개를 디밀고 있었다. 그래서 기자의 모습으로 돌아가기로 했다. 나중에 언니는 내가 뭔가를 적는 소리를 들었다고 했다.

"방해하지 않으려고 부드러운 펜을 썼는데." 나는 사과하며 말했다.

"방해 안 됐어. 그냥 네가 글을 쓰면 온전한 경험을 못하니까 걱정이 좀 됐지."

나는 그 시간을 나 자신과 감사 게임을 하는 등, 내 나름으로 스트레스를 완화하며 보냈다고 설명했다. 가령, 나는 아래쪽 길거리에서 개가 정적을 깨며 짖어대는 소리를 들었다. 처음엔 그 소리가 거슬렸지만 이내 긍정적으로 생각하는 연습을 했다. 내 귀가 밝아서 개 짖는 소리를 들을 수 있어 감사했고, 우리 가족이 오랫동안 키우면서 좋아한 개를 떠올렸다. (아, '포르투갈 워터 도그' 종인 윌리는 자신을 사람이라고 생각했더랬다.) 그러자 개 짖는 소리가 귀에 거슬리지 않고 사랑스럽게 들렸다. 그것도 그렇고 명상도 안 하고 방에 앉아있노라니 언니와 경험을 공유하고 언니의 새로운 모습을 이해하는 것이 감사하게 느껴졌다. 그 이상 무엇을 더 바라겠는가?

언니는 내 말에 고개를 주억거리더니 최근에 감사를 느꼈던 일화를 이야기해주었다. 언니는 최근 어느 날 저녁에 끔찍한 일이 일어나 그날 밤에 병원 응급실에서 누군가를 도우며 몇 시간이고 보냈다고 했다. (세부 내용은 중요하지도 않고 너무 복잡해서 생략하겠다) 새벽 세 시가 되어서야 기진맥진하고 절망적인 상태로 병원을 나와 주차장으로 터벅터벅 걸었다. 주변에 아무도 없고 주차장은 적요에 휩싸여있었다.

"그 순간 하늘을 봤는데 이제껏 본 달 중에 가장 아름다운 달이 떠있더라. 엄청나게 큰 그 달은 하늘을 가득 채우고 있는 것 같았고 평소와 다르게 파랑에 가까운 색을 띠고 있었어."

언니는 하늘을 보며 주차장에 오래 서 있었다.

"그 순간 그 장소에서 그런 달을 보니 믿어지지 않을 정도로 감사한 기분이 들었어. 그날 밤 그 사건이 아니었더라면 그런 달을 평생 보지 못했을 거란 생각이 들더라. 차에 올라타 집으로 운전하는 내내 밝고 선명하고 크고 파란 그 달이 나를 따라왔어. 달을 계속 보면서 내가 아주 운이 좋다는 생각이 들었어."

나는 정말 운이 좋은 것은 언니가 달을 보는 그 순간에 감사하는 태도를 갖게 된 사실이라고 말해주었다. 내가 아는 예전의 언니라면 화가 치밀고 절망적인 상태로 그 병원을 나와 하늘을 올려다볼 생각도 못 했으리라. 하지만 이제 삶을 긍정적으로 바라볼 준비가 된 언니는 병원을 나와 밤하늘의 아름다움을 볼 줄 알았다.

언니는 내가 늦었을 때 아름다운 일몰을 보았고 끔찍한 밤을 보낸 후 파란색 달을 보았다. "상전벽해라는 말이 있잖아? 언니는 그보다 더 큰 변화를 겪은 것 같아!" 내가 말했다.

우리는 그날 아름다운 공원을 걸으며 끊임없이 이야기를 나눴다. 언니는 최근에 이혼을 했지만 주저앉지 않고 새로운 출발을 위한 희망을 품었다. 딸들과도 아주 친밀한 관계를 유지하며 딸들이 옆에 있음을 감사하게 여겼다. 우리는 발걸음을 멈추고 공원에서 떨어지는 폭포를 물끄러미 바라보았다. 그 아름다운 경치를 배경으로 언니는 정말 중요한 것이 무엇인지 보는 눈이 생겼다고 털어놓았다.

"매일 아침 눈을 뜨면 내게 딸들이 있다는 사실이 얼마나 감사하게 느껴지는지 몰라. 한번은 그런 얘길 딸들한테 하니까 그 애들이 '매일요? 정말요?'라고 하더라. 내가 과장한다고 생각한 모양인데 그건 정말 진심이거든." 언니가 말했다.

언니는 어느 순간 우리 둘 사이에 있었던 일을 끄집어냈다. 오래전에 그 일이 일어난 이후로 기분이 나빴다고 하면서. 나는 워낙 오래전 일이라 굳이 변명하지 않았다. 원래 자매란 상대방이 자신을 실망시켰거나, 무시했거나, 거짓말을 했던 순간을 곱씹으며 서로 못마땅한 기분을 이어가는 존재 아닌가. 하지만 나는 과거의 잘못되었던 일이 아니라 좋은 기억을 떠올릴 필요가 있다는 생각이 들었다. 그래서 언니에게 우리가 함께 감사를 느꼈던 시간에 초점을 맞추어 관계를 개선해보자고 제안했다.

"언니와 관련해 감사한 기억이 떠올랐어." 나는 오래전 어린 시절에 할아버지께서 돌아가셨던 밤에 대해 이야기했다. 무섭고 슬펐던 나는 잠을 이루지 못했다. 그러자 언니는 언니의 가장 소중한 물건인 뮤직 박스를 꺼내와 내가 뜨르륵뜨르륵 소리를 내며 태엽을 감게 해주었다.

"언니가 그 전엔 손도 못 대게 했잖아." 내가 말했다.

"네가 너무 어려서 망가뜨릴까 봐 그랬지!"

"하지만 그날 밤엔 허락해주었잖아. 그러면 내 기분이 좋아진다는 걸 알았기 때문에 말이지. 그땐 내가 너무 어려서 고맙다는 말을 못 했는데 지금 말할게."

언니는 무슨 말인지 알겠다는 듯 고개를 끄덕거렸다. 우리는 너무 오랜 시간 동안 서로의 실수와 결점을 성가시게 여기며 지냈다. 그런데 서로에게 친절하고 따스한 마음을 느꼈던 순간에 감사하니 얼마나 좋은지 몰랐다.

"그런데 언니는 그런 기억 없어? 언니한텐 고마운 기억이 없다면 이런 노력이 소용없을 텐데."

언니는 세 아이가 아주 어렸을 적 힘든 시간을 보내고 있을 때 내가 뉴욕에서 날아와 도울 일이 없느냐고 했던 때를 말했다.

"그때 정말 고맙더라. 그 후에도 이런 저런 일들이 잘 안 풀리긴 했지만 적어도 그날 난 네가 진심으로 내게 관심을 기울이고 있다는 걸 알았어." 언니가 말했다.

나는 팔을 언니 어깨에 둘렀다가 언니를 안아주었다. '뮤직 박스의 밤'이나 '비행기 타고 와준 날' 같은 기억을 떠올리자니 우리는 새삼스럽게 다시 감사한 기분을 느꼈다. 언니와 내가 감사한다고 해서 올슨 자매(미국의 유명한 쌍둥이 배우이자 패션 디자이너 - 역주)처럼 되는 것은 아니다. 하지만 감사로 말미암아 서로 의지할 자매가 있다는 점을 상기하게 되었다. 감사로 새롭게 자매애를 느끼며 앞으로 나갈 힘을 얻었다.

우리는 언니의 예쁜 집으로 돌아가 언니가 만들어 냉장고에 넣어

둔 케일과 퀴노아 요리를 저녁으로 맛있게 먹었다. 쉴 새 없이 이야기를 나누다가 자정을 조금 남겨둔 시각에 축하식을 하기로 결정했다. 둘 다 술을 잘 마시지 못하는 터라 언니는 초콜릿 생강을 한 접시 가져왔다. 우리는 초콜릿을 들어 우리가 자매인 것을 축하하는 건배를 했다.

원래 잘 울지 않는 언니는 나와의 새로운 우정을 생각하니 눈물이 난다고 말했다. 나는 휴지로 눈가를 닦으며 나 역시 같은 감정이라고 했다.

"내가 우는 건 언니네 고양이 때문인지도 몰라. 내가 고양이 알레르기가 있는 걸 알잖수?" 내가 말했다.

언니는 웃음을 터뜨리더니 크기가 애완 고양이보다는 야생 고양이에 가까운 토비를 쓰다듬었다. 나는 개를 좋아하는데 언니는 고양이를 좋아한다. 하지만 우리 둘 사이에 갑자기 흐르게 된 호의 덕분에 그런 것은 아무 문제가 안 되었다.

다음 날 집으로 돌아온 나는 평소보다 조용히 지냈다. 남편이 무슨 일 있느냐고 묻기에 나는 올 한 해 이렇다 할 변화를 못 이룬 것 같아 아쉽다고 했다. 나의 감사를 영원히 의미 있게 만들어줄 인상적인 행동이 필요하다는 생각이 들었다. 남편은 놀란 표정으로 나를 응시하며 말했다.

"지금 농담하는 거지?"

"전혀 아니야."

"그럼 어디 생각해보자. 당신은 우리의 결혼 생활을 더 좋게 만들었고, 언니와 화해를 했고, 당신 직업을 새로운 시각으로 보게 되었고, 아이들을 격려해주었어. 더군다나 다른 사람들도 고무시켜주려고 책도 썼고 말야. 그걸로 충분하지 않아?"

나는 내 안의 오래된 본능이 튀어나오면서 '충분하지 않아!'라고 말할 뻔했다. 하지만 남편의 격렬한 눈빛을 보고 미소를 짓고 말았다. 철학자 에픽테토스는 한 해 동안 내 삶의 안내자와 같았다. 그는 우리가 내면의 힘에 초점을 맞출 때 어떻게 가장 큰 만족감을 느낄 수 있는지 논의하는 데 많은 시간을 보냈다. 우리는 자신의 통제권 밖에 있는 것을 원할 때 불안감을 느낀다. 그는 류트(연주법이 기타와 비슷한 현악기 – 역주) 연주자를 예로 들었다. 혼자 있을 때 연주하며 노래하는 것을 행복해 하는 류트 연주자라도 무대에 오르면 불안을 느낀다. 노래를 잘하고 싶을 뿐만 아니라 사람들의 환호도 받고 싶지만 이는 자신의 통제권에 있지 않기 때문이다. 이는 달리 말해 자신이 통제하지 못하거나 아직 성취하지 못한 일에 대해 자신을 몰아붙이지 말아야 한다는 의미다.

"지금 생각해보니 내가 한 일들이 충분했던 것 같네." 나는 미소를 지으며 말했다.

사실 내게 없는 것만 생각하며 나를 (그리고 남편을) 불행하게 만들면서 한 해를 시작했다. 한 해를 보내고 보니 아무리 감사하며 보냈어도 자신과 가족과 일과 이 세상에 여전히 원하는 것이 더 있을 수 있다는 점을 이해하게 되었다. 하지만 그 과정에서 예전보다 더 많은 것을 누렸다. 정상에 곧바로 데려다주는 길은 없으며 정상에 아예 이르지 않는 길도 있다. 하지만 감사하면 적어도 경치가 아름다운 길로 갈 수 있다.

감사하게 사는 것을 처음에는 가벼운 마음으로 시작했다가 책을 쓰기로 결심했다. 그러자 이 일 년짜리 프로젝트가 그저 문학적인 장치가 되어버릴 가능성이 있었다. 하지만 시간이 흐를수록 이 프로젝트는 내 마음과 정신에 깊숙이 들어앉게 되었다. 그러니까 단순히 글로만 쓴 것이 아니라 마음으로 느꼈다는 의미다. 내 안의 무엇인가가 변하였다.

감사하자 내게 일어나는 모든 일을 바라보는 시각이 바뀌었다. 긍정적으로 생각하고 좋은 측면을 보는 것이 어느새 습관이 되었고 이로써 더 행복감을 느꼈다. 물론 가끔씩 기분이 나빠지기도 하지만 그 기분을 빨리 훌훌 털어내 버렸다. 고맙기 그지없는 두 아들은 주기적으로 전화를 걸어오고 집에 자주 들렀다. 남편과 나는 저녁을 함께 하며 우리가 부부여서 참 감사하다는 내용의 대화를 오랫동안 하곤 했다. 사실 우리가 예전보다 복을 더 많이 받은 것이 아니었다. 그저 우리에게 있는 것을 예전보다 더 많이 알아보았던 것이다. 그러한 눈이 생기자 우리 부부는 더 가까워지고 더 행복감을 느꼈다.

이틀 동안 한 해를 마무리 할 인상적인 행동에 대해 생각했다. 나는 주말 동안 외곽에 있는 시골집에 머물며 주변 강가를 오랫동안 걸었다. 일찍이 눈이 내렸던 터라 나무들은 레이스 모양을 이룬 얼음과 눈으로 반짝거렸다. 발밑에서 부드럽게 으스러지는 눈은 걷기 수월할 정도로 녹았지만 아직 진창으로 변하지는 않았다. 발걸음을 멈추고 숲의 아름다움과 담청색 하늘을 배경으로 서 있는 스산한 겨울나무들의 정갈한 단순함을 음미했다. 그러다 이내 이런 저런 생각을 했다. 헨리 팀스가 한 해의 눈부신 피날레가 필요할 거라고 했던 말을 곰곰이 생각해보았다. 니카라과에 가서 가난한 사람들에게 집을 지어주는 일을 하는 건 어떨까. 마지막 장면, 망치와 못을 들고 있는 제니스!

하지만 아니다. 그건 진정한 내 모습이 아니었다.

나는 인상적인 행동으로 감사를 표현하는 사람들에게 감탄했다. 하지만 좀 더 소소하고 사적인 나의 감사도 나름의 영향력은 있지 않았나. 올 한 해 나는 긍정적인 태도로 다른 사람들의 마음을 움직였다. 아마 그 사람들은 예전이라면 그냥 지나쳐 보냈을 평온과 만족을 느꼈으리라. 나는 타고난 본성을 바꾸지는 못했지만 누구도 그렇게 할 필요는 없다고 생각한다(물론 그럴 수도 없다고 보지만). 그 대신 생각의 초점을 바꾸었다. 내가 볼 때 예전보다 40퍼센트 더 긍정적으로 변하고 50퍼센트 더 감사하게 된 것 같다. 그리고 이 자체로도 삶을 바꾸는 극적인 변화라고 본다.

평평한 길의 높은 지점에서 나뭇잎이 다 떨어진 나무 사이로 잘 보이는 강물을 내려다보았다. 한 해를 시작할 무렵에는 삶과 자연의 소소한 측면들을 지금과 다르게 보았다는 사실을 깨달았다. 일출과 일몰, 흐르는 강물, 내 얼굴에 와 닿는 따스한 햇살, 내 등을 스치는 상쾌한 바람 등을 말이다. 심지어 나는 언니의 명상 수업 시간에 밖에서 짖던 개를 떠올려도 미소가 나왔다. 나는 자주 하던 일을 멈추고 내가 느끼는 모든 감각에 감사했는데 이제는 그것이 자연스럽게 되었다. 생기 넘치는 이 세상에 그저 살아있음에 가장 단순한 즐거움을 느낀다고나 할까.

집으로 돌아가는 길에 시내 중심지에서 떨어진 곳에 있는 작은 묘지에서 멈추어 섰다. 오후의 보드라운 햇살을 받고 서 있는 옛날식 묘비들 사이로 걸어갔다. 1800년대 후반 이후에 세워진 단순한 돌 조각들에는 간단한 내용과 함께 에버니저 이튼, 레베카 올컷, 조지 불, 에드위지 스톤 같은 이름이 새겨져 있었다. 나는 52세에서 60세에 죽었거나(당시의 평균 수명이 그 정도였다) 낳은 지 18일이나 3년 만에 아이를 잃었던 뉴잉글랜드 사람들의 삶을 상상해보았다. 비교적 오래 살다 간 한 사람의 묘비에는 '72년 7개월 28일'이라고 새겨져 있었다. 나는 살았던 날들을 세어볼 정도로 지상에서의 매 순간을 감사하며 살았던 사람이라고 짐작했다. 아니면 그가 죽은 후에 가족이 그가 살았던 날들을 소중하게 간직하고 감사하게 여겼을지도 모른다.

묘비 사이로 걷고 있자니 손턴 와일더Thornton Wilder의 희곡 《우리 읍내》의 3막 안으로 걸어 들어간 느낌이 들었다. 이 연극에서 마을 사람들의 상당수가 죽었지만 그들은 묘지의 자기 자리를 나타내는 의자에 앉아 있다. 이 연극의 여주인공 에밀리는 아이를 낳다가 죽지만 자신이 죽은 사람들 곁에 있다는 사실을 발견하고 소스라치게 놀란다. 그리고는 지상으로 딱 하루만 돌아갈 기회를 달라고 애원한다. 딱 하루만! 에밀리는 주위의 만류에도 불구하고 지상으로 돌아가 열두 살 소녀로 환생한다.

《우리 읍내》는 소품 없이 공연되는 작품이다. 와일더는 무대 안내서에 '커튼과 배경을 설치하지 않음'이라고 적었다. 등장인물들은 식탁을 차리거나 완두콩을 까는 동작을 몸짓으로 표현한다. (무대 설치비용이 많이 들지 않기 때문에 학교에서 공연하기에 완벽한 연극으로 자리 잡았다) 하지만 내가 뉴욕 중심지에 있는 극장에서 보았던 이 연극의 감독은 에밀리가 환생하여 열두 살 생일로 돌아가는 마지막 장면을 아주 실감나게 연출했다. 에밀리의 어머니가 부엌에서 아침을 준비할 때 실제 접시들이 부딪히는 소리가 났고 실제로 작동되는 레인지 위에서 막 구운 베이컨이 지글거리는 소리가 났다. 진한 베이컨 냄새가 관중석으로 솔솔 풍겼다. 에밀리의 어머니는 딸이 식사를 하러 식탁으로 달려와도 알아차리지 못한다. 환생한 에밀리는 지금은 그토록 소중하게 여겨지는 모든 색과 냄새와 소리가 그 당시에는 자신을 비롯한 가족에게 별 의미가 없었다는 사실을 깨닫는다.

"아, 너무도 아름다워 그 진가를 아무도 몰랐던 이승이여." 에밀리는 이렇게 말한다.

에밀리는 사람들이 지상에서 보내는 시간을 음미하지 못하는 데 진저리를 치며 묘지로 다시 돌아가게 해달라고 요청한다. 사람들이 세상을 무심하게 대하며 빨리 흘러가버리는 인생의 순간들을 누리지 못하는 모습을 보는 것이 에밀리에겐 큰 고통이었다. 나는 그 연극을 세 번 보았다. 그리고 에밀리가 사람들이 너무 어리석고 무감각하며, 사랑하고 베이컨을 굽는 것처럼 삶이 안겨주는 소소한 선물들에 감사할 줄 모른다는 사실을 발견하는 장면을 볼 때마다 눈물이 내볼을 타고 줄줄 흘러내렸다.

일상의 매순간을 즐길 것인가, 아니면 잃어버리고 난 후에 후회할 것인가? 그동안 나는 삶의 경이를 눈에 안 띄는 배경으로 밀쳐낸 적이 많았지만 이제 너무 늦기 전에 무대 중앙에 올려놓고 싶었다. 한 해 동안 감사하며 살면서 여러 가지 면에서 내가 변하였다. 그중에 제일 큰 변화는 어떤 이유로든 즐거움을 누리는 능력이 생겼다는 점이다. 이제 나는 이 순간과 다가올 순간을 누릴 줄 알게 되었고 아이들의 포옹에서 전해지는 따스함과 남편의 사랑을 진심으로 느끼게 되었다. 나무에 살포시 얹혀져 있는 얼음과 눈 위에 새겨진 내 발자국에 감사할 줄 알게 되었다. 그런 것은 영원히 존재하지 않는다. 나 역시 그렇고. 하지만 그 사실은 중요하지 않다. 중요한 건 지금 이 순간이니까.

The
GRATITUDE
DIARIES

에필로그 | 또 다시 찾아온 새해 전야제

한 해 동안 깨달은 여러 가지 사실에 정말 감사하다.
감사로 말미암아 평범한 한 해가 최고의 한 해로 바뀌어 행복하다.
내년 감사일기를 얼른 사고 싶다.

12월의 하루하루가 밤이 점점 길어지며 지나가는 사이 어느덧 새해가 가까워졌다. 나는 감사하며 사는 한 해라는 프로젝트를 끝내고 싶은 생각이 없었다. 지난해에 참석한 파티에서 자정에 계획을 세운 이후 특별한 사건은 일어나지 않았다. 결혼 생활을 이어갔고 똑같은 집에 살았으며 일하느라 바빴다. 일 년 전에 꿈꾸던, 복권 당첨이나 마우이섬으로 이사 가는 일은 실현되지 않았다. 하지만 그 당시 새해를 의미 있게 만들어줄 것은 사건이 아니라 나의 태도가 될 거라고 생각한 나의 직감은 맞았다.

한 해 동안 감사하게 살면서 내가 기억하는 어느 때보다 가장 행복한 열두 달을 보냈다.

남편도 우리가 특별히 무엇인가를 하지 않았는데도 한 해를 즐겁게 보냈다는 사실에 놀라워했다. 서로를 감사하게 여기면서 유대감이 그 어느 때보다 공고해졌다.

그러던 어느 월요일 아침, 주말을 보낸 시골집에서 차를 타고 이동하는 중에 우리의 감사하는 태도가 시험대에 올랐다. 평소에 남편이 일하는 병원까지 가는 데 8분 걸리는데 그날은 진눈깨비로 도로가 워낙 엉망이어서 두 시간 넘게 걸렸다. 우리는 꼼짝도 안 하는 차 안에서 가만히 앉아있었다. 남편은 환자들이 대기실에 몰려들 것임을 알았다. 나는 편집자에게 회의에 못 간다고 문자를 보냈다. 시간이 째깍째깍 흘러갔다. 기분이 나빠질 수 있는 상황이었지만…….

"오늘 운수 나쁜 날처럼 보이지만 감사할 수 있는 이유를 생각해볼까?" 내가 물었다.

"먼저 시작해." 남편은 운전대를 꽉 쥐고 말했다.

"오늘 아침 남편이 근사한 향수를 뿌려서 감사해. 차 안에 이렇게 갇혀있으니 훨씬 좋은데."

남편은 미소를 지었고 조금 편안해진 표정이었다. "오늘은 속도위반 딱지를 안 뗄 테니 감사해."

"오늘은 주유할 필요가 없어서 감사해."

"아니, 필요해." 남편은 계기판을 쳐다보았다. "하지만 빨간불이 안 들어와서 당신이 모르니까 감사해."

우리는 함께 웃음을 터뜨렸다. 한 해 동안 긍정적이고 밝게 생각하는 연습을 충분히 했던 터라 이제는 그런 것이 수월해졌다. 도로에 갇혀있는 것은 부정적인 상황이었지만 우리는 긍정적인 태도로 농담을 하였기에 불평불만에 빠지지 않았다.

마침내 도착했을 때 나는 남편을 꼭 안아주었다.

"드디어 왔네. 나쁜 날씨지만 사고도 안 났고 아무도 안 다쳤어. 여기까지 안전하게 데려다줘서 고마워."

"당신의 긍정적인 태도에 고마워. 바로 그런 점 때문에 올 한 해가 아주 특별했어." 남편이 말했다.

차에서 내려 우산을 펴는 순간 나는 깨달았다. 얼마 전에 같은 상황이 펼쳐졌다면 신경이 송곳처럼 날카로워졌을 거라고. 나는 '좀 더 빨리 나왔어야 했는데. 어쩌자고 월요일 아침까지 그곳에 있었던 거지?'라며 뒤늦은 후회를 했을 테고 남편은 초조해 했을 것이다. 이제 나는 우리가 어떤 일을 우리가 원하는 방향으로 이끌기 위해 최선을 다 하지만 때로는 생각대로 되지 않는다는 사실을 이해한다. 하지만 감사로 말미암아 좋은 일이든 나쁜 일이든 예전과 다른 렌즈로 보게 되었다.

올 해가 지난 후에도 나는 항상 좋은 일만 일어나지는 않는다는 생각을 하며 살 것이다. 삶에서 비극적인 일, 슬픈 일, 예상치 못한 일, 짜증나는 일은 일어나기 마련이다. 하지만 우리가 내릴 수 있는 유일한 선택은 어떤 반응을 보이는가이다. 누구나 불평불만의 달인이 아닌 감사의 달인이 될 수 있다. 나는 일 년 동안 긍정적인 측면에 초점을 맞추고 살면서 자기만의 괴로움 속에 갇혀있는 것보다 감사하는 것이 훨씬 더 만족스럽다는 사실을 알게 되었다. 결혼 생활과 가족 상담 전문가인 브라이언 앳킨슨 박사는 올해 초 내게 '끊임없는 긍정성의 추구'가 신경 경로에 변화를 주어 자동 반응도 바뀌게 만든다고 했다. 많은 연구 결과 사랑하고 베풀고 감사하는 데 상당한 시간을 보내면 감정과 관련된 영역에서 두뇌가 기능하는 방식이 바뀐다는 점이 드러났다. 나는 이를 입증하겠다고 뇌 정밀 촬영을 받진 않았지만 나의 마음이 예전과 다르게 움직인다는 사실만은 분명하다.

내가 일 년 내내 감사에 대한 이야기를 하는 것을 들어온 친구들도 눈에 띄는 결과를 보이기 시작했다. 나의 절친 수잔은 규모가 큰 사업 거래를 계속했고 끈질기고 열정적인 업무 스타일은 변하지 않았다(다행이다). 그런데 가족 여행을 다녀온 후 내게 전화를 걸어 인사도 없이 다짜고짜 이렇게 말했다. "감사가 결혼 생활을 더 좋게 만들어준다는 네 말이 맞았어. 우리가 그걸 깨닫는 데 왜 이리 오래 걸린 걸까?"

수잔은 여행 기간 동안 남편에게 감사하며 보냈다. 그러자 오랫동안 같이 살아온 남편에 대한 감정이 갑자기 달라졌다고 했다. "내가 뭘 깨달았는지 알아? 내가 가진 것에 감사하려면 어느 정도의 확신이 있어야 한다는 거야. 사실 항상 내게 없는 것을 생각하기가 훨씬 쉽잖아."

수잔은 남편이 현명하고 자신을 다시 받아주었으며 온전히 신뢰할 수 있는 사람이라고 말했다. "그런 게 감사해. 내가 일찍이 그런 면에 초점을 맞추었어야 했는데."

나는 수잔에게 뒤늦은 후회 같은 건 하지 말라고 했다. 중요한 것은 지금까지의 모습이 아니라 앞으로의 모습이니까.

✢ ✢ ✢

월요일 아침의 운전 사건 이후 얼마 지나지 않았을 때, 나는 남편에게 다가오는 올해 마지막 날이 나의 감사 프로젝트의 공식적인 마지막 날이기도 하다고 말해주었다. 그날은 한 해 동안 무엇이 변했는지 생각해볼 기회가 될 것 같았다. 내 삶의 질은 향상되었는가? 내 계획이 잘 수행되었는가? 나는 지난해보다 올 한 해 더 행복했는가?

"마지막 날을 완벽한 날로 만들겠다는 부담을 느끼지 않아도 돼." 내가 장난스럽게 말했다.

"전혀 안 느끼는데. 그건 그렇고 우리 어디서 신년을 축하하지?" 남편은 이렇게 말하며 오페라나 음악회를 보러 가거나, 레인보우 룸 (Rainbow Room, 미국에 있는 연회장 이름 - 역주)에서 춤을 추거나 센트럴 파크에서 자정에 달리기 경주를 해보자고 제안했다. 내가 고개를 젓자 남편이 다른 제안을 했다. 시내 나이트클럽은 어때? 친구들과 도시에서 파티를 할까?

"난 그저 당신과 단둘이 있고 싶어. 시골집에서 샴페인 한 병을 준비하고 난롯가에 앉아서."

"그럼 뵈브 클리코를 사올게." 남편은 내가 평소에 좋아하던 값비싼 샴페인을 언급했다.

"10달러짜리 프로세코도 괜찮아." 나는 감사란 물건이 아닌 경험을 통해 느끼게 되며 샴페인의 브랜드는 중요하지 않다는 걸 깨달았기에 그렇게 말했다.

남편은 12월의 마지막 날까지 일해야 했고 아이들은 여행 중이었지만, 나는 가장 좋은 그릇을 꺼내놓고 가벼운 발걸음으로 슈퍼마켓에 갔다. 어떤 기대감이 감도는 기분이 들었고 달력 한 장이 넘어가면 큰 변화가 이루어질 것 같았다. 물론 그러한 변화는 자신이 만드는 것이지만. 나는 내가 가진 것에 주의를 기울이고 긍정적으로 생각하며 경험을 새로운 시각으로 본 결과 지난해와는 다른 위치에 서 있게 되었다. 그러니까, 내가 원하던 행복한 사람이 되어 있었다.

연어 구이와 아스파라거스로 간단한 식사를 만들었다. 우리는 아이들이 성탄절 선물로 사준 크리스털 촛대에 초를 켜두고 식사를 했다. 남편이 난로에 불을 지폈고 우리는 차와 후식을(놀라운 감사 다이어트에서 내가 인정한 그 초콜릿 쿠키를) 곁에 두고 소파에 붙어 앉았다. 잠시 후 우리는 말쑥한 콜린 퍼스와 매력적인 엠마 스톤이 출연한 영화 〈매직 인 더 문라이트〉를 틀었다. 과학적 사실만 믿는 퍼스는 영화 마지막에 부정적인 사고방식을 버리고 긍정적인 눈을 갖게 되며 세상에는 어느 정도의 마법이 존재한다는 점을 믿게 된다.

제작에 참여한 사람들의 명단이 적힌 화면이 올라갈 때 나는 남편의 어깨에 머리를 기대어 눈물을 흘렸다.

"진정해, 그렇게 감동적인 영화도 아닌데." 남편이 내 머리를 쓰다듬으며 말했다.

"그건 나도 아는데 이 영화를 보니 지난 일 년이 생각나서 말이야.

나 역시 마법을 찾았잖아. 작년에는 타임스 스퀘어의 공이 떨어지길 바랐는데 이제는 두려워. 감사하며 산 올 한 해가 끝나는 게 싫거든."

"내년에도 계속 감사하며 살면 되잖아." 남편이 말했다.

"좀 더 감사하고 싶어." 나는 힘주어 말했다.

자정이 되기 몇 분 전, 남편은 〈신년맞이 쇼〉를 틀었다. 일 년 전 지금보다 훨씬 잘 차려 입고 파티장에 서서 그 프로그램을 보던 때가 생각났다. 그 당시 음울하고 세상일이 시들하게 느껴졌던 나는 앞으로 일 년 동안 좀 더 행복해지려면 어떻게 해야 할까 이런 저런 생각을 했다.

이제 깨달았다. 감사로 말미암아 평범한 일 년이 눈부신 일 년으로 바뀌었다는 사실을. 오늘 밤 타임스 스퀘어의 열기를 지켜보는 사람들은 모두 새해가 어떤 한 해가 될지 궁금할 것이다. 나는 그들에게 궁금해할 필요가 없으며 자기가 결정하면 되는 거라고 말해주고 싶었다. 매일 긍정적인 생각과 태도로 살면 삶에서 최고의 한 해를 만들 수 있는 것을. 새해 자정에 흥분하며 소리치는 진정한 이유는 바로 이것이 되어야 한다.

감사가 나를 변하게 하였다. 감사가 온 세상도 변화시키는 그림이 문득 머릿속에 그려졌다. 세계적으로 아무리 음울한 사건들이 일어나도 우리는 긍정적인 측면을 바라볼 때 현실을 극복하며 앞으로 나갈 수 있다. 감사란 사람들에게 빨리 전파된다. 찰스 다윈은 사람들이 서로 연민을 잘 느끼는 사회가 가장 번창한다고 믿었다. 사람들은 누군가의 친절한 행위를 알아보고 그것에 보답하며, 이런 식으로 친절한 행위가 퍼져나간다. 우리가 이 세상에 선한 일을 하면 아마도 그것은 내게 다시 돌아올 것이다.

카운트다운이 5초가 되었을 때 나는 다시 눈물을 닦아냈다. 시계를 멈추고 오직 좋은 기억으로 가득한 올 한 해에 머물러있고 싶었다.

하지만 시간이 어찌 멈추랴. 매 순간은 쏜살같이 지나가고 매해 역시 그렇게 지나가는 것을. 우리가 지난 시간을 되돌아볼 때 가장 후회하는 것은 불행해하거나 화를 내며 낭비한 시간들이다. 나 역시 한 해의 매 순간을 낭비하지 않았다고 장담하진 못한다. 하지만 한 해를 가능한 한 감사로 채웠음은 분명하다. 감사일기장의 모든 면을 채우지는 못했지만 다시 새로운 일기장을 사서 옆에 두고 써나가리라. 감사는 내 몸에 깊이 배었지만 사람은 누구나 중요한 것을 상기시켜주는 무엇인가가 필요한 법이니까.

해피 뉴 이어!

크리스털 공이 낙하하자 음악 소리가 크게 울리며 색종이 조각이 휘날렸다. 집에 있는 우리 두 사람의 풍경은 그보다 훨씬 덜 요란했다.

"사랑해." 남편은 나를 꼭 안으며 속삭였다.

"나도 사랑해. 지금 이 순간 이곳에서 당신과 함께 있어서 정말 감사해." 내가 말했다.

우리는 입을 맞추었다. 새해가 시작된 지 몇 분이 흐른 후 나는 더이상 눈물이 흐르지 않는다는 사실을 깨달았다. 갑자기 기분이 들뜨면서 상그레 미소를 지었다. 이제 새해가 되었고 나는 준비가 되었다. 감사하는 생활은 끝나지 않으리라.

감사의 말

내가 이 책을 쓰고 감사와 관련한 조사를 하는 데 도움을 준 존 템플턴 재단에 깊은 감사를 드린다. 시간과 조언과 영감을 아낌없이 부어준 바나비 마쉬 박사께 감사드리며, 크리스토퍼 레베닉, 아야코 후쿠이, 얼 휘플, 클리오 마린을 포함한 열정적인 팀과 함께 작업할 수 있어서 영광이었다. 감사의 힘을 믿는 그분들은 동료들뿐만 아니라 내게도 영향을 주었다.

　앨리스 마텔은 처음부터 내 생각을 이해해주었다. 나는 그녀를 내 편으로 만들어 흥분했고 내가 운이 좋은 사람이라는 생각을 했다. 편집자 질 슈왈츠먼은 내가 그녀보다 좋은 편집자를 만날 수 없으리라는 생각을 하게 해주었다. 슈왈츠먼은 사람으로 치면 아기 수준의 내 글을 자신의 사랑스러운 아기 오웬을 맞이하는 도중에도 정성스럽게 다듬어주었다. 또한, 더튼의 팀원들인 크리스틴 볼, 벤 시비어,

리자 캐시티, 케이틀린 맥크리스탈, 제스 렌하임과 함께 작업해서 즐거웠고 감사했다. 매들린 매킨토시와 이반 헬드 그리고, 더튼의 영업 팀에게도 감사를 드린다.

한 해 동안 많은 전문가, 의사, 심리학자, 연구가, 학자분들이 관대하게 시간을 내어주고 지식을 선사해주었다. 책 전반에 그분들의 지혜와 지식이 고스란히 담겨있다. 특히, 마틴 셀리그먼, 마크 리포니스, 애덤 그랜트, 애로우 던햄, 폴 피프, 더그 코넌트, 브라이언 앳킨슨, 브라이언 완싱크, 제임스 아서, 알란 왓슨 경, 헨리 팀스께 감사드린다. 지식과 지혜를 공유해주어서 영광으로 생각한다. 여론 조사원 마이클 벌랜드 씨께도 고마움을 전한다. 이 프로젝트의 계기가 되어준 전국적 조사에 성심성의껏 협조해주고 좋은 아이디어를 제공해주어 감사하다.

일 년 동안 감사에 대한 나의 이야기에 귀 기울여주고 격려와 지지를 보내준 친구들에게 따스한 마음으로 고마움을 전한다. 캔디와 레온 굴드 부부, 카렌과 자크 카펠루토 부부, 리사와 마이클 델 부부, 레슬리 버먼과 프레드 민츠 부부, 로니와 로이드 시겔 부부, 카렌과 배리 프랭클 부부, 마샤와 스티븐 프레이어 부부, 마샤와 데이비드 에드웰 부부에게 감사를 드린다. 나의 친한 친구 로버트 마셀로와는 전화 통화밖에 못 했지만 그러한 통화로 자주 깨달음을 얻었다.

감사에 대한 깊은 통찰력을 얻게 해준 분들이 있다. 바로, 짐 밀러, 잔 한프 코렐리츠, 샤나 슈나이더, 에밀리 커크패트릭, 앨런 실버, 스탠리 레프코비츠, 마고 스타인, 빅키 스미스, 베스 스커머, 린 슈너버

거, 데릴 첸, 린다 스톤, 안나 라니에리, 수잔 파인, 앤 레이놀즈다. 그들은 감사하는 것이 왜 위대한지 본보기를 보여주었다. 오랫동안 나의 조언자이자 친구인 헨리 자레키 박사는 내가 항상 존경하는 분이다. 나의 시어머니 리시 데넷 여사는 긍정적으로 사는 모습으로 나의 본보기가 되어 주신다. 그 어느 때보다 끈끈한 유대감을 느끼는 언니와 로버트 카프란, 크리스 다웰에게도 깊은 감사를 전한다.

나는 이 책의 대부분을 예일 클럽Yale Club에서 썼다. 그곳의 관리자, 사서들 그리고 내게 자주 간식을 건네주던 이해심 많은 직원을 포함하여 내게 도움을 주신 모든 분께 감사를 드린다.

그리고 나의 두 아들 잭과 맷. 두 녀석은 얼마나 현명하고 친절하고 멋진지 이 녀석들에 대한 감사일기라면 끝없이 쓸 수 있을 것만 같다. 그리고 예쁘고 재능 있는 애니를 가족으로 맞이하게 되어 정말 감사한 기분이 든다. 이 책의 독자분들은 나의 남편 론 데넷이 잘생기고 재미있고 친절하고 배려심 있는 사람임을 알 것이고, 그래서 내가 운 좋은 여자라고 생각할 것이다. 나도 그 점을 알고 있다. 남편을 맨 마지막에 언급한 이유는 끝까지 나를 이해해줄 유일한 사람이기 때문이다.